社会营销

许 军　梅姝娥 ／ 编 著

南京大学出版社

图书在版编目(CIP)数据

社会营销 / 许军,梅姝娥编著. -- 南京:南京大学出版社,2025.8

ISBN 978 - 7 - 305 - 27530 - 2

Ⅰ.①社… Ⅱ.①许… ②梅… Ⅲ.①市场营销学

Ⅳ.①F713.50

中国国家版本馆 CIP 数据核字(2024)第 002962 号

出版发行 南京大学出版社
社　　址 南京市汉口路 22 号　　　　邮　　编 210093
书　　名 **社会营销**
　　　　　SHEHUI YINGXIAO
编　　著 许　军　梅姝娥
责任编辑 丁　群　　　　　　　　编辑热线 025 - 83597482
照　　排 南京开卷文化传媒有限公司
印　　刷 南通印刷总厂有限公司
开　　本 787 mm×1092 mm　1/16　印张 16.5　字数 387 千
版　　次 2025 年 8 月第 1 版　　2025 年 8 月第 1 次印刷
ISBN　978 - 7 - 305 - 27530 - 2
定　　价 55.00 元

网　　址:http://www.njupco.com
官方微博:http://weibo.com/njupco
微信公众号:njupress
销售咨询热线:(025)83594756

序

在现代化建设的征程中,经济高质量发展稳步推进,然而,环境保护、公共卫生、预防伤害、扶贫助残等领域仍然面临不少挑战。全球变暖威胁生态安全,塑料污染加剧,垃圾分类仍然面临技术与管理难题。慢性病、传染病风险居高不下,青少年近视、心理疾病日益凸显。交通事故频发,电信网络诈骗手段翻新升级,危及群众生命财产安全。巩固脱贫成果任务艰巨,残疾人社会融入困难重重。这些问题都亟待解决。

多年来相关部门、社会组织和企业应用政策、科技、教育、传播等手段来预防、控制和解决这些问题。而在解决这些问题方面,社会营销可以发挥重要作用。社会营销应用营销原理和技术改变目标受众的知识、信念和行为来实现社会福祉。社会营销以行为改变理论为基础,应用目标市场营销战略和营销组合策略通过创造、传播、交付社会提供物为个人、客户、合作伙伴以及全社会带来积极价值。从实践来看,社会营销在保护环境、促进健康、预防伤害、保护财产、扶贫助残等方面具有重要价值。

自1971年美国营销学者菲利普·科特勒和杰拉尔德·扎尔特曼提出社会营销概念以来,社会营销在美国、英国、澳大利亚、加拿大、爱尔兰和葡萄牙等国家取得了长足的发展。在这些国家,学者们撰写出版了很多部社会营销著作,大学、公司和出版社创办了2本社会营销期刊,高校行政管理、政治学、国际关系、环境科学、公共卫生、护理及医药学等专业纷纷开设社会营销课程,一些大学设立了社会营销硕士专业。20世纪末国内学者开始引入介绍社会营销理论,翻译或编著社会营销著作,国内医学院校的健康教育教材中也增加了社会营销章节。然而,国内社会营销整体仍处于起步探索阶段,相关著作数量极少。基于此,编者尝试编写此书,以期为国内社会营销研究与实践贡献绵薄之力。

本书共分四部分。第一部分(第一章、第二章)聚焦社会营销概念与理论基础,剖析社会营销理论核心要义,梳理多层次行为理论。第二部分(第三章至第七章)围绕计划与战略,引入经典社会营销规划模型,结合环境分析、调查研究与目标制定,探讨目标营销战略。第三部分(第八章至第十一章)聚焦产品、价格、渠道、促销策略。第四部分(第十二章至第十三章)聚焦评估与规模化,阐述评估内容与方法,探讨项目持续、扩散和规模化。

在本书编写过程中,编者借鉴了大量的出版物和资料,谨向相关学者致以诚挚的感谢。由于作者水平有限,书中难免存在疏漏与不足,恳请读者不吝批评指正。

目录

第一章　社会营销概述

社会营销是向目标受众提供创意、产品、服务、体验、环境等社会提供物，同目标受众进行交换，促使目标受众改变行为的过程。交换是社会营销的核心，社会营销通过交换创造价值。为了促进交换，实现价值创造，社会营销需要坚持顾客导向、创意导向、集体导向、竞争导向，并开展关系营销。

第一节　社会营销的内涵及其发展

自 20 世纪 70 年代，社会营销开始成为一门独立的学科以来，已经取得了巨大进展。社会营销原理广泛应用于公共卫生、伤害预防、环境保护、社区干预和财产保护等领域，产生了积极的重要影响。在公共卫生方面，社会营销用于控制吸烟、降低疾病死亡率、控制艾滋病蔓延、预防疟疾、遏制呼吸道传染病扩散等；在伤害预防方面，社会营销用于减少交通事故、减少酒后驾车、减少家庭暴力，减少溺水等；在环境保护方面，社会营销用于促进节能节水、推广垃圾分类、减少火灾、减少汽车尾气排放等；在社区干预方面，社会营销用于提倡献血、促进器官捐献和遗体捐献、增加流浪动物领养等；在财产保护方面，社会营销用于防范网络电信诈骗、养老诈骗等。

一、社会营销的含义

1971 年，美国营销学者菲利普·科特勒（Philip Kotler）和杰拉尔德·扎尔特曼（Gerald Zaltman）首次提出社会营销的概念[①]，社会营销成为一门特殊的营销学科。社会营销是一个使用市场营销原理和技术来影响目标受众行为的过程，通过改变目标受众的行为来改善健康状况、预防伤害、保护环境、服务社会以及改善财务福祉。社会营销学者给出了不同的社会营销的定义。

社会营销是一个运用市场营销原理和技术来改变目标受众行为以造福社会和个人的过程。这是一门以战略为导向的学科，通过创造、传播、交付和交换提供物为个人、

---

① Kotler P, Zaltman G. Social marketing: an approach to planned social change[J]. Journal of Marketing, 1971, 35(3): 3-12.

顾客、合作伙伴以及全社会带来积极价值。

——南希·李,迈克尔·罗斯切尔德,比尔·史密斯①

社会营销力求发展营销概念并将营销与其他方法结合起来,以影响目标受众的行为,惠及受众和社区,实现更大的社会公益。社会营销实践以伦理原则为指导,寻求将调查研究、最佳实践、理论、受众和伙伴关系洞察结合起来,为实施有效、高效、公平和可持续的并且对竞争敏感的、细分的社会营销方案提供信息。

——国际社会营销协会②

社会营销批判性地审视商业营销,以便借鉴其成功经验并遏制其过度行为。社会营销定义涉及十个关键的社会营销准则:① 设定行为目标;② 建立对目标受众有吸引力的交换;③ 明智地运用理论;④ 关注人们重视和不重视的东西;⑤ 超越传播的思维;⑥ 超越个人的思维;⑦ 密切关注竞争;⑧ 批判性地看待商业营销;⑨ 系统地思考;⑩ 赋权人们参与。

——杰勒德·黑斯廷斯,克里斯汀·多梅根③

社会营销是以调整和应用商业市场营销的活动、制度和流程作为手段,来引导目标受众临时或持久地改变行为,从而实现社会目标。

——斯蒂芬·丹恩④

社交营销是应用市场营销原理通过个人和集体的想法和行动实现有效、高效、公正、公平和持续的社会变革。

——斯蒂芬·桑德斯,丹尼·巴灵顿,斯里尼瓦斯·斯里达兰⑤

综合上述不同学者的观点,理解社会营销需要注重以下三个方面:(1) 社会营销应用商业营销的原理和技术;(2) 社会营销的基本原则是交换原则;(3) 社会营销的目的在于改变目标受众的行为,为社会带来积极的价值。

为了理解社会营销的含义,需要理解社会营销的核心概念。英国国家社会营销中心(National Social Marketing Centre)制定了社会营销基准标准,用顾客三角形表示⑥(见图 1.1),顾客三角形表明顾客是所有社会营销方案的中心。大部分成功的社会营销方案都包括以下要素:行为目标、顾客导向、行为理论、洞察、交换、竞争、市场细分和方法组合。此外,社会公益也是理解社会营销的一个重要概念,接下来逐一介绍这些核心概念。

---

① [美]南希·R.李,菲利普·科特勒.社会营销:如何改变目标人群的行为[M].5 版.俞利军,译.上海:格致出版社,2018.

② International Social Marketing Association-iSMA(isocialmarketing.org)[EB/OL].[2025 - 02 - 08]. http://www.isocialmarketing.org/

③ Hastings G, Domegan C. Social marketing: Rebels with a cause[M]. 3rd ed. London: Routledge, 2018.

④ Dann S. Redefining social marketing with contemporary commercial marketing definitions[J]. Journal of Business Research, 2010, 63(2): 147 - 153.

⑤ Saunders S G, Barrington D J, Sridharan S. Redefining social marketing: beyond behavioural change[J]. Journal of Social Marketing, 2015, 5(2): 160 - 168.

⑥ French J, Blair-Stevens C. The Big Pocket Guide to Social Marketing[M]. 1st ed. London: Social Marketing National Centre, The National Consumer Council, 2005.

图 1.1　顾客三角形——顾客是所有社会营销方案的焦点

资料来源：French J，Blair-Stevens C. The Big Pocket Guide to Social Marketing[M]. 1st ed. London：Social Marketing National Centre，The National Consumer Council，2005.

二、社会营销的核心概念

1. 行为目标

商业营销以出售产品和服务为目标，社会营销以影响人们的实际行为为目标。为了影响目标受众的具体行为，还要影响目标受众的知识、态度和信念。社会营销方案需要制定明确的、具体的、可衡量的和有时限的行为目标，并设置关键指标及其衡量基准。社会营销通常影响目标受众接受、拒绝、调整、放弃、继续或转变某个具体行为。

① 接受一种新行为，比如开展垃圾分类，遛狗时清理宠物粪便。

② 拒绝一种潜在不受欢迎的行为，比如拒绝吸烟。

③ 调整一种当下的行为，比如把每天运动锻炼的时间从半个小时增加到一个小时或者减少食用油炸食品。

④ 放弃一种不受欢迎的旧行为，比如走路时不再低头看手机。

⑤ 继续实施某种行为，比如在疫情虽有好转但未完全控制之前，继续戴口罩或减少人员聚集。

⑥ 转变某种行为，比如乘坐公交车或地铁而不是驾车外出。

尽管教育可以传授知识和增长技能，但是想要改变现有的信念和态度，可能还需要付出更多的努力。社会营销关心的是目标受众是否会实施某个行为。比如，想要减少或避免妇女在怀孕期间饮酒，就要告诉妇女怀孕期间饮酒可能会导致胎儿畸形，并让她们相信这可能发生在自己的胎儿身上，然后最终衡量成功的标准是孕妇是否放弃饮酒。

社会营销的最大挑战也许在于社会营销严重依赖奖励良好行为，而不是依赖法律、经济或者强制性手段来惩治不良行为。在许多情况下，社会营销人员不能向采纳建议行为的人承诺直接的或立竿见影的回报，比如，坚持体育锻炼，短期内很难看到健身的效果。因此，社会营销需要一个系统的、周密的且具有战略性的规划过程。这个过程受到目标受众的欲望、需要和喜好的影响，需要聚焦于真实的、可实现的近期利益。不过，需要指出的是,依赖个人自发的行为来实现行为改变的想法已经过时,很多社会营销人员正在运用社会营销技术来影响环境中的其他促进变革的因素,比如媒体、政策和法律。

2. 顾客导向

在商业营销中,顾客导向是一个核心理念。理解顾客和顾客行为才能实现互利交换。全面理解顾客和顾客行为才能成功地改变顾客行为。社会营销需要确定行为和目标群体:希望谁做什么? 为了有效地满足受众的需求,需要很好地理解受众实施预期行为时面临的障碍和利益,需要理解行为改变理论并开展市场调研来收集信息。社会营销始于分析情景、理解问题、评估竞争力量,设计出比竞争者更有效的行为干预组合来影响目标受众。

社会营销通常利用多种数据源和调查研究方法,以便充分了解受众的生活状态、态度倾向和当前的行为方式。社会营销不仅采用访谈和焦点小组,还借助民族志开展调查研究,运用一系列的数据分析方法处理不同来源的定性和定量数据,从而获得对于关键利益相关者的理解,并用于设计干预方法组合。

3. 行为理论

人类行为是复杂的,行为理论有助于看到更广阔的图景。行为理论提供研究受众行为的路线图。社会营销人员需要使用行为理论来理解受众的行为并为设计干预措施提供信息。在开展受众调查研究之后,要确定使用何种行为理论来指导设计干预方法组合,还要开展预测来检验干预措施的效果。

社会营销人员应用行为理论可以深刻地认识目标受众及其行为的影响因素,有助于把目标受众划分为不同的细分市场,有助于理解目标受众实施某种行为的原因,有助于确定干预组合策略。

在收集目标受众及其行为的信息之后,社会营销人员就要选择行为理论。社会营销人员应该根据对目标受众行为的理解选择最合适的行为理论,而不是应用最熟悉的行为理论。有一系列行为理论已经广泛应用于社会营销,如计划行为理论、社会接触理论和变革阶段理论等。

4. 洞察

坚持顾客导向认识顾客有助于开发干预组合。在制定营销干预组合之前,需要深刻地认识目标受众的动机以及目标行为的影响因素,识别情绪障碍(如对疾病检测阳性结果的恐惧)以及物理障碍(如服务开放时间)。洞察是围绕某个任务或问题,对顾客的行为、体验、信念、需要和欲望的深刻认识。洞察不是数据,是从数据中得知的关于受众的情绪、动机和当前行为的认识。利用洞察有助于开发一个有吸引力的交换以及方法组合。

洞察可以发现有形障碍和无形障碍两类行为障碍。有形障碍可以通过改变物理环境来解决。例如,目前的服务可能没有得到充分利用,因为它在下午 5 点以后不再开放,许多上班族无法获得服务。社会营销人员可以应用方法组合来尝试减少这些障碍。例如,为那些工作的人延长服务时间,或者在工作场所提供服务。由于社会营销人员常常试图改变已经成为社会规范的复杂行为,所以只解决有形的障碍不一定会带来行为上的改变。行为改变的障碍往往是情绪上的。例如,妇女不参加钼靶检查,可能是因为她们害怕发现肿块。仅仅改变服务的开放时间,而忽略了情绪上的原因,不太可能改变行为,只有这两种类型的障碍都得到了解决才能改变行为。

5. 交换

社会营销通过交换创意、产品、服务、体验、环境、系统等社会提供物来创造社会价值。交换理论是社会营销的核心。人们在面对行为选择时,会评价各种选项的价值,然后选择能给自己带来最大利益的选项。这个过程的前提假设是人们以需要为导向,人们具有改善自己的内在倾向。从生命的起源来看,合作与交换也是人类生存的关键。合作不是零和游戏,而是一种双赢活动。社会营销在本质上是寻求双赢的过程。为了让受众做好行为改变和交换的准备,社会营销人员必须确保期望行为的利益等于或大于成本。在这个意义上,交换涉及双方或多方之间转移有形或无形物品。美国营销学者菲利普·科特勒认为,发生交换需要具备五个前提条件:

① 至少要有双方。

② 每一方都有可能对另一方有价值的东西。

③ 每一方都有沟通和交付的能力。

④ 每一方都有接受或拒绝的自由。

⑤ 每一方都认为与另一方打交道是合适的或可取的。

这些假设的核心是交换必须是互利的。必须有每一方都重视的东西,否则就不会发生交换。根据交换理论,如果社会营销人员能够证明感知利益超过了感知成本,消费者最可能自愿采纳建议的行为。因此,讨论双赢的交换就一定要洞察消费者重视什么或者不重视什么。

6. 竞争

在商业领域,竞争被定义为提供类似产品或服务的其他组织。在社会营销中,竞争被定义为目标群体当前的行为或偏爱的行为。通常情况下,人们认为竞争者是公司本身。然而,公司为目标受众提供的东西才是真正的竞争。例如,麦当劳提供有趣的、便利的、廉价的食物和对儿童友好的环境。健康的学校午餐的竞争包括:外卖、回家吃午饭、从商店购买食物。

社会营销面临着竞争,社会营销人员需要了解哪些因素在竞争受众的时间、注意力和行为意向,需要解决争夺受众时间和注意力的直接因素与外部因素。社会营销还可以制定战略以减少竞争的影响,如向竞争者学习甚至同竞争者开展合作。

7. 市场细分

市场细分是将整个市场划分为不同细分市场的过程,每个细分市场内部的行为方式相同或有类似需求。常见的细分市场变量有人口统计学因素、地理因素、行为因素和心理因素。

社会营销人员需要把受众划分为不同的细分市场,并根据每个细分市场的具体需求针对性地设计干预措施。要在顾客导向和顾客洞察的基础上细分市场,不要只依赖传统的人口统计学因素、地理因素和流行病学因素选择目标市场,还要利用行为和心理学数据进行市场细分。确定细分市场的规模,根据明确的标准,如规模和变革的准备程度,对细分市场进行优先排序和选择,为特定的细分市场设计针对性的干预措施。

为了实现投资回报最大化,可以将有限的资源集中在最有可能改变行为的细分市场上。例如,在开展垃圾分类的活动中,居民家庭是需要影响的群体,需要针对居民这个大群体中一个或多个细分群体设计具体的营销策略。

8. 方法组合

社会营销利用行为干预方法或营销组合来改变目标受众的知识、价值观和行为。行为干预方法主要有告知和教育、支持、设计和控制四种。大多数成功的行为改变和社会营销方案至少使用两种方法。

① 告知和教育:我们能做些什么来提供建议、增强意识、鼓励和启发? 我们能做什么来增加知识、理解和技能? 例如,一个卫生组织对卫生专业人员进行培训以解决年轻人的性健康问题,培训旨在提高卫生技术人员鼓励年轻人参与体检的能力和信心。

② 设计:我们能做什么来塑造环境——设计、建设或增加渠道? 例如,一个地方政府通过在路边种树来鼓励驾驶员减速,不均匀地种植这些树木会造成道路变窄的印象,从而让司机降低速度。

③ 支持:我们怎样做、做什么才能提供支持? 例如,一个控烟方案让社区成员选择他们喜欢的服务地点。

④ 控制:我们可以使用哪些限制措施或激励措施——立法、监管、执法、标准? 例如,欧盟委员会通过立法制定资源回收目标,促使欧盟各国政府解决资源回收问题。一项鼓励年轻孕妇戒烟的干预措施,只要年轻孕妇能证明自己没有吸烟,就可以获得购物券。

营销组合策略主要有产品、价格、渠道和促销策略。社会营销人员利用促销策略向目标受众"推销"产品、价格、渠道和利益。

① 产品策略:包括帮助目标受众实现行为改变的所有产品和服务。例如,将回收箱放入居民小区,或者开发一项新的服务来帮助人们戒烟。再如,为了让更多的孩子吃到健康的校餐,一个社会营销项目开发了一些产品:重新设计菜单,把菜单变得更健康、更有吸引力;翻新餐厅,让餐厅看起来更像一家时尚的商业街快餐店;制定奖励计划,鼓励选择健康的食物;为购买健康食品的人设立快速通道。

② 价格策略:价格是目标受众实施新行为的相关成本。成本可能是金钱的,也可能是非金钱的。比如把旧冰箱运送到回收点,需要时间、精力和体力,还需要使用合适的运送工具。

③ 渠道策略:渠道是指目标受众实施期望行为,获得任何相关的有形物品,接受任何相关的服务的时间和地点。在生活中,我们总感到时间不够用,时间是一种宝贵的资源,因此,便利往往是关键的成功因素之一。例如,为了鼓励有高血压风险的人接受检查,在社区或者超市提供检查服务。这是因为他们往往在晚上或周末去这些地方,在这些地方有空闲时间,家人经常和他们一起出现在这些地方,家人会鼓励他们测量血压。

④ 促销策略:促销策略是营销组合的最后一个组成部分。促销可以传播产品的利益。促销的价值与竞争者有关系,还与开展促销的地点有关。促销不应该只是传播一

条信息,比如,吸烟有害健康,严禁酒后驾车。促销需要综合应用广告、公共关系、人员推销和销售促进等手段。

9. 社会公益

社会营销的主要受益者是社会。大多数社会营销工作所支持的事业往往获得高度认同,但是也有机构会持相反的观点。那么由谁来判断社会营销项目实现的社会变革是否实现社会公益呢?什么是社会公益(Social Good)呢?有学者提出用联合国《世界人权宣言》来定义社会公益[1][2]。《世界人权宣言》宣称:人生而自由,在尊严和权利方面一律平等。所有人都享有以下权利:

① 不受歧视。
② 拥有选择、言论和思想的自由。
③ 公正的司法程序。
④ 隐私。
⑤ 结婚并建立家庭。
⑥ 财产所有权。
⑦ 民主过程。
⑧ 自由选择就业。
⑨ 获得满足其健康和福利所需的生活标准,包括食物、衣服、住房、健康和社会服务。
⑩ 失业、疾病、残疾、丧偶或年老时的保障。

因此,根据这个社会公益的观点,社会营销应该支持、保护和维护所有人都应该拥有的这些基本权利。

三、社会营销解决的社会问题

社会营销广泛用于改善公共卫生、伤害预防、环境保护、社区干预和财务福祉等社会问题(见表 1.1)。

表 1.1 社会营销关注的主要社会问题

提高健康水平	吸烟、酗酒、孕期饮酒、饮食混乱、果蔬摄入量、母乳喂养、青少年怀孕、出生缺陷、肥胖症、口腔健康、安全性行为、艾滋病传播、糖尿病、高血压、高胆固醇、乳腺癌、前列腺癌、皮肤癌、结肠直肠癌、免疫接种、毒品教育、锻炼身体、心理健康
预防伤害	酒后驾车、开车时打电话或发信息、头部伤害、使用儿童座椅、自杀、家庭暴力、学校暴力、火灾、跌倒、中毒、溺水、安全带使用、超速驾驶
保护环境	减少垃圾、保护野生动物栖息地、森林破坏、有毒肥料与杀虫剂、节约水资源、空气污染、庭院垃圾、意外火灾、乱扔垃圾、水资源保护、食物浪费、清理宠物粪便

---

① French J, Gordon R. Strategic social marketing:For behaviour and social change[M]. 2nd ed. London:SAGE Publications,2020.

② Szablewska N, Kubacki K. A human rights-based approach to the social good in social marketing[J]. Journal of Business Ethics, 2019, 155:871 – 888.

续　表

社区干预	器官捐献、献血、选举、动物领养
改善财务福祉	网络电信诈骗、保健品诈骗、身份盗窃、破产

资料来源：［美］南希・R.李,菲利普・科特勒.社会营销：如何改变目标人群的行为[M].5 版.俞利军,译.上海：格致出版社,2018.(有改动)

四、社会营销的实施主体

在大多数场合下,那些身处一线负责改善公共卫生、预防伤害、保护环境、社区干预和改善财务福祉的人应用社会营销原理和技术解决相应问题。这些人很少有社会营销头衔。通常他们是项目经理、社会工作者或者是负责宣传的工作人员。通常社会营销项目会涉及多层次的机构。大多数情况下,赞助这些项目的组织是公共部门：国际机构,例如世界卫生组织；国家部委,例如国家卫生健康委员会、生态环境部、公安部；地方部门,如地方卫生健康委员会、生态环境局、农业农村局、公安局。

非营利性组织和基金会也会参与社会营销项目,通常支持与机构使命相一致的行为。例如,美国心脏病协会敦促人们监测自己的血压,凯泽家庭基金会借助"了解艾滋病"活动来宣传检测艾滋病病毒的重要性,大自然保护协会鼓励人们采取行动保护野生动物的栖息地。

在营利性组织工作并负责企业慈善事业、企业社会责任、市场营销或者社区关系的专业人士可能会支持社会营销工作,经常通过与非营利性组织和公共机构合作来为社区和消费者谋福利。尽管主要受益人是社会,他们也许会发现自己的努力有助于组织目标的实现,例如提升品牌形象甚至增加销售额。比如,美国萨菲科保险公司为许多家庭提供关于如何避免农村房屋发生火灾的建议；佳洁士通过开发视频和互动性课程来宣传良好口腔行为的重要性；家得宝百货商店邀请成千上万的消费者参加每周的座谈会,集中探讨水资源节约知识,包括抗旱园艺知识。

另外,有些专业营销人员为从事社会营销活动的组织提供服务,这些组织包括广告代理商、公关公司、营销调研公司和营销咨询公司等。

五、社会营销的发展历程

1969 年,美国营销学者菲利普・科特勒和西德尼・勒维在《市场营销期刊》(*Journal of Marketing*)发表论文《扩展市场营销概念》(Broadening the Concept of Marketing)[①],进一步扩展了市场营销概念,把营销主体从企业扩展到所有组织,把产品概念从有形产品和服务扩展到观念和行为,所有组织都要为受众提供服务,市场营销是所有组织活动的一个重要组成部分,非商业组织也面临着如何更好地开展营销活动的挑战。这篇文章为应用市场营销原理和技术解决社会问题指明了方向。

1971 年,美国市场营销学者菲利普・科特勒和杰拉尔德・扎尔特曼在《市场营销

---

① Kotler P, Levy S J. Broadening the concept of marketing[J]. Journal of Marketing, 1969, 33(1): 10-15.

期刊》上发表开创性文章《社会营销：有计划的社会变革途径》（Social Marketing：An Approach to Planned Social Change），首次提出了社会营销概念，主张应用市场营销原理和技术解决社会问题。社会营销概念的提出标志着社会营销的产生。

在接下来的 50 年里，社会营销取得了长足的发展。人们对社会营销的概念、工具以及实践愈发感兴趣，所涉及的领域从公共卫生和安全逐步扩展到环境保护、社区参与以及减贫等。社会营销研究与教学迅速发展，社会营销在世界上很多国家得到重视和广泛应用。

1989 年，美国营销学者菲利普·科特勒和爱德华多·罗伯托出版了社会营销第一本教科书《社会营销：变革公共行为的方略》（Social Marketing: Strategies for Changing Public Behavior），分析了社会营销的营销组合策略，提出了完整的社会营销框架，对社会营销的理论和实践都起到了指导作用，这本著作的出版也标志着社会营销开始走进大学课堂。2023 年，美国营销学者南希·李、菲利普·科特勒和朱莉·科尔霍尔出版了第七版社会营销教材《社会营销：改变行为实现公益》（Social Marketing: Behavior Change for Good）。

1995 年，美国营销学者艾伦·安德烈亚森出版了《营销社会变革：变革行为以促进身体健康、社会发展及环境保护》（Marketing Social Change: Changing Behavior to Promote Health，Social Development and the Environment）一书，该书对社会营销的理论和实践贡献巨大。

2006 年，美国营销学者艾伦·安德烈亚森出版了《21 世纪的社会营销》（Social Marketing in the 21st Century）一书，扩展了社会营销的角色。大多数社会营销活动都是应用下游社会营销来影响不良行为，但很少涉及上游社会营销。上游社会营销通过影响上游目标群体（如媒体、编剧、政府工作人员、医务人员等）的行为，促使他们帮助我们改变环境、政策或提供其他服务或信息，进而促进下游群体改变行为。

1994 年，南佛罗里达大学公共卫生学院和佳启（Best Start）公司共同创办了第一本专门研究社会营销的学术期刊——《社会营销季刊》（Social Marketing Quarterly）。2011 年《社会营销期刊》（Journal of Social Marketing）在澳大利亚创立。

社会营销还得到很多国家的政府支持。2006 年英国政府成立了国家社会营销中心（National Social Marketing Center）。随后，该中心开展国家学习示范点计划，聚焦英格兰十个社会营销试点项目，针对母乳喂养、吸烟、健康饮食和性健康等问题，获取并传播相关学习成果与最佳实践经验。美国疾病控制和预防中心批准将社会营销作为一项核心公共卫生战略。美国政府的"健康人民 2020"战略首次包括了一项承诺，即发展公共卫生队伍的社会营销能力。加拿大卫生部一直是社会营销的倡导者，自 20 世纪 70 年代就将社会营销纳入战略规划。1981 年，社会营销小组成立，作为加拿大卫生健康促进指导委员会的一个组成部分。澳大利亚应用社会营销指导控烟工作产生了很大的影响，在全国各地设有领先的研究和实践中心。2009 年，澳大利亚建设全球第一个国家级社会营销协会——澳大利亚社会营销协会。世界卫生组织欧洲办事处将社会营销作为其下一个阶段战略的核心内容之一。印度、孟加拉国、巴基斯坦和印度尼西亚等国家也都在应用社会营销解决公共卫生和贫困等社会问题。

英国、美国、加拿大、澳大利亚、新西兰、意大利、瑞士、葡萄牙、荷兰、芬兰、挪威、新加坡和印度已经建有社会营销研究和教学中心。社会营销应用领域也从烟草、酒精、营养和体育活动等公共卫生问题,扩展到气候变化、可持续能力、能源效率、公共交通、市民参与、禁赌和减贫等到一系列社会问题上。

在西方国家社会营销快速发展,我国学者也在引进社会营销理论。对外经济贸易大学教授俞利军是中国内地社会营销理论的最早介绍者。1999 年、2006 年、2018 年俞利军先后翻译出版菲利普·科特勒的《社会营销》第一版、第二版和第五版。2005 年中山大学教授周延风编著出版《社会营销:改变社会行为的新模式》。2007 年张清、周延风、高东英编著出版《社会营销:献血者招募新方略》。2015 年刘登屹、程勇翻译出版菲利普·科特勒的《脱离贫困:社会营销之道》。2024 年中国传媒大学教授冯丙奇等翻译出版杰勒德·黑斯廷斯等的《社会营销手册》。

第二节　社会营销的特点和类型

一、社会营销的特点

社会营销与商业营销、非营利组织营销、公共部门营销、基于社区的社会营销、基于社区的预防营销、善因营销等营销学科,以及教育、行为经济学、助推、社会变革、社交媒体有显著不同。接下来简要区分社会营销与其他营销学科以及其他相关学科、理论与促销工具的区别。

(一) 社会营销与其他营销的区别

1. 商业营销

商业营销的主要目标是通过销售产品和服务为公司带来财务收入。社会营销的主要目标是通过改变行为为个人和社会带来利益。由于商业营销以财务收入为重心,商业营销人员经常倾向于选择那些能够带来最大销售额或利润额的目标市场。在社会营销中,一般根据社会问题的普遍性、目标群体的可接触性、接受改变的意愿等一系列不同标准细分市场。然而,资源投入回报最大化是商业营销和社会营销的共同目标。

商业营销和社会营销都要研究竞争、开展定位,但是二者的竞争对手差别很大。商业营销侧重于产品和服务营销,往往把提供相似产品和服务的其他组织视为竞争对手。在社会营销中,竞争通常是目标受众的目前行为或首选行为以及同这种行为有关联的预期利益,还包括任何推动或助长竞争行为的组织。对于控烟运动来说,生产和销售烟草的企业也是竞争者。

社会营销比商业营销面临更大的困难。为了赚取更多的利润,竞争者努力让人觉得吸烟很酷，让油炸食物看起来更美味。

尽管社会营销与商业营销存在显著差异，但是二者之间还是有很多的共同点，比如：

（1）坚持顾客导向。营销人员提供的产品、价格和渠道必须能够吸引目标受众，解决顾客面临的问题或者满足顾客的欲望和需要。

（2）以交换原理为基础。目标受众必须获得与成本相等或超过成本的价值。我们应该将社会营销范例看成是："让我们成交吧！"

（3）营销调研贯穿于整个营销过程。只有通过调查研究辨别出目标受众的具体欲望、需要、信念和态度，营销人员才能制定出有效的营销策略。

（4）细分目标市场。必须根据不同目标群体的具体欲望、需要、组织资源和当前行为制定营销策略。

（5）应用4P策略。成功的策略在于整合应用4P策略，并非仅仅应用广告和其他宣传工具，而是综合应用工具箱中的所有相关工具。

（6）衡量和改进营销成果。评估反馈信息，得到改进下一次营销策略的建议。

2. 非营利性组织营销

非营利性组织营销通常用于营销非营利组织的产品和服务（如销售博物馆展览门票）、附属产品和服务（如博物馆纪念品商店提供的文创产品），招募志愿者（如博物馆讲解员），开展宣传工作（如邀请知名人物参观博物馆）以及募集资金（如做好扩大规模工作）。

3. 公共部门营销

公共部门营销通常用于吸引市民利用政府机构的产品和服务（如邮局和社区诊所），赢得市民支持（如争取市民支持扩建道路）以及促进市民自觉遵纪守法（如促进市民遵守公共卫生政策）。

4. 基于社区的社会营销

1999年，美国环境心理学者道格·麦肯兹-莫尔（Doug McKenzie-Mohr）提出基于社区的社会营销（Community-based Social Marketing），这个行为改变方式聚焦保护环境的行为。基于社区的社会营销重点阐释了社会营销规划过程的若干步骤——选择行为、识别障碍和利益、设计策略、开展预测以及进行大规模实施和评估等。

5. 基于社区的预防营销

基于社区的预防营销让有影响的相关社区成员参与问题确认、资源动员、战略规划与实施、目的与目标制定、进度跟踪与评估工作。重心不仅仅在于促成行为改变，还在于社区建设。社会营销人员通过让社区成员和组织参与规划、实施和评估工作，从这个过程中受益。

6. 善因营销

善因营销（Cause-Related Marketing）旨在提升人们对某种社会问题（如全球变暖）的意识与关切。善因营销一般由企业发起，与非营利组织合作，从企业产品销售所得中拿出一部分投入公益事业或解决社会问题。社会营销可以利用善因营销举措，通过聚焦行为的方式来缓解人们对社会问题的忧虑,推动社会公益事业的发展。

(二) 社会营销与其他学科、理论以及促销工具的区别

1. 教育

旨在处理社会问题的教育主要侧重于提升意识与认识。尽管社会营销将教育作为一种策略来使用(如分享有关塑料袋对于土壤、农作物和动物的危害的相关信息),但教育很难真正影响受众的行为,因为教育往往不能处理好目标受众实施某种行为(比如,带上布购物袋去超市、商场购物)所遇到的主要障碍、获得的利益以及该有的动力。

2. 行为经济学

行为经济学为理解人们为什么以及何时会做出非理性选择提供相关理论,侧重于阐述外部环境的变化如何激起和促进个人的积极自愿的行为改变。社会营销人员在设计营销策略时也需要洞察目标受众改变行为的动力和障碍。

3. 助推

2009 年,美国经济学家理查德 • 塞勒(Rchard Thaler)和卡斯 • 桑斯坦(Cas Sunstein)提出助推理论,这个理论框架认为,提升健康、财富和幸福指数的行为受到备选项呈现方式的影响。例如,对于在学校餐厅用餐的儿童,可以将更健康的食物放在与视线水平的位置,或者放在取餐的起始处,以此来促使他们做出更加健康的选择。这是一种能够激发社会营销人员灵感的创新性策略。

4. 社会变革

社会营销仅仅是引起积极社会变革的一种方式。其他的社会变革方式包括宣传(如为垃圾分类宣传)、创新(如电动汽车)、技术(如手机支付技术)、基础设施(如建设自行车专用车道)、科学(如艾滋病治疗)、企业商业惯例(如在菜谱上标示食物的卡路里)、提供物品或资金(如防疟疾蚊帐)以及法律(如禁止开车时发信息)。

5. 社交媒体

这是社会营销使用的一种沟通渠道,在西方社交媒体主要包括 Facebook、Instagram、Twitter、Blog、YouTube 及其他社交媒体网站。在中国社交媒体主要包括微博、QQ、微信、抖音、小红书、哔哩哔哩以及其他社交媒体网站。社交媒体是社会营销的促销策略中的一种工具。

二、社会营销的类型

在公共卫生和社会营销领域,经常使用上游和下游这两个术语。这两个术语源自美国社会学家欧文 • 左拉(Irving Zola)编写的故事——危险的河流(dangerous stream),美国医学社会学家约翰 • 麦金莱(John McKinlay)进一步宣传了这个故事。有很多人掉进水流湍急的河里,想要营救落水的人,有上游、下游两个途径。上游和下游用来比喻预防和救援策略。上游预防策略与警告标志或围栏有关,即防止人们掉进河里。下游干预措施的重点是在人被淹死之前把人从水中捞上来。行为改变的上游影

响因素是外部因素,如立法、政策或环境因素,上游影响因素可能会促进或阻碍行为改变。例如,在某地禁止销售香烟的法律是阻碍当地居民吸烟的上游因素。又如,某段道路设计成有很多弯道和狭窄的区域,通过外部的、上游的因素来迫使司机减速。

1. 上游社会营销

上游社会营销超越了从个人层面改变个人行为的局限。在20世纪90年代,有学者呼吁社会营销学科转向上游应用。社会营销不仅要影响下游的个人行为,还要影响上游的决策者、政策制定者、服务提供者和监管者的行为。上游社会营销涉及多种活动,比如开展研究为监管和政策提供信息,细分和选择决策者,识别推动变革的渠道和机会,评价决策过程的各个阶段,开发上游社会营销工具和资源(比如创建利益相关者联盟、媒体宣传和游说),开发并执行上游社会营销计划。控烟的例子说明了上游社会营销对控烟起到了重要的作用。有证据表明,控烟活动人士游说政策制定者、监管机构,在媒体上开展宣传活动,最终改变了控烟政策。

在社会营销中使用上游干预措施的问题一直受到热烈讨论。社会营销强调自愿的行为改变,避免使用立法或强制手段迫使人们改变行为。但是,现在许多社会营销人员坚持认为,在某些情况下学校和政府等机构应该使用强制力来最大限度地推动行为改变。美国营销学者菲利普·科特勒和南希·李也主张扩大社会营销和社会营销人员的作用,通过影响法律制定、法律执行、公共政策、建筑环境、商业惯例和媒体等因素来改变目标受众的行为。许多人认为严重依赖个人自愿改变行为的做法已经过时,并已转向应用社会营销技术来影响环境中的媒体、政策和法律等因素。以艾滋病预防控制为例,社会营销的上游活动和下游活动一样有效,上游社会营销活动包括以下七个方面:

(1)促使制药公司提供更加快速、方便的检测试剂盒。

(2)与医师签订协议,要求医师询问患者有无未采取保护措施的性行为,如果有就鼓励患者进行艾滋病病毒检测。

(3)倡导教育管理部门将有关艾滋病的材料增加到中学课程方案中。

(4)支持针头交换方案。

(5)向媒体提供艾滋病流行现状和发展趋势的信息和个人故事。

(6)向肥皂剧和情景喜剧的制作人推荐个人故事。

(7)游说政府增加科研投入、安全套供应或免费检测点。

社会营销人员应当集中精力改变目标受众制定决策的前提条件,让目标受众倾向于选择有利于个人和社会的生活方式。

2. 中游社会营销

社会营销学者们已经开始讨论系统社会营销(Systems Social Marketing),上游、中游和下游视角以及系统社会营销视角都是有价值的,可以相互补充①。社会营销应该承认多个层次因素对于社会问题的影响,从相应层次上促进社会变革。对于上游、中游

---

① Kennedy A M, Kemper J A, Parsons A G. Upstream social marketing strategy[J]. Journal of Social Marketing, 2018, 8(3): 258 - 279.

或下游活动的理解还需要逐步深入,但是中游社会营销至少包括以下五个方面:

(1) 共同创造并提供以受众为导向的社会服务。

(2) 识别影响受众行为的环境和社会条件。

(3) 与关键影响者和参与者开展合作。

(4) 在社会营销实践中,通过管理不同的价值观和可用的资源,包括为专业人士提供角色支持,从而实现协调合作和价值创造。

(5) 影响和改变社会福利服务环境,实现快速响应。

绝大部分社会营销理论和实践是针对下游受众的。下游社会营销采用策略性干预措施、项目、方案来影响目标受众的行为。综合应用上游、中游和下游社会营销可以在三个层次上促进社会问题的解决和社会变革的实现。表 1.2 总结了上游、中游和下游社会营销的作用。社会营销人员可以在三个层次上制定明确的行为目标,分析竞争,开发有价值的社会交换,设计针对细分市场的干预措施,选择最优的干预组合策略,从而实现改变受众行为的目标。社会营销人员还可以从三个层次上开发评估方案,比如在上游层次评估企业的行为,在中游层次评估支持性服务被采纳利用的程度,在下游层次评估果蔬消费量。

表 1.2　上游、中游、下游社会营销

类型	社会营销作用
上游社会营销	上游社会营销有助于制定政策、确定优先次序、分配预算和制定策略。上游社会营销的工作包括洞察受众和利益相关者及其需要、偏好和关切,开展关系管理以及选择适当的和可衡量的行为目的和目标。上游社会营销的工作还包括分析社会问题的形成原因和决定因素。上游社会营销的干预措施的例子包括举办公开活动,授权市民参与政策选择和政策制定,还包括为市民群体开发受众细分模型并为受众群体开发价值主张。
中游社会营销	中游社会营销有助于策略实施。中游社会营销的重点是帮助人们和社会服务机构应对具有挑战性的社会条件,应对社区福祉的直接威胁。中游社会营销的工作重点在于增强社区韧性、建设利益相关者网络和塑造价值观。干预措施的例子包括社区韧性和社会资本建设支持方案、技能开发培训、提供服务和补贴等实际帮助以及推广积极行为和社会规范的激励措施。
下游社会营销	下游社会营销有助于制定和部署策略性干预措施、项目和方案,以便影响特定细分人群的具体行为,如吸烟、暴饮暴食、能源利用率等问题。干预措施的例子包括认识、态度和行为改变方案,设计问题解决方案(如设置减速带),提供新的服务(如开戒烟诊所)。

资料来源:French J, Gordon R. Strategic social marketing: For behaviour and social change[M]. 2nd ed. London:SAGE Publications, 2020.

迄今为止,很多人一直把改善社会问题的重担放在变革个体行为上,社会营销人员还应该将一部分精力用于直接影响上游受众和中游受众。潜在的上游受众主要有政策制定者、企业、媒体、执法部门、知名人士等。潜在的有影响的中游受众通常包括家庭成员、朋友、邻居、同事、医师、医疗技术人员、药剂师、教师、社区领导、教会信徒、零售店收银员等。

美国营销学者艾伦·安德列亚森对社会营销的这种扩展性角色进行了形象的描述:社会营销是关于怎么让世界变成美好的人间,造福每一个人的过程。社会营销基本原理可以用来影响政治人物、媒体人物、社区活动者、法官、公司高管、卫生专业人员以及其他个体受众,这些人的行动有助于引起广泛的、持久的、积极的社会变革。

第三节　社会营销的价值创造

在市场营销中,交换往往是两方或多方之间的产品、服务、资源或价值的交换,双方都能得到满足需求的利益回报。在社会营销中,交换可以是对吃得好和锻炼身体的承诺,或者是对超速驾驶等不安全行为进行罚款的威胁,从而奖励安全驾驶。从本质上讲,社会营销中的交换旨在识别、宣传和奖励积极的社会行为,并给人们带来回报。

传统交换理论由双方参与,参与交换的双方都得到好处。在社会营销中交换往往更加复杂,可能涉及多个利益相关者,也可能并非所有各方都能获得明显的好处。改变思想、价值观、态度、语言和社会规范往往是改变行为的前提。此外,如果社会营销的主要目标是实现积极的社会成果和社会公益,那么行为改变还是唯一的焦点吗?

除了交换,在社会营销中另一个越来越受到重视的概念是价值创造。社会营销应该采用多种机制广泛关注社会公益,而不是仅仅关注个人行为的改变。社会公益的一个重要前提或机制是价值创造。如果社会营销以价值创造为导向,将有助于实现创造积极的社会成果和社会公益的目标。

价值创造是社会营销的核心原则和目标。因此,需要考虑在价值创造过程中,参与者如何主动地或被动地单独创造或共同创造价值,以及价值创造如何有助于实现社会公益;需要考虑社会营销中的参与者如何单独破坏或共同破坏价值,以及价值破坏如何导致消极的社会结果;还需要考虑社会营销人员聚焦价值创造和避免价值破坏的方式。在社会营销中,需要更加宽泛地理解价值。传统的市场营销把价值描述为消费者或顾客的感知价值,而且通常是针对产品或服务的。在社会营销中,受众的感知价值不仅涉及产品和服务的交换价值和使用价值,还涉及行为价值。价值有几个重要维度:功能价值、经济价值、情绪价值、社会价值和生态价值,此外,社会营销不能局限于创造个人价值,应当以创造受众价值、利益相关者价值和社会价值为导向[1]。

一、价值的含义

在市场营销和社会营销中,价值和价值创造受到广泛关注,因为价值与满意度、积极态度、品牌资产、行为意图和实际行为结果有关。

社会营销的一个核心前提是向受众提供激励,促进受众参与交换,以实现有益于社会的行为改变。因此,交换概念一直是社会营销思想的核心。如果交换有足够的吸引力,受众就会参与交换。然而,如果交换没有吸引力呢? 在社会营销中的交换往

---

① French J, Gordon R. Strategic social marketing: For behaviour and social change[M]. 2nd ed. London: SAGE Publications, 2020.

往是这样的:参与交换需要投入很多,交换并没有很大的吸引力。社会营销重点强调交换带来的积极影响,淡化消极影响。但是,这些考虑仍然具有相当大的局限性,受众主要分析交换的成本收益。社会营销不仅要关注交换,更要关注价值创造,避免价值破坏。

事实上,当代商业营销在某种程度上已经从关注交换转移到关注价值创造。1985年,美国营销学会认为交换是市场营销的核心功能,市场营销就是创造交换,实现个人和组织的目标。2013年,美国营销学会认为价值是市场营销的核心功能,市场营销是创造、传播、交付和交换对顾客、合作伙伴和整个社会有价值的市场提供物的一系列活动、体系和流程。价值创造已经成为商业营销的一个重要概念。

美国营销学者南希·李和菲利普·科特勒(2011)将社会营销定义为应用市场营销原理和技术来创造、传播和提供价值,以影响目标受众的行为,使社会与目标受众受益的过程。价值创造也是社会营销的一个重要概念。

市场营销对于价值的理解已经从组织生产的视角拓展到顾客体验的视角。市场营销中的价值概念源于价值链框架,价值链框架采用工业和供应链视角看待价值。从组织视角来看待价值,公司是价值的决定者、创造者和传递者,消费者是价值的消费者和破坏者。相比之下,在市场营销中消费者或体验价值视角认为价值是消费者在消费过程中所感知的,消费者的感知价值是在使用情境下消费者对产品属性、产品效用和使用结果的总体评价①。体验价值是在互动的基础上现实的价值,体验价值是情境性的,在消费体验之前、期间或之后都可能发生变化。

在商业营销中,消费者可以在产品服务的消费过程中可以感受到多重价值。例如,一件冬衣能让人保暖(功能价值),可能在特价销售时购买(经济价值),可能让购买者自我感觉良好(情绪价值),还可能获得朋友、同事们的赞美(社交价值),在生产过程中坚持生态可持续发展并且合乎伦理规范(生态价值)。

将价值理论引入市场营销是一个积极的发展。在市场营销中对交换的关注是有局限性的,市场营销将焦点缩小到买方和卖方的角度,忽略了其他相关方,如生产者、消费者、用户和金融服务提供方②。价值创造视角可以超越买卖双方,鼓励人们全面地看待决策、流程、实践和外部因素对社会变革的影响。

社会营销注重价值创造的好处显而易见,参与者可以在社会营销行为、过程和实践中感受到价值。社会营销参与者可以从使用社会营销方案的产品和服务中或者在参与社会营销互动、实践的过程中获得类似的价值。例如,戒烟的价值创造,不仅有个人的健康好处,还有经济价值和情绪价值(如戒烟的成就感)。此外,还有社交价值(比如不吸烟可以增加社交互动)。同样,也可能有生态价值、社会价值,比如减少与吸烟有关的健康问题对社会系统造成的潜在负担。虽然许多社会营销项目已经包括或隐含这些激励措施,但是价值或价值创造视角是一个更加现代的、更加宽广的研究视角。社会营销

---

① Robert B, Woodruff. Customer value:The next source for competitive advantage[J]. Journal of the Academy of Marketing Science,1997,25(2):139-153.

② Sheth J N, Uslay C. Implications of the revised definition of marketing:from exchange to value creation[J]. Journal of Public Policy & Marketing,2007,26(2):302-307.

的核心目标在于个人、家庭、社会群体、组织和机构等参与者之间创造或维持功能价值、经济价值、情绪价值、社交价值、生态价值和社会价值以最终实现社会公益。

二、价值维度

商业营销文献系统地研究了价值维度,包括功能价值(Functional Value)、经济价值(Economic Value)、情绪价值(Emotional Value)或享乐价值(Hedonic Value)、社交价值(Social Value)、生态价值(Ecological Value)。此外,价值维度还包括利他价值(Altruistic Value)和社会价值(Societal Value)。利他价值是个人行为给他人带来的影响,比如向慈善机构捐款,美德本身就是回报。有些价值维度之间相互独立,有些价值维度则是相互关联的。例如,有学者认为功能价值包括经济价值。

社会营销研究表明社会营销有不同的价值维度,不同的价值维度对于行为改变和社会变革结果有不同的影响[①],表 1.3 列出了社会营销的价值维度。

表 1.3　社会营销的价值维度

价值维度	动机	焦点	举例
功能价值	外在动机	性能、功能、响应性、有形性	乳腺筛查服务质量可靠
经济价值	外在动机	经济利益、成本收益比、价格	免费提供戒烟服务
情绪价值	内在动机	源自体验的价值,如快乐、自信、愤怒和恐惧	减少参加焦虑
社交价值	外在动机	与他人交往相关的价值、对自我价值的影响	参加健身课程,和同样锻炼的朋友打成一片
生态价值	内在动机	源自影响环境、生态的价值,对自我价值的影响	有效利用能源,为减少气候变化做出贡献,并被视为环保人士
社会价值	外在动机 内在动机	对整个社会的价值	戒烟可以减少吸烟相关疾病,减轻国家卫生服务的潜在负担

资料来源:French J, Gordon R. Strategic social marketing: For behaviour and social change[M]. 2nd ed. London: SAGE Publications, 2020.

现有的价值视角存在着局限性。市场营销中研究价值的文献假设人类行为是基于外在动机或内在动机,并没有考虑到其他社会力量,比如吉登斯结构化理论(Giddens Structuration Theory)中的结构。关于饮酒情况下个人、结构、机构之间互动关系的研究表明,结构可以对社会营销的价值创造、行为改变和社会变革产生强大的影响[②]。此外,倡导社会实践理论(Social Practice Theory)方法的学者已经从仅仅关注行为扩展

① Gordon R, Dibb S, Magee C, et al. Empirically testing the concept of value-in-behavior and its relevance for social marketing[J]. Journal of Business Research, 2018, 82: 56-67.

② Cherrier H, Gurrieri L. Framing social marketing as a system of interaction: A neo-institutional approach to alcohol abstinence[J]. Journal of Marketing Management, 2014, 30(7-8): 607-633.

到关注实践[1]，这样可以为社会营销提供更好的洞察[2]。因此，建议社会营销人员考虑社会营销中价值的潜在效用。

1. 功能价值

功能价值也被一些学者称为经济价值。功能价值出于外在动机，是达到目的的手段，是为了实现个人的利益而不是他人的利益[3]。功能价值注重产品、服务、行为或实践的表现和功能。功能价值通常是消费产品或服务所获得的效用。在商业背景下，功能价值还可以包括经济利益。在社会营销中功能价值与社会营销提供的服务和参与者的使用体验有关。例如，在乳腺癌或肠道癌的筛查中，操作过程简单易行，筛查服务质量可靠，提供良好的服务以及可以接受的质量标准，都是功能价值，这些功能价值不仅与医务人员的服务有关，也与受众的体验有关。就功能价值而言，使用产品、接受服务、实施行为和开展实践是参与者实现目标的一种手段。比如，癌症筛查是为了预防或早期发现癌症和保持健康。

2. 经济价值

经济价值通常可以被整合到功能价值维度中。然而，在一些情况下，没有发生经济交换，可能也没有产生经济价值。在另一些情况下，功能价值和经济价值可能是相互独立的。因此，有些学者将经济价值作为一个独立的维度[4]。在社会营销背景下，经济价值确实是一个独立于功能价值的概念。经济价值是由外部动机驱动的，经济价值注重价格，注重消费产品与服务或开展行为与实践的成本收益分析。经济价值包括考虑产品或服务的价格是否合理，是否物有所值，使用起来是否经济。比如，癌症筛查服务是否免费，或保健服务是否方便、简单并节省时间精力。

3. 情绪价值

情绪价值出于内在动机，本身就是目的，具有自我导向，出于情绪体验而消费产品，没有其他目的。这种价值与不同的情绪状态有关，这些情绪状态是积极的（如信心和快乐），或者是消极的（如愤怒和恐惧），甚至是中性的（如矛盾心理）。情绪价值的效用来自消费产品或服务所引起的感觉或情绪状态。在卫生营销背景下，参与者期望体验到某种形式的情绪，特别是涉及个人健康和幸福的情绪。例如，人们在参加健康诊疗时感觉到紧张和焦虑减少，或者在首次参加戒烟服务时感到紧张。然而，澳大利亚对老年人节能行为的研究发现，人们参与节能活动的情绪价值动机并不强烈，因为他们认为参与节能行为并不能提供很多情绪价值。

---

① Reckwitz A. Toward a theory of social practices: A development in culturalist theorizing[J]. European Journal of Social Theory, 2002, 5(2): 43 - 263.

② Spotswood F, Chatterton T, Morey Y, et al. Practice-theoretical possibilities for social marketing: two fields learning from each other[J]. Journal of Social Marketing, 2017, 7(2): 156 - 171.

③ Holbrook M B. Consumption experience, customer value, and subjective personal introspection: An illustrative photographic essay[J]. Journal of Business Research, 2006, 59(6): 714 - 725.

④ Koller M, Floh A, Zauner A. Further insights into perceived value and consumer loyalty: "Agreen" perspective[J]. Psychology & Marketing, 2011, 28(12): 1154 - 1176.

4. 社交价值

社交价值出于外在动机,社交价值是针对他人的。这种类型的价值侧重于影响其他人,作为实现预期目标的一种手段,例如,提升在群体中的地位或影响。社交价值的效用来自与相关社会群体相联系的产品与服务或者来自提高个人自我概念的能力。在社会营销背景中,社交价值也很重要,因为在消费实践中或实施某种行为时,人们会寻求与朋友或同事在社会规范上保持一致。例如,如果一位父亲的许多朋友不吸烟,他可能会选择戒烟,这样他在外出社交时就能更好地融入其中,或者他可能选择戒烟来给孩子树立一个好榜样。在炫耀性消费的情况下,当个人希望影响他人时,其实就是在寻求社交价值。例如,当其他人在场时,人们会感知到节能的社交价值,或者相信素食主义会产生社交价值,因为这是一种象征性活动,有助于人们和其他素食主义者培养亲密关系。

5. 生态价值

生态价值出于内在动机,即人们越来越重视消费行为对于自然环境的影响。这种价值来自对环境生态问题的影响,也来自对个人自我概念的提升和影响。例如,消费者在购买和使用电动汽车时可能会感受到生态价值,因为电动汽车碳排放更少。事实上商业营销人员已经认识到开展绿色营销传播生态价值来吸引消费者的潜力。比如,提高能源利用效率,为减少气候变化做贡献,并被朋友视为环保人士。

6. 社会价值

在商业营销中,大部分价值理论往往只关注个人和公司,建立在消费体验的基础之上。人们从个人动机和利益上来感知价值——这对我有什么好处。但是,个人是可以被社会利益激励的。社会价值是人类为了社会利益而努力创造的价值。社会价值超越了个人导向和公司导向的价值理论,认识到实施流程、行为和实践可能是为了创造集体利益和社会层次的价值。例如,一个人会感知到戒烟的社会价值——减少吸烟相关健康问题引起的社会负担。

在社会营销背景下,个人可能因为社会价值而去做一些事情。这里需要注意区分社会价值和社交价值两个概念。社会价值是指有益于整个社会的价值,社交价值涉及其他人如何看待某人。社会价值与利他价值有一些重叠之处。在商业营销背景下,没有利他主义这回事,每个人都是为了自己的利益而行动[①]。社会价值是为了更大的利益,为了全社会的利益而创造的价值,在商业营销中不存在社会价值这个概念。

在社会营销中提出社会价值的概念具有重要意义。人类的行为是非常复杂的,人们持有态度、观点或实施行为和参与实践时,往往有多种力量在发挥作用。理解并试图影响人们对做某件事(无论是购买产品、使用服务还是实施某种行为)的价值感知,就可以对实际行为产生明显的影响。然而,目前关于价值的文献在很大程度上忽略了人们做某事可能是出于利他的目的,人们做某事可能是因为他们相信它可以对大局产生影

---

① Rothschild M L. Carrots, sticks, and promises: A conceptual framework for the management of public health and social issue behaviors[J]. Journal of Marketing, 1999, 63(4): 24-37.

响,它可以对社会有益,它可以创造集体利益。社会价值的概念面临的主要挑战是,谁感知向社会提供什么价值,如何提供以及为什么提供。对社会价值的识别和解释可能会因个人、团体、组织和机构的观点不同而产生差异和争议。虽然目前社会价值还处于概念阶段,但是对于社会营销的研究和实践有重要意义。

三、价值领域

1. 交换价值

大部分市场营销文献依据产品来对价值进行量化,并采用以结果为导向的交换价值(Value In Exchange)观点。市场营销中对价值的评估主要采用经济学方法,认为消费者采用成本收益方法来评估价值。这种交换价值方法往往以产品为基础,例如,购买一台洗衣机的价值是什么?虽然在交换价值中可能同时存在外在利益和内在利益,但主要还是倾向于外在利益。在商业营销中,交换价值的概念特别重要,企业通过向顾客提供价值而获取利润,在交换中创造价值。在市场营销中,交换是指双方或多方之间交换产品、服务或资源,以便获得一些利益,满足各自的需求。在交换中,消费者和企业所获得的价值就是交换价值。交换价值有助于理解消费者对产品消费的感知价值,但这种方法本身并不包括所有的消费者价值维度。

在社会营销背景下,如果社会营销项目需要分发产品,比如,在性健康干预项目中提供安全套和筛查工具包,交换价值是一个有用的标准。但是社会营销项目往往不涉及有形产品或经济交换。也就是说,交换价值涉及用产品或服务换金钱,但是在社会营销中,交换常常涉及无形资产交换,比如,如果你经常锻炼身体就有希望过上健康的生活。社会营销人员试图解决商业上交换概念的局限性,提出一个更加广泛的交换概念,向参与者提供有益的东西换取他们参与社会项目。在这种情况下,提供的利益可能是有形的,比如对参与社会营销方案或改变行为提供奖励或激励,也可能是无形的,比如个人满意、改善健康和福祉。然而,一些营销学者指出,交换概念以及交换价值并不总是适合社会营销,毕竟交换源于商业,交换注重有形资产和理性决策。

2. 体验价值

营销文献中也有从体验的角度研究价值。体验价值是一种关于产品和服务消费的互动的、相对的、偏好的体验。体验价值通常采用使用价值(Value In Use)方法来衡量,这种方法是过程导向的,主要来自服务营销范式。使用价值是在消费过程中实现的,并非嵌在产品或服务之中。例如,使用价值可能是消费者使用银行服务时所感知到的价值,比如排队等候多长时间,银行员工有多友好,金融服务所提供的利益等。在这种情况下,既有外在利益也有内在利益,但是内在利益更加重要,因此,这种观点更适合社会营销。在社会营销中,结果导向的不是组织的财务利润,而是使用服务的个人的行为改变。

社会营销学者利用使用价值概念来探讨参与者对癌症筛查项目和献血服务的感知价值,这项研究发现参与者确实感受到了社会营销服务的使用价值,而且这些价值感知对态度和行为产生影响。有研究已开始证明社会营销中使用价值的效用,特别是与社会营销方案提供的服务有关。对使用价值的关注也构成了对中游社会营销的重视,中游社会营销考虑直接的环境(工作场所、学校、当地社区和服务组织)对行为和社会变革的作用和影响。由此可见,注重社会营销中的服务和参与者的使用价值,有助于促进行为改变和实现社会项目中的目标。然而,在社会营销中服务导向的价值仍然具有局限性,因为服务导向只有在提供服务的情况下才能应用。并不是所有的社会营销方案,也不是所有的方案成分都涉及提供服务。在许多社会营销方案中,受众独立实施行为,与服务组织和系统之间只有有限的互动,甚至没有直接的互动。当社会营销参与者使用产品或服务时,交换价值和使用价值都与社会营销有关。最近的研究关注在社会营销活动和实践中,参与者是否以及如何感受到使用价值。

3. 行为价值

行为价值(Value In Behavior)这个概念最早出现在社会营销文献中,是一种受众通过亲社会行为创造的价值。这个观点反映了社会营销中价值的行为导向。因此,社会营销人员开始考虑,除了在消费、使用和体验产品和服务中感知价值外,人们还可以在自身行为中感知价值。研究行为价值有助于理解消费者实施行为的动机。事实上,研究已经表明人们确实感知到亲社会行为的价值,并影响他们的行为态度和实际行为。有关节能的研究发现,如果消费者感受到节能的社会价值的话,就会显著影响他们的态度和行为。因此,社会营销人员应该致力于创造、传播和交付消费者实施亲社会行为的感知价值。

广义的价值包括参与者实施行为可以感知的所有价值维度,比如戒烟或体育锻炼带来的所有价值。就像交换价值和使用价值一样,行为价值可以包括多个价值维度,包括功能价值、经济价值、情绪价值、社交价值和生态价值。目前对于价值的理解已经从产品导向发展到服务导向,但是从行为导向研究价值的文献还比较少。表 1.4 比较了交换价值、体验价值和行为价值。

表 1.4 交换价值、体验价值和行为价值的比较

价值视角	交换价值	体验价值	行为价值
方法	经济方法	体验/服务方法	行为方法
价值定义	评价成本收益的结果	参与者应用技能、知识和资源以交付价值,通过服务实现结果、目的或目标	对实施行为的价值进行整体和多维度评估
例子	购买节能冰箱的经济成本和利益	使用绿色能源所感受到的体验价值	实施行为所感知的价值,例如,在洗衣机装满衣服之后再启动洗衣机
背景	以产品为基础	以体验/服务为基础	以行为为基础
导向	以结果为导向	以过程为导向	以行为为导向
利益	对自己的利益,主要是外在的利益	对自己的利益,主要是内在的利益	对自己和他人的利益,内在的和外在的利益

资料来源:French J, Gordon R. Strategic social marketing:For behaviour and social change[M]. 2nd ed. London:SAGE Publications,2020.

四、价值创造和价值破坏

价值创造是组织、消费者、受众或者其他参与者通过互动共同创造产品、服务、体验、行为或结果的过程。价值创造需要多个利益相关者参与,并且需要在一个系统里合作完成。对于价值创造的来源和价值创造的过程有不同的观点。

(一) 价值来源

消费者对产品、服务或亲社会行为的感知价值有多种价值来源。这些价值来源可能包括信息、互动、环境、服务、顾客共同创造过程和社会强制要求。在社会营销中,也有类似的价值来源,社会营销价值来源分为三大类。

第一是价值的组织来源,包括信息(如提醒受众参与癌症筛查)、互动(受众与组织工作人员、系统和流程之间互动体验,例如,受众与诊所的接待人员、医生、护士和技术人员之间的互动)和环境(如诊所的等候区或筛查室)。组织可以为价值创造过程带来认知、劳动、关系网络和经济资源[①]。社会营销人员应确保组织提供资源,创造积极的体验,并为受众创造价值。

第二种是价值的受众来源,包括认知的投入(脑力劳动,例如在收到提醒信后记得安排与医生的预约)、行为投入(例如在每年的视力检查中遵循工作人员的指示)和情绪投入(情绪上的努力,例如不要太担心宫颈抹片检查的结果)。

第三种价值创造的来源是第三方。在社会营销中,除了参与社会系统和社会变革过程的卫生组织或社会变革组织和消费者或受众之外,还有其他行为者、机构和实体。例如,政府、教育机构、非政府组织、利益集团、媒体、家庭成员、社会规范、材料和建筑环境等,这些都是第三方价值来源。因此,在未来的社会营销研究中,这些其他参与者和组织可能也需要被视为价值创造或价值破坏的来源。

(二) 被动价值与主动价值

1. 被动价值

哈佛大学商学院教授迈克尔·波特(Michael Porter)从供应链的角度提出价值的概念,这个价值与交换价值有关,是被动创造的价值。根据这个观点,消费者和其他供应链参与者在消费产品或服务时体验到被动的价值创造。这意味着消费者在消费体验中很大程度上是被动的,而且消费者的体验价值感知是基于对产品、服务或行为的远距离评估。在受众参与度较低,或者当一个人不希望积极参与价值创造的情况下,被动价值是重要的,他们可能感到矛盾,或者处于一种被动的非理性心理状态。例如,在社会营销中市民可能饮用添加了氟化物的水并体验到口腔健康的被动价值,但没有主动参与该过程。

---

① French J, Russell-Bennett R, Mulcahy R. Travelling alone or travelling far? Meso-level value co-creation by social marketing and for-profit organisations[J]. Journal of Social Marketing, 2017,7(3): 280 - 296.

2. 主动价值

主动价值意味着产品、服务和行为改变的消费者、生产者和促进者之间加强合作。主动价值也被称为参与性价值。主动价值是由受众更积极地参加消费或体验,体验价值感知建立在直接使用产品、服务或者实施行为的基础之上。例如,适龄妇女主动留出时间去参加乳腺筛查。因此,主动价值创造是人们刻意寻求服务交换或者主动参与合作所创造的价值。

(三) 价值创造的形式

1. 共同创造价值

主动价值意味着消费者或受众参与价值的共同创造。商业营销研究已经从企业为消费者创造价值转向消费者与企业共同创造价值。密歇根大学商学院教授普拉哈拉德(Prahalad)与拉玛斯瓦米(Ramaswamy)提出了价值共同创造的概念,即消费者不仅与组织共同创造价值,而且还共同构建体验[①]。在社会营销中,共同创造价值的概念超越了组织和顾客,扩展到社会环境中的其他参与者。然而,社会营销人员也要认识到受众也许不愿意共同创造价值。比如,在贫困地区的人们往往更加关注生产问题而不愿意参加体育活动。

只有受众主动参与活动并与其他参与者开展合作才能实现社会变革。很多社会项目都涉及受众的参与,价值创造并非必须提供新东西。但是,一些学者和从业人员还采用被动的交易模式。价值共同创造概念为参与社会项目提供了一个更加正式的框架,有助于避免社会营销中的投入程度、参与积极性和授权之间的不一致。

社会营销学者和从业人员早已认识到受众积极投入社会变革项目的重要性,价值共同创造的观念引起了广泛关注。事实上,基于社区的社会营销就是将社会营销理念与社区参与相结合形成的概念,已经用于解决环境可持续性等社会问题。

社会营销项目的参与者经常参与共同创造价值,从参与者的角度和组织的角度有一系列因素可能会影响共同创造价值的过程。如果人们参与共同创造价值的过程中,人们也更有可能投入其中,更有可能被影响。社会营销项目往往涉及长期的承诺和变革,人们参与社会营销共同创造价值至关重要。因此,如果参与社会营销的组织确保员工训练有素,具有良好的人际交往能力,将有助于共同创造情绪价值,如果还能确保他们保持高标准的运作和实施,将有助于共同创造价值,最终产生积极的结果。

2. 自我创造价值

商业营销人员认为,消费者可以成为价值的唯一创造者[②]。自我创造价值是指人们在组织之外独立创造价值。社会营销研究一直处于自我创造价值概念发展的前沿。自我创造价值发生在受众拥有高水平资源的情况下,在创造价值时没有组织参与。受

---

① Prahalad C K, Ramaswamy V. Co-creation experiences: The next practice in value creation[J]. Journal of Interactive Marketing, 2004, 18(3): 5 - 14.

② Grönroos C. Adopting a service logic for marketing[J]. Marketing Theory, 2006, 6(3): 317 - 333.

众负责创造价值,充当价值创造者,而组织只是充当促进者。以肠道癌症筛查自助服务为例,市民在家使用筛查工具自行检查,不需要服务提供者参与。在没有组织参与的情况下,开展自我服务并创造价值,自助服务用户需要更多的资源,这些资源包括行为上的成分(知道如何并实际实施肠癌自我筛查所需的行为)、认知上的成分(如对自我筛查肠癌的积极态度和正确的信息处理)、情绪上的成分(筛查过程的积极情绪和心情)以及创造价值的准备(接受肠癌自我筛查的技术、活动和流程的倾向)。

肠癌筛查不需要专业人员或专业设备来提供服务,适合自我创造价值。乳腺癌筛查需要去医院由医务人员利用专业设备开展检查。从价值创造方式上来看,肠癌筛查与乳腺癌筛查有很大的不同。然而,乳腺癌筛查也有一些价值自我创造的元素,例如,市民可以定期地开展乳腺自查,乳腺自查不需要任何医务人员参与。

3. 消费者主导价值创造

消费者主导价值创造的观点认为消费者价值是由消费者自主创造的,不需要与企业互动,与企业无关[1]。消费者也许会要求企业参与消费者主导的活动,这样消费者主导价值创造活动就演变成价值共同创造活动,但是消费者是把关人。

消费者主导价值创造逻辑根植于商业背景。在社会营销中的市民主导逻辑(Citizen Dominant Logic)是市民自主地开展行为改变和社会变革,不受组织或其他利益相关者的影响。如果有组织或其他利益相关者参与,就演变成了共同创造价值过程,但是市民具有最终的决定权。例如,人们登录帕金森病、肌萎缩侧索硬化症和炎症性肠病等在线健康社区,相互支持,提供信息和建议,并提供情绪和实际支持,在没有外部组织和利益相关者参与的情况下创造价值。

社会营销有不同的价值创造方式,那么如何选择合适的价值创造方式呢?比如,在特定的情况下,采用共同创造价值或者自我创造价值方式,还是组合使用不同的方式?价值创造应该被视为一个连续的过程,从被动到主动价值创造,从价值创造到价值共同创造、价值自我创造和市民主导价值创造。在社会营销中应该采用什么样的价值创造形式是由背景驱动的,取决于是否需要组织、市民或其他利益相关者的资源来创造价值。在现实中大多数社会营销组合使用共同创造价值、自我创造价值,甚至是消费者主导价值创造。以乳腺癌筛查为例,当人们参加乳腺癌筛查服务时,健康服务机构提供专业人员、设备,与人们开展互动,人们进行筛查预约并按照指示进行筛查,这是价值共同创造。然而,人们自行检查乳房肿块,这是一种价值自我创造。此外,采用在线社区提供乳腺癌、乳腺癌筛查方面的支持,是一种市民主导价值创造。

(四) 价值创造阶段

1. 价值共同发现

如果价值共同创造是在特定的社会变革背景下创造价值的首选方式,那么人们应

---

① Anker T B, Sparks L, Moutinho L, et al. Consumer dominant value creation: A theoretical response to the recent call for a consumer dominant logic for marketing[J]. European Journal of Marketing, 2015, 49(3/4): 532–560.

该积极参与价值创造过程的所有阶段——从共同发现、共同设计到共同交付,甚至可能进一步发展到共同评估、共同解释和共同表征。由参与者设计和实施的项目比那些仅仅由外部机构设计和实施而市民被动接受的项目更容易成功。因此,在社会营销中,价值共同发现的概念表明市民应该参与并有权决定他们自己的优先事项是什么,以及他们希望实现哪些社会变革或社会公益。这些想法与社区发展范式有很大程度的重合,在社区发展范式中,社区成员集体确定问题,并产生对共同问题的解决方案。真相运动(www.thetruth.com)就是一个很好的共同发现的例子,在这个运动中,年轻人积极参与预防青少年吸烟的项目,识别出烟草企业如何操纵年青人吸烟的真相,开发出针对性的反烟草营销方案。

2. 价值共同设计

让人们参与价值共同发现的过程中是好的。但是,只有人们成为后续步骤的积极参与者和重要推动力量才有意义。价值共同设计是一种合作方式,受众参与和领导社会营销方案中产品、服务、活动和体验的设计工作。在社会营销方案中,共同设计和共同创造的所有步骤能够产生一系列利益,包括确保方案适应文化和社会、降低成本、促进投入并开展授权。比如,在社区健康生活方式项目中,参与者承担设计工作;社区食品店参与家庭烹饪工作,设计、制作食谱卡片和广告牌;当地学校的学生们制作了一本图画故事书,在书中用故事强调了当地社区生活的积极方面,倡导户外活动、吃水果等健康活动。

3. 价值共同创造

价值共同交付又称价值共同生产,让参与者共同设计社会营销方案有利于促进他们投入价值共同交付的过程中。从本质上讲,价值共同交付是参与者成为交付方案的一线工作人员,积极参与活动的实施、监督和评估之中。价值共同交付可以采取多种形式,包括设立项目指导和咨询委员会,建立同行网络,让社区拥护者和意见领袖成为项目员工,并让市民参与政策制定、技术和工艺交付、基础设施建设和媒体活动等。在理想的情况下,市民应用干预组合的各种工具积极参与社会营销项目实施的所有环节和活动。社会营销系统方法重视动员市民甚至其他利益相关者和参与者积极参与价值共同交付的过程。社会营销系统方法联合广泛的社会力量来产生社会变革和社会效益。沿着系统方法的思路进一步发展,还可以开展共同解释、共同表征和共同学习。比如让受众参与社会营销方案的意义解释和表征、方案评估、分享学习与扩散活动。类似地,在商业营销领域也开始讨论消费者文化的共同解释与表征。实际上,关于提升能源效率、健康和福祉等社会营销方案已经应用这些流程以产生对社会问题的更具有代表性的解释,并产生具有广泛参与性的项目活动和结果。

(五) 价值破坏

在社会营销中价值破坏是一个涉及受众和利益相关者,相关组织、系统与实体的互动过程,导致社会系统任何成员的感知价值和福祉下降。如果组织没有管理好价值创造,就会出现破坏价值或共同破坏价值的危险。行动、互动和社会系统可能创造价值,也可能破坏价值。价值可能被单独破坏,更可能被共同破坏。因此,在社会营销中需要警惕惰性,不努力为利益相关者创造价值的影响是严重的。造成社会营销中的价值破坏可能源于多种因素,包括质量标准低、人员培训差和人际交往技能弱、物理环境不友好、资源缺乏或资源被挪用,以及受众的个人问题,这些因素都可能导致受众减少参与项目的努力或者不再使用项目服务。只有在某些情况下,坚定而机智的人才能找到重新参与项目和重新创造价值的解决办法。身体和精神不适、时间和精力不足以及缺乏鼓励、支持和互动都会导致价值破坏。例如,一群 18～35 岁患有 Ⅰ 型糖尿病的年轻人因错过年度体检而受到指责。如果考虑一下价值障碍或者价值破坏的方式,就会发现这并不奇怪:候诊室看起来像手术室,没有免费 Wi-Fi 网络服务,缺乏隐私保护。社会营销人员需要密切关注造成价值破坏的力量,减轻价值破坏的影响,并从价值破坏中恢复过来。

第四节　社会营销导向

在商业营销中,顾客导向是一个核心理念。在社会营销中顾客导向也是一个基本原则,只有全面理解顾客和顾客行为才有可能改变顾客的行为。与商业营销一样,社会营销需要从明确的行为和目标群体开始:希望谁做什么? 为了有效地满足顾客的需求,必须很好地了解顾客及其行为,这需要建立在市场调研以及交换理论和行为改变理论的基础之上。社会营销始于分析情景、理解问题、评估竞争力量,然后设计和选择可能的解决方案。

在社会营销中,创意导向也很重要。社会营销人员不仅要洞察顾客和顾客行为,还要具备想象力和创新力,才能制定出有吸引力的营销方案。无论是商业营销还是社会营销,都不能强迫人们参与交换,交换都是自愿行为。

有效的社会营销也必须坚持集体导向。集体导向从更广泛的社会变革视角来考虑行为改变,仅仅理解目标受众还不能全面认识行为,还要考虑行为的社会因素。所有人都会受到所处环境的影响:一个年轻人吸烟,部分是个人意志问题,部分是受到环境的影响(例如,朋友是否吸烟,从附近的商店是否容易买到烟草)和更广泛的社会规范问题(例如,是否有烟草广告或公共场所是否允许吸烟)。同样,道路事故不仅仅是司机和行人的行为问题,也是汽车设计(制造商行为)和道路基础设施(政府行为)的问题。社会营销的解决方案必须是多方面的,考虑更广泛的社会变革与个人行为同样重要。

在社会营销中还要坚持竞争导向,时时刻刻都不能忘记顾客有选择权。复杂的社会状况也意味着人们都有很多选择。个人有多种选择表明社会营销人员面临着竞争。以肥胖为例,人们有无数的办法来减肥:购买健身房会员卡来锻炼,制作特殊晚餐来限制卡路里的摄入量,通过生活方式干预计划来重新平衡工作与生活,通过手术来缩小胃等。个人也有选择不减肥的自由,无视专家说什么。在减肥这个问题上,还有其他利益相关者,比如快餐和软饮料行业在反对肥胖干预方面有既得利益。有时我们能为个人做的最好的事情就是保护他们免受不良竞争。如果在学校时有法定的营养标准,或者对高热量食品的营销进行有效控制,超重的成年人可能会从一开始就避免肥胖。

如果能够策略性地应用顾客导向、创意导向、集体导向和竞争导向,不仅可以改变行为,还可以建立持久的关系[①]。社会营销人员开展关系营销也可以获得巨大的利益。关系营销是组织为了实现盈利目标,将营销过程视为与消费者、供应商、分销商等各方发生互动的过程,努力建立和发展互惠互利、相互依存、相互承诺、长期稳定的合作关系。关系营销可以被视为一种经营哲学或者一种独特的组织文化或价值观。关系营销导向是对关系营销理念的实施。关系营销导向可以为组织创造卓越的组织绩效和竞争优势。

一、顾客导向

在过去的一百年里,市场营销带给经营过程最重要的主张就是顾客导向。这是一个简单而不显眼的想法,即把顾客放在经营过程的中心。这种看似简单的变革方法已经彻底改变了公司的经营方式,并且成就了许多主宰全球的巨型企业。成就这种巨型企业的原因很多,但是核心原因是把顾客放在首位。顾客导向是有效的,因为倾听顾客的声音并注重理解他们的观点更容易影响他们的行为。

从商业角度来说,应该先弄清楚顾客的需要和欲望,然后着手生产,而不是开发一种产品,然后投入资源向顾客推销产品。顾客导向是市场营销的基本原则,根据这个原则,企业应当生产企业能销售的产品,而不是销售企业能生产的产品。商业营销人员对顾客很感兴趣,是因为倾听顾客的意见并注意理解顾客的观点,可以更容易地向顾客销售产品。

社会营销人员与商业部门一样坚持顾客导向的思维,并认为影响社会行为的努力也应该从了解想要改变的受众开始。社会营销的任务是弄清楚受众当前行为的原因、受众的价值观和动机,然后开发出能够吸引受众并对受众和社会有积极影响的社会提供物。鉴于社会营销的重点是自愿的行为改变,顾客导向是一个最重要的社会营销导向。

顾客实施某种行为可能并非出于无知,实际情况往往很复杂。例如,在公共卫生领域,大多数人知道吸烟是危险的,或者知道如何改善饮食,但他们依然持续之前的行为,是因为他们这样做还有其他好处——可能是放松也可能是享受。社会营销人员成功的秘诀是设计一种方法,让他们能够更健康地获得同样的好处。从这个意义上看,社会营销与良好的、以患者为中心的医疗服务有很多共同之处,当专家和其他专业人员的娴熟技能与对病人的同理心相结合时,才会取得更好的效果。最终,更好的健康、更好的环境和更好的社会运作都是共同努力的结果。

社会营销人员接受了互利交换的理念,但是,这也引发了两个有争议的问题。第一个问题涉及动机,不仅有目标群体的动机,还有社会营销人员的动机。互利交换的理念

---

① Hastings G, Domegan C. Social marketing: principles and practice for delivering global change[M]. 4th ed. New York, NY: Routledge, 2023.

表明社会营销人员也会有所收获,然而医生、教师、环保主义者和社会营销人员寻求让世界变得更美好,不应该是为了个人利益,而应该是无私的、利他的。对于社会营销人员来说,只有倾听顾客的意见才能理解干预措施的局限性和自己观点的狭隘性。社会营销人员需要顾客的帮助才能更好地实施营销方案。

第二个问题是妥协,这是任何互利交换的核心。如果交换如此重要,社会营销人员应该根据顾客群体的意愿的优先级改变提供物,但是营销人员真的能够做到这一点吗?干预措施不是根据证据固定下来的吗?吸烟有害健康,因此禁烟无疑是一成不变、板上钉钉的,但实际上并不是这样的。妥协是可能的,而且通常被认为是最佳实践。例如,从一开始就避免吸烟或者彻底戒烟可能是一种理想的目标,但是对于重度吸烟者,减少吸烟也许是一种可行的目标。与目标群体合作,调整提供物是一种常规做法。社会营销重视自愿和协商一致的改变,社会营销人员赋能并且鼓励受众改变行为,而不是强迫受众改变行为。

苏格兰强制公共场所禁烟是公共卫生领域的成功案例。苏格兰禁烟方案完美地说明了顾客导向的重要性。苏格兰的无烟立法是顾客导向的典型代表,这项措施几乎受到普遍欢迎。这项法律出台几天后的一项民意调查显示,在 16～24 岁的年轻人中,不少于 84% 的人不仅赞成这项措施,而且认为这是一项令苏格兰自豪的方案,是一个热爱苏格兰的具体行为。实现公共场所禁烟可能是当时政府最受欢迎的成就。然而,这个成功绝不是政府当局单打独斗的结果,公众也发挥了重要作用。他们在烟雾弥漫的酒吧里的经历告诉他们,无烟酒吧是个好主意,与其说是因为无烟可以让他们免于疾病,不如说是因为吸烟太令人不舒服了。每天晚上外出后需要洗头发和洗衣服,这与二手烟造成肺癌的威胁一样有影响。这个政策措施之所以奏效,是因为政府和公众都希望如此。这个例子也很好地说明了自下而上和自上而下相结合的价值共同创造模式。

二、创意导向

如果没有洞察和创新,顾客导向并不会取得很大成效。社会营销人员必须付出巨大的努力去理解顾客的行为,并对顾客的行为感同身受。这就需要一个非常明确的解决方法来弄清楚以下这些问题:他们在做什么,他们为什么这么做,他们重视什么,不重视什么,什么能激励他们,什么能驱动他们。在商业和社会领域,情绪和理性同样重要。行为并不总是理性演绎推理的完美产物。如果是这样的话,没有人抽烟了,酒驾也将成为遥远的记忆,理性消费将成为主流。这就是为什么商业营销人员要花巨大的精力来开发能够唤起人们情感的品牌,这也是为什么社会营销人员需要努力增加社会营销干预措施的情感维度,比如建立信任和体现尊重。

在 20 世纪 90 年代初,英国斯特灵大学社会营销研究所在邓迪对 16～24 岁的青年人进行了一项调查。当时,艾滋病已成为威胁公共卫生的重大问题,青年人的性传播尤其令人关切。因此,这项调查是关于性行为习惯的。调查研究的关键发现令人费解:几乎每个人都知道艾滋病毒可以通过异性性接触传播,几乎每个人都知道使用安全套可以预防,但大约三分之一的人仍在进行无保护措施的性行为。

许多类似的调查都重复着这样的现象,由此产生了一个问题:为什么知识和行为之间存在这样大的差距? 社会营销人员采用黑天鹅逻辑来解释这个问题:你不知道的往往比你知道的更重要。"使用安全套"这个简单劝诫要求所有的受众这样做,在过去的十年里,在电视上和海报上无数次看到这样的宣传。这些劝诫性广告很难发挥作用,深入洞察目标受众的真正需要,创造性地传播满足目标受众需要的观念,才能影响目标受众的行为。

在同利益相关者合作的过程中,需要结合应用顾客导向和创意导向这两个营销原则,优秀的解决方案需要团队细致入微地洞察顾客的需要,创造性地设计出解决方案。

苏格兰公共场所禁烟是一项重大的创新举措。在立法之前,苏格兰一直被讽刺为"欧洲病夫",格拉斯哥的酒吧是酗酒和不健康生活方式的代名词。让这些小酒吧成为一项开创性的公共卫生措施的先锋是非常大胆的想法。在公共场所禁烟上,苏格兰早于英格兰18个月。

三、集体导向

对人们行为最普遍的、最强大的影响是那些与他们最亲近的人。最直接的环境对人们的生活有强大的影响。认识影响人们生活方式的决定因素,对于社会营销人员来说意义重大,原因有三个:

首先,集体导向让人们能够更加充分地理解顾客行为,因此集体导向增强了顾客导向,从而可以更有效地改变顾客行为。

其次,集体导向避免了"指责受害者"的危险——迫使某人改变一种不是或者不完全是他们自己造成的行为。"指责受害者"不仅无效,而且可能是不道德的。当我们考虑弱势群体时,这种困境最为明显:当撒哈拉以南地区的贫困村民无法获得食物时,媒体宣传要求他们更好地喂养孩子,这明显存在问题。当人们能够很好地获得食物时,这个问题也就不那么明显了。社会营销人员有必要问一问,任何特定的个人或群体有多大能力改变自己的行为。社会学家把这种能力称为"能动性",社会营销人员必须不断地意识到能动性与促进能动性的社会结构之间的动态变化。

最后,集体导向有助于社会营销人员正确地思考真正的战略目标。如果社会营销人员考虑到问题行为的所有原因,就不能仅仅关注个人应对策略的细节,还要看一看整个系统。这对社会营销工作有根本的影响,因为这有助于社会营销人员更好地利用有限的资源。在撒哈拉以南地区的贫困村民的例子中,也许社会营销人员能做的最好的事情就是倡导联合国改变援助计划的条款,或者为当地人提供农业培训,帮助当地人在干旱的气候下提高农作物的产量。在社会营销方面,集体导向有助于社会营销人员做出明智的决定,决定谁的行为需要改变,以及如何改变。从本质上讲,集体导向再次强调要思考人们生活的系统、市场和空间、事物之间的联系,以及更大范围的环境因素。

苏格兰禁烟的成功取决于多个利益相关者的参与。政府官员被一系列证据所吸引,比如,二手烟毒性极大,在招待场所禁烟不会影响生意等。社会系统中的其他关键利益相关者,包括酒店行业联合会、卫生专业人员、安全专业人员以及医务人员,都参与了这项事业,这些利益相关者通过专业机构、媒体宣传和公关活动讨论了禁烟的利益。

四、竞争导向

社会营销面临着竞争,社会营销人员需要应对两种竞争形式:被动竞争和主动竞争。首先社会营销人员需要应对被动竞争。目标受众经常继续做当前的行为。改变行为面临的内部障碍包括信念、感觉、态度或意向,这些障碍也来自家庭、朋友和直接环境。因此,密切关注这种竞争是非常重要的,以便了解目标行为可以带来什么好处,以及如何使目标行为更有吸引力。例如,对一些青少年来说,吸烟带来了一系列好处,比如彰显叛逆、控制体重和显得成熟,这些好处可能超过对健康的担忧。如果想要赢得年轻人的支持,社会营销人员就需要考虑到这些因素。美国开展多年的控烟运动"真相运动"(Truth Campaign),促销策略的核心是提供有关烟草和行业策略的事实,不但将烟草行业的市场营销手段公布于众,同时提供吸烟造成健康危害、社会损失、吸烟成瘾以及烟草成分或添加剂的信息。真相运动通过提供关于烟草和企业操纵青少年的真相成功地激发了他们参与预防吸烟的运动。真相运动已经被证明是有史以来最成功的预防青少年吸烟运动之一。

其次,社会营销人员需要应对主动竞争。一提到烟草业,人们就会想到烟草公司吸引人们吸烟的各种策略,这也是社会营销人员需要应对的竞争形式。一些组织在积极地朝着社会营销努力的相反方向推动。对于社会营销人员来说,主动竞争是一个严重的问题。例如,烟草公司利用营销来鼓励年轻人吸烟是很多年轻人继续吸烟的重要原因之一。大多数社会营销方案都面临着强大的主动竞争,由于主动竞争具有复杂性,人们往往会忽视主动竞争。社会营销人员必须制定一个策略以确保社会营销方案能在竞争中取得成功并持续保持竞争优势。社会营销人员可以从品牌竞争、产品竞争、企业竞争和一般竞争四个不同角度来思考竞争。

五、关系营销导向

苏格兰禁烟的成功令人印象深刻,但苏格兰禁烟只解决了控烟这一个问题。在这个成功的基础上,再加上公众和大多数利益相关者的积极体验,还能取得多少更大的成效?还能解决多少其他社会问题?或许苏格兰不仅可以成为公共场所禁烟的领先者,还可以成为更广泛的公共卫生领域的领先者,甚至在对抗气候变化和实现可持续生活方面成为领先者。考虑到上述这些挑战,以及对人们进行赋能并培养人们投入社会变革的能动性的重要性和复杂性,社会营销人员还需要提升关系营销的能力。

几十年来,商业部门一直在应用关系思维,并不断地引入理论框架。企业已经从一次性或临时性满足顾客的需要发展到持续地满足顾客的需要。企业的目标不仅是创造一次性交易,而是建立持续的顾客关系。例如,网上商店和实体商店不希望顾客只在线上或线下购物一次,他们希望顾客每周都去店里购物。因此,如果顾客这样做了,他们会奖励顾客每人一张会员卡和折扣券,并定期给顾客发送短信和电子邮件、代金券、新产品和特价品信息,这些都是根据顾客独特的偏好、个性、生活方式和过去的购买记录量身定制的。他们试图与顾客建立长期合作互利的关系。尽管他们的促销措施带有明显的金钱动机,但这些措施是有效的:顾客加入他们的忠诚方案,采用他们的品牌,并定期去店里购物。

这种思维为社会营销提供了借鉴,就像商业营销一样,社会营销也要超越一次性行为。我们不希望人们只系一次安全带,偶尔做到不吸烟,或者偶尔吃健康的水果和蔬菜,我们希望人们一遍又一遍地做这些事并且永远做下去。事实上,社会营销的目标往往是帮助人们建立一种生活方式,而不仅仅让人们实施一次孤立的行动。

即使目标行为明显是一次性的,例如在传染病突然爆发期间进行一次性免疫接种,或在道路交通事故后进行临时限速,诸如信息源可信度和相互信任等关系问题也是至关重要的。

例如,在英国,对麻腮风疫苗的恐慌在过去十年中一直困扰着儿童免疫接种工作,这是由父母对卫生部门缺乏信任造成的[①]。变化阶段理论表明,在很大程度上变化不是一夜之间发生的,变化包括一系列步骤,从最初的思考到事后的强化,这是一个动态的和不稳定的过程,个人可以在任何时候改变主意或退回原来的行为。

关系思维要求社会营销人员优先考虑顾客满意度和价值共同创造,这对社会营销具有根本意义。这意味着不仅要注重行为,还要重视服务质量。如果不能够快速地改变行为,社会营销方案很容易被视为失败的方案。社会营销人员应该将顾客导向、创意导向、集体导向、竞争导向与关系营销导向相结合(见图1.2)。

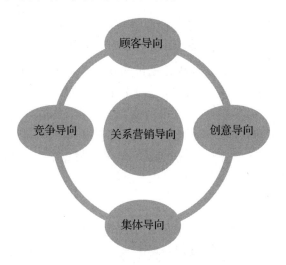

图 1.2　社会营销的战略愿景

资料来源:Hastings G, Domegan C. Social marketing: principles and practice for delivering global change[M]. 4th ed. New York, NY: Routledge, 2023.

"东北选择"(Northeast Choices)是一项 1996—1999 年期间在英格兰东北开展的面向 13～16 岁青少年的预防吸毒的干预活动。东北选择提供了卓越的顾客服务,并与年轻人和其他利益相关者之间建立了充分的信任,最终的问卷调查证明了这一点。这项社会营销行动还开发了一个当地 13～16 岁青少年群体的宝贵数据库,为进一步发展

① Evans M, Stoddart H, Condon L, et al. Parents' perspectives on the MMR immunisation: a focus group study[J]. British Journal of General Practice, 2001, 51(472): 904–910.

这些客户关系提供了依据。事实上,有多个商业运营商同项目实施团队接触,希望购买这个数据库。

此外,影响评估表明"东北选择"干预方案的成功之处在于:方案触达一系列利益相关者与核心顾客,应用戏剧而非说教的方式来吸引目标受众参与活动,这些都促进了知识、态度和行为的改变。

因此,从关系营销的角度来看,"东北选择"提供了很好的前景。关系营销需要区分离散交易与关系交易,离散交易有明显的开始、短暂的持续和急剧的结尾;关系交易则可以追溯到以前的协议,持续时间更长,表现为一个持续的过程。人们往往从交易视角评判"东北选择",实际上"东北选择"成功地开展了关系营销。

关系构建包括信任和承诺两个重要维度,这两个维度与社会营销中的关系特别密切[①]。

1. 信任

在社会营销中,信任是依赖交换伙伴的意愿和信心。正是这种信心促使人们能够评估参与交换的风险,这时交换的利益往往是无形的,也不是立竿见影的。信任与社会营销人员的可靠性密切相关。在社会营销情境中,当出现风险和不确定性时,信任就变得尤为重要。

当担心交易双方的动机和利益时,信任就会出现问题。任何感知到的利益冲突都可能侵蚀信任。这种情况发生在英国的麻腮风疫苗事件中,人们认为医生与政府和医疗机构的联系过于密切。当时任首相托尼·布莱尔拒绝宣布他的儿子是否接种了疫苗,更加剧了人们的焦虑。虽然布莱尔完全有权利保护孩子的隐私,但他行使这个权利却引起如此大的恐慌的事实表明,信任已经受到了严重的损害。信任崩溃的影响是非常严重的:免疫接种下降到危险的低水平,群体免疫遭到破坏,儿童和父母受到严重伤害。正如历史证明的那样,对疫苗的担忧是完全没有根据的。其实,问题不在于疫苗,而在于关系中的信任。

2. 承诺

信任是承诺的前提条件,因为只有信任才会作出承诺。信任转化为承诺需要时间。在社会营销中承诺可以以不同的形式表现出来,例如,承诺采纳并保持一种积极的行为,签署一项正式合同或获得必要的资源。以安全食品为例,爱尔兰岛上负责食品安全和健康饮食的宣传机构,将承诺纳入他们的社交媒体战略,让市民可以公开承诺将一种行为纳入他们的生活方式。社会营销伙伴关系各方之间签订协议备忘录也是一种承诺形式,签订协议备忘录有助于深化理解各方参与者的角色和责任。一旦各方参与者作出了一项承诺,随着时间的推移,承诺会逐步实现。在承诺自己的立场后,一个人也更愿意遵守与该立场一致的行为要求。不过,某些管理风格、失去所有权和控制权可能会导致合作伙伴失去动力,表现出承诺稀释。

---

① Morgan R M, Hunt S D. The commitment-trust theory of relationship marketing[J]. Journal of Marketing, 1994, 58(3): 20-38.

　　关系营销是建立在与顾客、其他利益相关者和伙伴合作的基础之上,各方参与者在合作中实现双赢甚至多赢。在社会方案中开展关系营销的难度更大,这是由社会营销方案的特点决定的。首先,在典型的社会营销场景中,干预措施由不同的组织资助、开发和实施。其次,实施社会营销方案往往利用现有的基础设施,从商业零售店到医疗或教育机构。最后,在实施社会营销项目时,不同组织之间还经常发生冲突和紧张。例如,项目实施组织可能不认可或不忠于项目资助者或项目开发者。因此,社会营销方案需要确定谁负责管理关系,并确保集体的一致性和集成性。

　　复杂的关系交换需要创新社会问题的思考方式。关系营销有助于应对当前社会营销思维的挑战。首先也是最重要的,合作是把受众作为价值的共同创造者。组织始于受众和受众的行为,而不是始于组织期望的受众行为。其次,社会营销项目必须被视为一个联合学习或共同学习的过程。这种学习过程有助于在更广泛的社会问题背景中重新审视具体的社会问题。因此,关系思维有助于提高满意度、透明度、可持续性,加强信任和承诺,从而提高实现深刻变革的潜力。

第二章 行为理论

社会营销目标的核心是影响目标受众的行为,社会营销方案或影响普通民众的行为,或影响专业人士的行为,或影响政策制定者的行为。行为理论在设计、实施和评估社会营销方案中具有重要作用,并引起社会营销人员、行业专家和政策制定者的关注。在公共卫生、交通安全、财产保护和环境保护等领域的社会营销经验表明,以证据为基础,应用行为理论,精心策划和实施的行为干预措施,能够为解决相应的社会问题和挑战做出巨大贡献。

在过去的一百多年里,学者们提出了大量的行为理论,且不断地补充完善。行为理论是对人类行为的产生和影响因素进行解释的一系列理论的统称。行为理论可以细分为行为模型、行为改变理论和行为改变框架。行为模型和行为改变理论在很大程度上相互重叠,但彼此之间也存在着关键区别:行为模型试图解释人们为什么这样做,识别影响行为的潜在影响因素;行为改变理论试图解释行为如何变化,哪些因素影响行为改变。行为改变理论有助于开发、实施和评估干预措施。行为改变框架整合多种行为模型和行为变革理论,提炼出关键的行为改变影响因素,为社会营销方案规划和实施提供指导。

许多传统行为理论都是在心理学领域发展起来的。有一些理论强调社会压力、知识和信念对行为改变的重要性,比如健康信念模型和跨理论模型。然而,这些模型只关注个人因素对行为的影响,而没有考虑经济、社会或环境因素对行为的影响。相反,社会生态模型认识到环境、社会和经济因素的重要性。另外,经济学家、脑科学家、心理学家和社会学家也在开发新的理论,这些理论强调在人们制定行为决策时偏好的影响以及快速认知的力量。

应用行为理论并非易事,理解行为理论、选择合适的行为理论并应用行为理论是社会营销人员面临的巨大挑战之一。不断增加的行为理论甚至成了社会营销人员应用行为理论的主要障碍,加上时间紧迫,营销人员可能不愿意深入探讨行为理论和进行行为建模。

对于行为理论的作用也不是没有争议。由于理论往往是对现实的简化,因此理论很难提供个人、政治和环境层次的全面理解。选择错误的行为理论将限制社会营销方案的效果。

在社会营销中广泛应用的行为理论可以分为个体层次的行为理论、人际层次的行为理论、社会层次的行为理论、社会生态和系统理论、行为改变框架以及行为经济学理论。

第一节 个体层次的行为理论

以个人为中心的行为理论有很多，主要用来解释个人行为的影响因素。许多个人层面的理论都探讨知识、态度、信念、动机、自我概念、学习、过去的经验和技能以及自我认知等个人行为的影响因素。

一、经典性条件反射和操作性条件反射

经典性条件反射（Classical Conditioning）指一个刺激和另一个带有奖赏或惩罚的无条件刺激多次联结，可使个体学会在单独呈现该刺激时，也能引发类似无条件反应的条件反射。巴普洛夫的狗的实验表明，当一个刺激（铃声）与另一个无条件刺激（食物）建立联系，就发生经典性条件反射（狗听见铃声就分泌唾液）。经典性条件反射不仅可用于简单的动物反应，还可以用于复杂的人类行为，即使高度复杂的人类行为也可以通过这种关联来解释。

操作性条件反射（Operant Conditioning）是一个通过强化和惩罚进行学习的过程，在操作性条件反射中，行为的频率受到行为结果的影响。操作性条件反射的行为是个体自愿进行的行为。

行为可以分为应答性行为与操作性行为，应答性行为通过建立经典性条件反射习得，操作性行为通过操作性条件反射获得。学习过程就是分别形成两种条件反射的过程。学习也可以分为经典性条件反射式学习和操作性条件反射式学习。两种学习形式同样重要，操作性条件反射式学习则更能代表实际生活中人的学习情况。人类的大多数学习是操作性学习，人不是被动等待刺激而是积极主动地对环境进行探索，先有反应，然后才知道结果，再根据结果去调节行为。

社会营销人员可以根据经典性条件反射使用奖励或者惩罚来改变行为。例如，在发展中国家用现金对家长送儿童上学的行为进行激励，或者对不送儿童上学的行为实施罚款或法律制裁。社会营销人员还可以根据操作性条件反射采用强化或惩罚来增加或减少行为发生的频率。

二、认知一致性理论和认知失调理论

认知一致性理论（Cognitive Consistency Theory）认为人们有寻求信念、价值观和感知上一致性的动机，人们往往通过改变价值观、态度而不是行为来解决行为与价值观或态度之间的冲突。例如，如果有人为了一个非常少的回报而承担一个无聊的任务，那么在他的行为（完成这个任务）和他的认知（只有在较多回报的情况下才会承担无聊的任务）之间就存在着不协调。一个减少这种不协调的方法是停止做这个任务，即改变行为，另一个方法是改变他们的态度，即说服自己，这个任务其实很有趣。

在社会营销干预措施中应用认知失调理论可以强调行为和态度之间的冲突。即通

过强调隐性的认知失调让人们清晰地认识当前的行为,并且更加理性、更加慎重地控制行为。例如,通过强调重视洗手的态度和实际上草草洗手的做法之间的不一致,来促使人们考虑改变行为。

三、启发法

美国心理学家阿莫斯·特沃斯基(Amos Tversky)和丹尼尔·卡尼曼(Daniel Kahneman)详细阐述了人类如何使用心理捷径或启发法来认识世界和制定决策,以及启发法对于行为的影响。启发法在解决问题或制定决策时采用直观判断、经验规则或简化原则,而不是严格的逻辑分析或全面的信息搜索。在面临复杂情境或信息不完全时,人们采用启发法能够迅速且相对有效地找到满意的解决方案。主要的启发法包括可得性启发法、稀缺性启发法、代表性启发法、锚定调整启发法等。在某些情况下启发法会让人们产生错误的判断和偏见。在使用启发法时,需要保持警觉,结合实际情况进行理性分析和判断。

社会营销中有很多启发式思维的例子。比如,对损失的恐惧可以对人们的行为产生强大的影响。在推广体育活动的方案中,宣传体育活动可以减缓身体机能或心理能力下降比宣传体育活动促进身心健康更有效。在决策情境中,与收益相比,损失往往具有更强大的动力。利用人们对于损失的恐惧往往是一种促进行为改变的好办法,比强调实施推荐行为获得的保护和收益更有效。例如,强调失去与孩子在一起的快乐时光比强调更长寿和更健康的晚年更能激励人们戒烟。在调查研究工作中,社会营销人员需要理解目标受众用来理解世界的启发法和社会营销干预措施期望目标受众做出的行为反应,这是社会营销人员洞察受众工作的一部分。

四、行为改变阶段模型

1983 年,美国心理学家普罗查斯卡(Prochaska)和迪克莱蒙蒂(DiClemente)首次提出行为改变阶段模型,又称跨理论模型,并在之后的几十年里对该理论进行验证和完善。行为改变阶段模型把行为改变分成六个阶段(见图 2.1)。

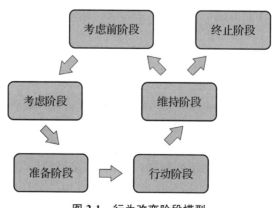

图 2.1 行为改变阶段模型

（1）考虑前阶段（Precontemplation）：在这个阶段人们尚未意识到需要改变，并且普遍否认存在问题。

（2）考虑阶段（Contemplation）：人们承认存在问题，并慎重地思考解决问题的方法。

（3）准备阶段（Preparation）：在这个阶段大多数人打算采取行动，正在为开始改变自己的行为做最后调整。

（4）行动阶段（Action）：在这个阶段人们行动起来，公开地改变自己的行为与环境。比如，停止吸烟，清除家里所有的甜点，或者购买健身房会员卡。

（5）维持阶段（Maintenance）：在维持阶段人们努力巩固行动阶段以及其他阶段所取得的成果，并且努力避免新行为减弱或退回原来行为。

（6）终止阶段（Termination）：终止阶段是所有行为改变的最终目标。在终止阶段，人们已经完全融入了新的行为，不再需要额外的支持或努力来维持这种改变。即使遇到诱惑和威胁，人们也不会退回到原来的行为。

行为改变阶段模型用六个阶段来描述人们准备改变或试图改变行为的过程。在改变行为的过程中各个阶段虽然不是分离的，但可以被识别出来，人们可以在任何一个阶段进入或退出。社会营销人员可以制定具体的措施来促进受众行为进入下一个阶段，最终实现行为目标。社会营销人员还可以利用行为改变阶段模型确定受众所处的变化阶段，并以此对受众进行细分，为处于不同变化阶段的受众制定有针对性的干预组合。行为改变阶段模型也许是公共卫生干预措施中最著名的和引用最多的模型之一，但是这个模型没有解释不同阶段的触发因素，其他心理学模型、行为经济学和社会营销理论可以弥补这个不足。

五、理性行为理论和计划行为理论

理性行为理论和计划行为理论研究行为与信念、态度和意向等心理因素之间的关系。最初这个模型假设：人类是理性的，人们能够控制自己的行为，行为依据一套合理的决策而发展。1975年，美国社会心理学家阿耶兹（Ajzen）和菲什拜因（Fishbein）提出理性行为理论（Theory of Reasoned Action）。理性行为理论认为行为意向是行为的关键决定因素，行为态度是行为意向的最大影响因素，主观规范对行为意向具有关键影响。行为态度是个人对行为的积极或消极评价。主观规范是个人感受到的实施某个行为的社会压力。1985年，阿耶兹（Ajzen）在理性行为理论的基础上增加了感知行为控制变量，提出计划行为理论（Theory of Planned Behavior）（见图2.2）。感知行为控制是个体预期在实施某个行为时自己所感受到的控制或掌握的程度。行为和行为意向受到超出个人感知控制范围的因素的影响。计划行为理论强调主观规范和个人态度、特征的重要性，强调为什么单纯依靠知识不一定能够改变个人行为，为人际层次和社会层次的行为理论提供概念上的联系。

计划行为理论是社会营销人员用于分析社会行为的工具。对照计划行为理论的每一个要素研究行为有助于深入理解行为和行为的影响因素，还有助于确定潜在的行为干预点。例如，如果业主对于能源过度消费问题不知所措，那么可以向业主提供更多的控制方法，比如安装能源计量表，提供能源消耗的详细信息，来帮助业主减少能源消耗。

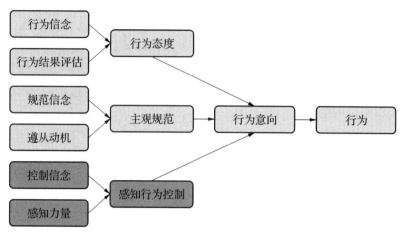

图 2.2　理性行为理论和计划行为理论

六、保护动机理论

保护动机理论(Protection Motivation Theory)认为可以通过唤起个体的恐惧和担忧来改变行为。恐惧唤起有三个组成部分:所描述事件的危害程度、事件发生的概率以及所建议的保护性反应的有效性。保护动机理论认为,个体出于免遭危险的动机而实施行为,唤起恐惧的三个部分共同决定保护动机的强度。这个理论使用现有行为和推荐行为的成本和收益来预测行为改变的可能性。最新的保护动机理论假设,保护自己免遭危险的动机与威胁严重性、个人脆弱性、反应效果与自我效能信念之间是正向线性关系(见图 2.3)。对于许多传染病公共卫生项目和一些慢性病公共卫生项目,保护动机理论产生了重要的指导作用。

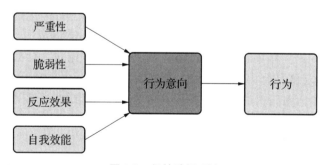

图 2.3　保护动机理论

保护动机理论表明,人们需要认识到风险和他们面对风险的脆弱性,人们还要相信实施推荐行为降低风险的效能。保护动机理论可用于指导社会营销人员开展调查研究,以便确定如何评估人们对风险的感知以及他们对推荐行为的理解和态度。保护动机理论还可以用于指导社会营销人员识别潜在的干预机会。例如,如果人们不相信少吃糖能降低肥胖的概率,那么在他们愿意改变行为之前,可能需要用新的方法说服他们,让他们相信这一事实。

七、效果层次模型

1961 年美国市场营销学者罗伯特·拉维奇（Robert Lavidge）和加里·斯泰纳斯（Gary Steiners）提出效果层次模型。该模型认为潜在顾客从第一次看到产品促销信息到购买产品有六个步骤，拉维奇和斯泰纳斯把这六个步骤分为认知、情感和行为三个阶段（见图 2.4）。

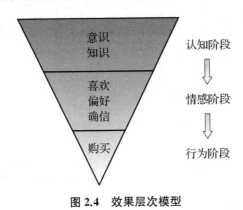

图 2.4　效果层次模型

第一阶段是认知阶段，消费者了解产品并收集产品信息。第二阶段是情感阶段，消费者会喜欢产品品牌，对产品品牌产生偏好，甚至产生坚定的信任。如果消费者对产品有足够的信任，就会把自己对于某个品牌的积极情感转化为购买意愿。最后一个阶段是行为阶段，消费者购买产品。

效果层次模型表明，社会营销人员应当根据目标受众所处的阶段设计相应的促销策略，促使目标受众进入下一个阶段。

八、健康信念模型

健康信念模型（Health Belief Model）是最早关注健康决策和行为的社会认知模型之一，并已经成为开展健康行为干预的重要理论工具。健康信念模型表明个人对健康威胁的信念以及对推荐行为有效性的信念将预测行为的可能性。20 世纪 50 年代，社会心理学家霍克鲍姆（Hochbaum）、凯格斯（Kegels）和罗森斯托克（Rosenstock）提出健康信念模型，20 世纪 70 年代和 80 年代，詹兹（Janz）和贝克尔（Becker）及其同事进一步发展了该模型（见图 2.5）。卫生专业人员越来越认识到知识和感知对于个人行为的重要作用，健康信念模型也不断完善。

健康信念模型有五个关键概念：

（1）感知易感性（Perceived Susceptibility）：个人对罹患某种疾病或陷入某种疾病状态的可能性的感知。

（2）感知严重性（Perceived Severity）：个人对某种疾病或者状态可能影响身体、情绪、财务和心理状态的感知。

个人对疾病威胁的感知，即感知威胁（Perceived Threats），包括感知易感性和感知严重性。

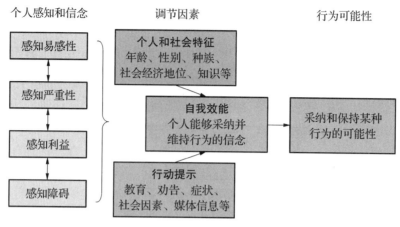

图 2.5　健康信念模型

（3）感知利益（Perceived Benefits）：个人对实施推荐行为将会带来的利益的感知。

（4）感知障碍（Perceived Barriers）：个人对实施推荐行为可能造成不方便、昂贵、不愉快、疼痛或不安的感知。

行为评价（behavior evaluation）是对采纳某种健康行为的利益和障碍的感知，也就是对采纳或放弃某种行为能带来的利益和障碍的主观判断，即对采纳健康行为利弊的比较与权衡。

（5）行动提示（Cues to Action）：实施期望行为所需的内部与外部策略或事件。提示因素可能是身体事件（如身体状况）或环境事件（如媒体宣传、社交媒体、家庭建议等）。

健康信念模型表明，人们对于个人健康行为威胁的感知至少受到三个因素的影响：一般健康价值观，包括对健康的兴趣和关注；特定健康信念，即对个人脆弱性的看法，比如个人认为自己容易受到某种健康威胁的影响；对于健康问题后果的信念。一旦个人感知到自己的健康受到威胁，同时被提示采取行动，并且感知利益超过感知障碍时，那么这个人很有可能采纳推荐的预防性行动。

健康信念模型也有一些普遍的局限性。健康信念模式没有说明不同的信念是如何相互作用和相互影响的，没有考虑到环境或经济因素对健康行为的影响，也没有考虑其他人对个人决策的影响。然而，在疾病防控领域健康信念模型具有重要指导作用，在开发社会营销方案之前应当评估易感性、严重性和个人对利益、障碍和行动提示的感知。

九、健康行动模型

理性行为理论和计划行为理论、健康信念模型都假设个人的行为是理性的。但是，有些行为并不是理性的，比如成瘾行为、不安全性行为。在这些情况下，短期的快乐和满足比健康这类模糊的、长期的利益更吸引人。为了深入理解人们的非理性行为，健康行动模型纳入了饥饿、痛苦、快乐和性等强大的驱动因素[①]（见图 2.6）。健康行动模型

---

① Earle S, Lloyd C E, Sidell M, Spurr S. Theory and research in promoting public health[M]. London：Sage，2007.

(Health Action Model)由两部分构成,第一部分涉及行为意向的影响因素,第二部分则聚焦行为意向转化为实践的各种影响因素[①]。

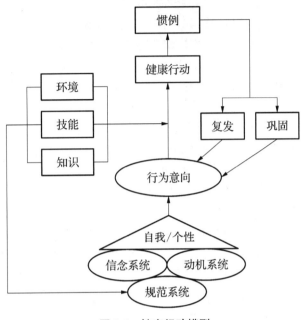

图 2.6　健康行动模型

行为意向受到信念系统、动机系统和规范系统的共同影响,这三个系统相互关联、紧密交织。动机系统与信念系统相互影响,规范系统则融合了信念和动机的成分。这些系统通过作用于自我和个性,进而影响行动意向。自我和个性作为影响健康行动的核心因素,自我和个性的形成和发展与信念系统、动机系统、规范系统密切相关。具体而言,自我概念、自我效能等自我相关因素的构建过程受到个体信念和动机的引导,个性特征与规范系统的互动也会对个体的行为意向产生影响。

信念系统和动机系统紧密关联,相互影响,在个体的行为意向形成过程中发挥着关键作用。信念系统对动机系统有着显著影响。信念为动机提供了认知基础,促使个体朝着符合自己信念的方向行动。反之,动机系统也会对信念系统产生影响。动机引发的行动,能促使个体重新思考、调整自己的信念,使信念变得更坚定或者发生改变。

规范系统融合了信念和动机的成分,与信念系统、动机系统紧密交织、相互作用,共同对个体的行为意向产生影响。

信念成分在规范系统中占据关键地位。个体对社会规范的认知构建于一系列信念之上。个体对他人反应的信念会切实影响自身的行为意向。在规范系统中,人们依据自身信念来判断社会规范的具体要求,并推测重要他人对自己行为的预期反应。例如,若个体坚信吸烟有害健康(信念),并认为周围重要他人(如家人、朋友)也持有相同看法并反对吸烟(对他人反应的信念),这类信念便会影响个体对吸烟相关社会规范的认知,

---

① Tones K, Tilford S. Health Promotion: Effectiveness, Efficiency and Equity[M]. 3rd ed. Cheltenham: Nelson Thornes, 2001.

进而影响个体是否吸烟的行为意向。

动机成分同样融入规范系统之中。个体遵循或偏离社会规范的行为受动机驱动。动机系统包括价值观、态度、驱动和情绪状态这四种影响行为的因素。规范系统中的社会压力会激发个体不同的动机。诸如同伴压力、社会规范等规范性影响，会促使个体产生顺从或违背规范的动机。当个体渴望被同伴群体接纳（动机）时，便会受到同伴健康行为规范的影响。例如，若同伴都积极参加运动，个体为了融入群体并获得认可，也会产生参加运动的动机，这凸显了动机在规范系统影响行为意向过程中的重要作用。

在健康行动模型中，自我和个性是影响健康行动意向的关键因素。自我借助自我概念发挥认知导向作用，凭借自我效能激发行为动机，依靠自我调节实现行为调控，进而影响个体的健康行动意向。个性在健康信息处理过程中表现出明显的偏好差异，塑造独特的行为模式，并决定个体在面对健康相关情境时的情绪反应和应对策略，从多个维度影响个体的健康行为态度和意向。

自我通常涵盖自我概念、自我效能和自我调节三个方面。自我概念是个体对自身的整体认知与评价，涉及对自身身份、角色、能力、价值观等多个维度的看法。自我效能体现为个体对自己能否成功完成特定行为的主观判断与信心。自我调节是个体为达成目标、适应环境而对自身思想、情感和行为进行控制与管理的过程，这个过程包括设定目标、监控行为、调整策略等多个重要环节。

个性指个体相对稳定的心理特征与行为模式的总和，个性影响着个体接收和处理健康信息的方式，以及在面对健康行动选择时的决策倾向。例如，性格外向且责任心较强的人，往往更乐于主动获取健康知识，并积极投身于社交性的健康活动，如参加集体健身活动。

行为意向转化为实践受多种因素影响，主要包括知识水平、技能和环境。知识水平体现为个体对健康相关信息的掌握程度（例如预防疾病的知识），丰富的知识储备有助于个体采纳合适的健康行为。技能指个体实施健康行为所必需的能力（比如进行健身活动的技能），具备这些技能能够助力个体将健康行为意向有效地转化为实际行动。环境包括物理环境、经济环境以及社会文化环境等，适宜的环境能为健康行为提供支持与便利。创造支持性环境对促进健康行为改变至关重要。比如在健康促进方案中，应当致力于消除阻碍个体做出健康选择的心理、行为和环境障碍，为个体践行健康行为创造有利条件。

健康行动既包括那些产生积极健康结果的行动，也包括预防疾病的行动。这些健康行动可能有助于个人健康，也可能有助于社区健康。健康行动模型还区分了单次的、离散的健康行动和日常惯例的健康行为。一般而言，只有健康行动成为日常生活惯例时，人们才能从中获得利益。在形成惯例后，会出现两种结果：行为意向得到巩固或出现复发。传统意义上，复发常与成瘾行为相关，如戒烟。实际上复发也适用于那些会带来不便或不适的行动。

健康行动模型表明，人们的健康行为既取决于个人因素，也受到社区内的规范，以及更广泛的社会经济条件的影响。许多影响人们健康行为的因素，在某些情况下部分超出人们的控制,在极端情况下甚至完全超出人们的控制范围。健康行动模型表明社会营销项目可能需要通过社区健康教育项目来帮助人们增强自尊、提高健康素养并培养健康技能,同时应对更广泛的环境因素的影响。

第二节 人际层次的行为理论

人际关系层次的行为模型和理论侧重于更广泛的社会互动和环境对行为的影响。这些模型假设人们受到所交往的人的意见、观点、信念和价值观的强烈影响,特别是生活中关系亲密的人和重要的人,并探讨重要的人如何影响人们的决策。

关注人际关系是重要的,在制定干预策略时,可能需要通过一个群体去影响另一个群体,例如与祖母合作去影响母亲的行为。人际层面的行为改变不仅要关注人际关系,也要关注个人反应。

人际关系模型不仅包括微观环境的社会影响,比如亲密家庭成员的观点,还包括更大范围的社会影响,比如通过社交网络和媒体表达的公众意见对社会规范的影响,以及影响如何在人群之间传播。

一、社会认知理论

1977 年美国心理学家阿尔伯特·班杜拉(Albert Bandura)提出社会认知理论(Social Cognitive Theory)。社会认知理论从个人因素、环境影响和行为三者之间持续互动的角度来理解人类行为(见图 2.7)。社会认知理论认为人类行为是个人因素、环境因素以及个人如何解释自己行为的不断相互作用的结果。人们通过自己的行动促使事情发生,人们的行动受到一系列的个人因素的影响,包括思维习惯和自我信念。

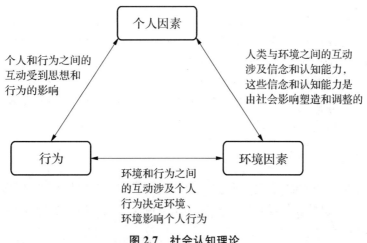

图 2.7 社会认知理论

社会认知理论认为人类天生具有某些能力：

① 象征能力：人们能够从周围的环境中提取意义并解决问题。

② 预见能力：一种计划行动方案、预测和设定目标的能力。

③ 替代学习：观察和学习他人的能力。

④ 自我调控：自我改变的潜力。

⑤ 自我反思：人们能够理解自己的经历和开展自我评价的能力。

社会认知理论认为，每个人都不同程度地拥有这些能力和技能。社会认知理论的关键概念是自我效能。自我效能决定人们的感受、想法和实际行动。自我效能可以产生多方面的影响。自我效能可以决定人们在一项任务中付出的努力、表现出的坚持不懈的精神，以及在不利或具有挑战性的情况下表现出的韧性。因此，自我效能常被用来预测人们能否实施某个行为。人们相信自己能够做到的事情可能与他们实际能做到的事情不同，人们的自我效能比他们的实际技能和能力更可能影响他们的行为。

自我效能信念主要受四个方面因素的影响：

① 所掌握的经验：自己的成功和失败的经验。

② 替代经验：观察到他人的成功和失败。

③ 社会说服：周围人的直接影响。

④ 身体和情绪状态：身体状态，如疲倦、饥饿会影响人们对自我效能的判断，压力、焦虑、积极和消极情绪也会影响人们对自我效能的判断。

对某个新行为的学习有三个组成部分：循序渐进、重复和强化。循序渐进表明去做一个从未做过的行为不可能一蹴而就，人们更愿意逐步去做。比如，引导吸烟者戒烟的一个方法就是让吸烟者慢慢减少吸烟量，一次减少一根，从最容易的戒烟行为开始，然后慢慢增加难度。鼓励重复练习并且提供强化策略，才更可能使目标行为成为永久的行为。

社会认知理论强调个人因素、环境因素和行为之间的相互作用。社会营销人员可以利用社会认知理论来研究决策和行为的影响因素，以及这些因素之间的相互作用。社会认知理论表明至少有三种影响行为的方式：采取干预措施影响自我感知和理解、采取行动影响环境中的触发因素、行为提示和行为本身。例如，在工作场所开展禁烟可以首先影响行为本身，随后影响个人因素和环境因素。在行为方面，实施禁烟干预措施会促使个人重新考虑吸烟的需要和欲望。在个人因素方面，社会营销人员可以帮助个人认识吸烟的危害和提高个人戒烟的自我效能。在环境因素方面，社会营销人可以通过改造环境来控制个人吸烟的欲望和行为，比如在工作场所不销售香烟。

二、社会规范理论

社会规范是一个群体用于判断行为、价值观、信念和态度是否合适的规则。规范可以是明确规定的，也可以是默认的。不遵守规范可能受到严厉的惩罚，其中最可怕的惩罚是被群体排除在外。

社会规范理论（Theory of Social Norms）区分了指令性规范和描述性规范。指令性规范是指个体感知的群体中其他成员支持或者反对的行为。指令性规范对行为的影响与社会评价联系在一起，人们倾向于对符合规范的行为给予认可或奖励，对不符合规范的行为给予否定或惩罚。因此，个体遵从指令性规范时会更多地考虑他人和社会的评价。

描述性规范是指个体感知的其他人的实际行为或正常行为，不论这些行为是否得到认可。描述性规范对行为的影响类似于从众行为的产生，大多数人怎么做，我就怎么做。这种行为的发生往往出于对周围情境的适应。

其他相关的术语还有明确性规范和缄默性规范、主观规范和个人规范。明确性规范是指有明文规定或公开表述的行为规范；缄默性规范是指虽然没有明确规定但被理解为群体默认的规范；主观规范是指个人感知的群体中重要成员对自己行为的期望；个人规范是指个人自身的行为标准。

在预防工作中应用社会规范有助于发现目标受众的感知行为与实际行为之间的差异，纠正目标受众的感知是改变行为的重要策略。20世纪80年代中期，社会规范理论应用于干预大学生高风险饮酒的棘手问题。调查研究发现，大学生的实际饮酒量和他们感知的其他大学生的饮酒量之间存在显著差异，大多数大学生认为其他大学生的饮酒情况比他们实际饮酒情况严重。

这个发现意义重大，如果大学生认为大多数大学生都在大量饮酒，他们就更有可能大量饮酒。这种错误的感知对大学生饮酒可能产生有害的影响。如果大学生认为每个人都大量饮酒，那么大量饮酒的比例就会上升。

三、社会网络和社会支持理论

社会网络是社会个体成员在互动过程中形成的相对稳定的关系网络。社会网络是由许多节点构成的社会结构，节点通常是指个人、群体或组织。社会网络的基本构成单位是人、人与人之间的联系以及人与人在联系过程中传播的事物，如情感、信息、物质、疾病等。

社会网络具有互惠性、亲密度、同质性、地理分散度等特征，具有社会影响、伙伴关系、社会损害、社会资本和社会支持等功能。社会支持是通过社会网络所建立的联系，成员之间相互提供帮助和支持。社会支持可以分为情感支持、工具性支持、信息支持和评价支持。根据社会网络和社会支持理论，对个人的观点和行为的最大影响来自个人的社会网络的资源和态度。

人们更容易受到朋友和家人的观点和行为的影响，相对不容易受到社会网络之外的政府、专业人士或其他人的建议的影响。在制定社会营销策略时，考虑社会网络中谁能够影响个体的行为是很重要的。例如，如果支持或挑战来自个人社会网络中受尊重的成员，那么这种支持或挑战将会对目标受众产生很大的影响。社会营销人员可以从目标受众的社会网络中招募目标受众信任的重要人物来促使目标受众采纳积极的社会行为。例如，请祖母帮助推广母乳喂养，在社区招募受人尊重和信任的长者来宣传健康的烹饪方法和饮食习惯。

四、社会影响和人际关系理论

人际交流不仅受到影响者个人的一系列因素的影响,还受到影响者所应用的影响策略的影响。被影响者所感知到的权力在人际交流中具有显著作用。这个权力来自影响者,实际上是被影响者赋予影响者的。根据社会影响与人际关系理论,人际关系中有六种权力:

(1)专家权力:这种权力来自某人的知识、专长和技能。

(2)法定权力:某人具有被认可的社会角色,被赋予可靠性和权威性,因而有权指导行为。

(3)强制权力:当某人有权力进行惩罚时,就具有强制权。

(4)奖励权力:当某人有权力进行奖励时,就具有奖励权。

(5)信息权力:劝说的人掌握着对被说服者有价值的重要信息。

(6)参照权力:基于对试图施加影响的人的认同而形成的权力。这是最有效的权力,受到诸如对说服者喜欢或共情等因素的影响。

受影响者感受到权力是说服的关键因素,有助于确保受影响者实施推荐行为。在制定社会营销计划时,不仅要考虑传播的信息和传播策略,还要考虑信息传递者。任何与干预措施相关的组织或个人,甚至传播推荐行为的面孔和声音,都会对目标受众的反应产生很大的影响。在选择合作组织或代言人时,首先考虑受到目标受众欢迎的、拥有多种权力的组织或个人。

五、归因理论和平衡理论

归因理论和平衡理论涉及人们如何解释自己的行为和其他人的行为,并识别了以下现象:

(1)基本归因错误:人们倾向于过度强调个人属性对行为和结果的影响,而对行为和结果的情境或环境因素强调不足。

(2)虚假独特性:人们倾向于夸大自己的积极品质和能力。大多数人也往往低估别人的能力,过度强调自己的能力。

(3)虚假共识:人们倾向于高估别人与自己的观点和信念的一致性程度。

(4)群际偏见:类似于自我服务归因偏见,群际偏见针对群体层面。人们认为他们所属的或者所认同的群体拥有较多的优秀品质和美德,而其他群体只有较少的积极品质。

在制定干预措施时,可以利用这些现象为制定策略提供信息。在基本归因错误方面,社会营销人员可以帮助人们认识到阻碍变化的环境因素。对于戒烟失败者,除了个人毅力的问题,环境诱因(如社交压力、广告影响)可能也是戒烟的关键影响因素。对于虚假共识等现象,可以采用社会营销来纠正人们的错误认识。以接种疫苗为例,让那些对疫苗持有负面看法的人清楚地知道,他们的社会网络内的重要人物并不认同他们的看法。

六、人际行为理论

人际行为理论(Theory of Interpersonal Behaviour)考虑到个人不太理性的决策以及习惯对行为的影响。在人际行为理论中习惯是一个有可能影响结果的独立的关键因素(见图2.8)。

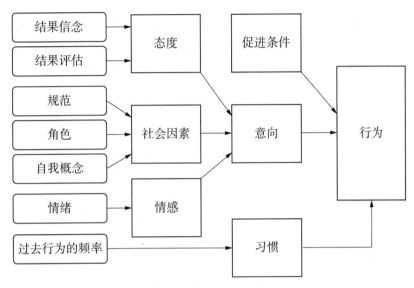

图 2.8　人际行为理论

人际行为理论强调习惯以及意向和其他影响因素对行为的决定作用。人际行为理论表明人们的行为可能是无计划的和无意识的,在行为主要受习惯影响的情境下,人际行为理论可以很好地预测行为。

人际行为理论中行为有两条不同的形成路径:一条是通过习惯的自动路径,另一条是通过意向的刻意路径。这两条路径又分别被称为系统一思维和系统二思维。系统一思维(习惯)是快速的、简单的和自动的,而系统二思维(意向)是缓慢的和深思熟虑的。这两种思维紧密相连,同时运行,其中一条路径会影响另一条路径,人们的行为很少是纯粹的习惯性的或纯粹的深思熟虑的。人们的大部分行为主要是自动的,由系统一指导。然而,人们也可以进行小心谨慎的、深思熟虑的决策,这发生在系统二中。系统二的决策是困难的,人们很快就会厌倦它,并回到习惯性的反应。

对于社会营销人员来说,人们的大部分行为和决策主要是自动的或者习惯性的。因此,如果问题行为是遵循习惯性路径的,那么理性诉求也许对行为没有什么影响。预测人们未来行为的最好方法之一是看看他们过去的行为,或者研究他们的习惯。在制定社会营销策略和选择干预措施时,需要充分考虑习惯性反应的影响。帮助人们首先认识习惯性反应,然后改变习惯性反应,是改变行为的有效途径。例如,对于试图减肥的人,首先让他通过写日记,了解到一天中哪些时间、在哪些情境下,更有可能吃高热量的食物,然后开始制定替代策略,防止这种习惯性行为发生。比如,将一罐饼干从厨房里泡茶或冲咖啡的地方移开。

第三节　社会层次的行为理论

社会层次的行为理论注重行为所处的社区和社会文化背景。这些理论与人际层次的行为理论有很多重叠部分。社会层次的行为理论探讨社会文化系统如何运行和变化以及社会文化系统如何影响个人与个人行为，这些理论试图解释在群体和组织中如何促进行为改变，在认识和理解如何影响社会文化因素，以及动员跨部门合作和组织变革方面具有重要作用。

一、社会资本理论

社会资本理论认为社区中存在社会资本，社会资本是可以测量的，社会资本由社会网络和人际关系的数量和质量以及社会互动的合作质量构成。社会资本可以通过观察个体之间社会规范和价值观的契合程度以及社区如何非正式地和正式地影响社会互动来辨别。社会资本理论认为社会网络和合作性社会规范对个人和社区具有积极的价值。

社会资本通常有三种类型：结合型社会资本（Bonding Social Capital），如家庭成员之间或族群内部社会资本；桥接型社会资本（Bridging Social Capital），如跨族群社会资本；连接型社会资本（Linking Social Capital），如政府官员与民众代表之间社会资本。社会资本的强弱变化反映在关键的社会指标上，包括犯罪率、教育表现、死亡率和发病率、经济状况、安全感和幸福感，社会资本的强弱变化也可以部分地解释这些社会指标的变化。

社会资本理论对社会营销具有重要价值。根据社会资本理论，有效的社会项目的先决条件之一是建设、加强或促进社会资本的发展。社会营销人员可以通过调查研究确定社群内现有的和潜在的社会资本水平，探索开发社会资本的方式。在发展社会资本方面，社会营销可以寻求与目标受众建立关系，让他们单独或集体地参与开发、实施社会干预措施的过程。社区实践表明，社会营销不仅可以用于解决特定的行为问题，还可以用于发展社区能力和社区联系以应对社区面临的其他挑战并增强社区韧性。

二、实践理论

实践理论是用文化理论的视角来理解社会实践的广泛范式。社会实践是指日常的或定期的实践或习惯（比如，烹饪与进食、进行身体活动或在家里使用能源情况）以及开展这些活动的典型的和习惯的方式。通常，进行一项实践需要利用不同的要素：身体和心理活动，使用的材料或物品、知识、语言、结构、地点和人的能动性。比如对于能源使用情况，使用的要素可能包括身体、电器、家里的房间和关于能源使用的社会规范。在实践理论中，实践的概念是关键的分析单元，主要的关注点是实践本身，而不仅仅是实践者。

实践往往相互联系起来形成更广泛的复合体和聚落。例如，在日常生活中，能源使用、关怀照顾、健康福祉或者家居布置的实践往往联系在一起。在确定实践联系框架方面,有五个关键观点①;第一,当能源使用、健康、幸福、老龄化和家具布置等实践遇到一起时,这些实践往往伴随着人们的情感、观念和认识,并且与实际的物质环境有关系。例如,与节俭、关照和舒适有关的想法和情感,以及对能源市场和作为人类基本需要的能源的共同理解,可以构建所有这些实践联系的框架。第二,某些事物,如一个物体(如电器、家)或一个具体的实践(如照顾病人),可以贯穿实践之间关系,从而将他们联系起来。第三,"大"这个概念表明,各种实践都相互联系,形成从小(如照顾宠物)到大(如国家能源市场)的复合体。第四,实践综合体受到不断变化的实践之间相互联系的影响。例如,随着人们年龄的增长、伴侣生病或死亡、搬家或改变生活空间、获得和处置家用电器以及经历不断变化的政府和能源供应制度,能源使用、健康、福祉、衰老和家居布置的实践之间的联系也发生变化。第五,实践是由实践者驱动的,实践者通过行动延续和改变实践。

实践理论有助于理解社会生活的各种要素和我们周围的世界如何影响各种实践,有助于理解如何实现行为和社会变革。实际上,社会营销人员已经把社会实践理论应用于现实世界的社会变革干预措施中。例如,人们可能用多种不同的方式进行烹饪、进食、洗涤、社交、旅游和身体活动,这些活动驱动着能源应用、健康、福祉和家居布置等实践的相互联系。社会营销人员已经在社会营销方案里应用这个理论,比如,通过讲故事来促进节能。实践理论已被用于理解社会文化环境如何影响社会问题和驱动行为与社会变革。

三、创新扩散理论

创新扩散理论是关于新的创意、产品和社会实践如何在社会系统内部或社会系统之间传播的最重要理论。20世纪60年代初埃弗里特·罗杰斯(Everett Rogers)首次提出创新扩散的概念,在他的第五版《创新扩散》(2003)一书中,罗杰斯将创新扩散定义为创新通过某些渠道传播,经历一段时间后蔓延至整个社会成员的过程②。从创新的特征来看,有五个关键因素影响扩散速度:相对优势、兼容性、复杂性、可观察性和可试验性。

(1)相对优势:创新相对于现有的事物所具有的优势。创新可以是产品、服务、创意、行为、方案或政策。创新给个人提供了一个明确的选择,是继续以前较差的活动还是接受较好的活动?

(2)兼容性:创新与潜在目标受众的价值观、习惯、经验和需要的契合程度。

(3)复杂性:如果推荐的创新易于实施且成本低,那么人们更有可能做出行为改变。

(4)可观察性:创新产生有形结果的可能性,创新在社会上的可见度以及创新的受重视程度。因为人们往往希望别人能够看到他们正在实施新的行为或拥有新的产品。

(5)可试用性:在采纳创新上进行"先试后买",如果个人在完全接受一种新的行为、产品、服务等之前能够进行尝试,那么创新就更有可能取得成功。

创新扩散理论根据创新采纳速度把群体分为五组(见图2.9):

① Hui A, Schatzki T, Shove E. The Nexus of Practices: Connections, constellations, practitioners[M]. London: Routledge, 2017.

② Rogers E M. Diffusion of Innovations[M]. 5th ed. New York: Free Press, 2003.

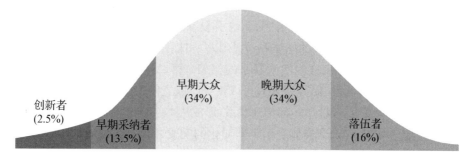

图 2.9　创新扩散理论

（1）创新者：这是首先采纳创新的群体，这个群体相对较小。创新者非常重视创新的好处，常常被新颖的需要和与众不同的需要所驱动。创新者强烈地影响着下一个群体，即早期采纳者。

（2）早期采纳者：这是采纳创新第二快的群体。在采纳者类别中，早期采纳者通常是意见领袖，影响力最大。他们通常比较年轻，具有较高的社会地位，拥有较多的可支配资金，受过良好的教育，具有前瞻性思维。早期采纳者常常被创新的内在价值所吸引。

（3）早期大众：早期大众觉察到产品在扩散，出于身份的考虑和模仿的需要决定顺势采纳。这类人的采纳时间明显晚于创新者和早期采纳者。早期大众往往有较高的社会地位，与早期采纳者接触，并具有一些影响。

（4）晚期大众：这一类人会在普通的社会成员之后采纳创新。晚期大众通常对创新持怀疑态度，社会地位较低，并且通常拥有较少的财务资源。晚期大众在意识到大多数人都已接受产品，才随大流。晚期大众与早期大众有联系，但晚期大众没有什么影响。

（5）落伍者：这类人是最后采纳创新的人。这些人通常厌恶变革和变革机构，往往年龄较大。落伍者通常倾向于关注传统的解决方案，社会地位低，经济资源少。他们与家人和亲密的朋友有联系，但与其他类别的采纳者很少有联系，且没有什么影响。

创新采纳速度取决于个人的采纳者类别。一般来说，先采纳创新的人比后采纳创新的人需要时间更短。在采纳创新的过程中，有一个创新临界点或引爆点。这是采纳曲线中的一个时间点，当有足够多的个体采纳了一项创新，创新被持续采纳便是自然而然的事。在描述创新如何达到临界点时，罗杰斯描述了几种帮助创新达到这个阶段的策略。

这些策略都与社会营销相关。例如，不同的群体对一种新思想或行为有不同的态度，社会营销人员可以对目标受众开展细分，针对每个细分市场制定干预策略。推广某个相对较新的行为，应当首先关注创新者和早期采纳者，一旦他们接受了这个行为，就可以转向早期大众，再转向晚期大众。在前四类群体都接受了新的行为之后，任务就容易多了，因为落伍者的数量终究寡不敌众。

例如，制定社会创新方案的市场细分策略时，选择社会网络中受尊重的个人或群体进行代言宣传，这样有助于创造早期采纳者和早期大众对社会创新的需要和欲望。根据创新扩散理论，在试图影响晚期大众和落伍者时，需要采取截然不同的干预措施。这些群体可能需要特殊的支持方案和具强制性的干预措施，比如禁止吸烟、对吸烟进行罚款或者对不吸烟行为给予现金奖励。

第四节 社会生态和系统理论

目前,在许多领域已逐渐达成共识,社会行为干预应该建立在社会生态模型的基础上。社会生态模型方法将人类行为视为一种受到多重因素影响的复杂生态。生物因素、心理因素与环境因素三者之间存在着复杂的动态相互作用,这些因素共同影响着人类的行为。这些因素之间的关系和影响不是静止的而是随着个体生命阶段的改变而改变。

一、社会生态模型和生态系统理论

社会生态模型(Social Ecological Models)是研究环境中社会因素的多重影响和相互关系以及这些因素如何影响人们的行为的概念框架。社会生态模型可用于不同情境和多个领域,常常应用于定性研究。最常用的社会生态模型是美国心理学家布朗芬布伦纳(Bronfenbrenner)开发的生态系统理论(Ecological Systems Theory),生态系统理论认为社会系统中存在着各种实体、相互作用和社会元素,它们之间相互影响(见图 2.10)。

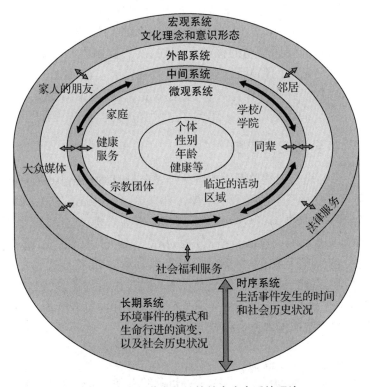

图 2.10 布朗芬布伦纳的社会生态系统理论

布朗芬布伦纳提出的生态系统理论包含四个嵌套的环境系统,这些系统从内到外依次为:微观系统、中间系统、外部系统和宏观系统

(1)微观系统(Microsystem):个体亲身接触并参与其中的直接环境,比如家庭、学校、同侪群体、邻居等。个人与微观环境有着直接而紧密的联系。微观环境中每个因素都会对个体产生积极或消极的影响。

(2)中间系统(Mesosystem):个体所处的两个或两个以上微观系统之间的联系系统,比如孩子的家或学校之间的联系系统。中间系统对个体的影响取决于微观系统之间发生相互联系的数量和质量。

(3)外部系统(Exosystem):个体不直接接触或参与的环境因素。外部系统会对个体产生间接的影响。比如,孩子的父母的工作单位。

(4)宏观系统(Macrosystem):个体所处的更广泛的文化环境。比如,整个社会的政治、经济、文化环境及社会形态和社会结构等。

除四个环境系统之外,生态系统理论还提出了时间系统(Chronosystem)的概念,或称作历时系统,即把时间作为研究个体成长中心理变化的参照体系。

生态系统理论有助于理解个体之外的因素,如社区、文化和政治经济如何影响社会变革,并在不同的系统层次上指导社会干预。

社会营销要解决的问题往往是复杂的社会问题,仅仅在个人层面或微观系统采取行动是不够的。事实上,长期以来社会营销学者一直倡导多层次的社会营销方案,包括下游行动(个人或微观层面)、中游行动(中间和外部层面,如社区、工作场所)和上游行动(宏观层面,如政策、法律、社会规范)。因此,社会生态学模型提供了一个理解社会营销方案不同层面行动的框架。例如,疾病控制中心根据生态系统理论的四个系统来确定预防活动的领域:社会、社区、关系和个人,以便在每个领域都采取行动。这些方法已应用于青少年体育活动、安全驾驶、口腔健康和能源效率等社会营销干预措施。

二、需要、机会和能力模型

英国萨里大学环境心理学教授比吉塔·加特尔斯莱本(Birgitta Gatersleben)和荷兰格罗宁根大学环境心理学教授卡罗勒斯·弗莱克(Carolus Vlek)在研究家庭消费、生活质量和环境影响时,把消费行为的主要因素综合为需要、机会和能力,提出需要、机会和能力模型(Needs,Opportunities and Abilities Model)[①]。需要、机会和能力模型以行为意向为中心,需要和机会共同构成了购买某物的动机,机会和能力共同构成了购买某物的行为控制,需要、机会和能力受到技术、经济、人口统计学、制度和文化等五个环境因素的影响(见图2.11)。该模型显示了环境因素和消费者行为之间的双向关系,有一个巨大的反馈回路连接着顶层和底层。

---

① Gatersleben B, Vlek C. Household consumption, quality of life, and environmental impacts: A psychological perspective and empirical study[M]//Noorman K J, Schoot Uiterkamp A J M, eds. Green Households? Domestic Consumers, Environment and Sustainability. London: Earthscan Publication Ltd, 1998: 141-183.

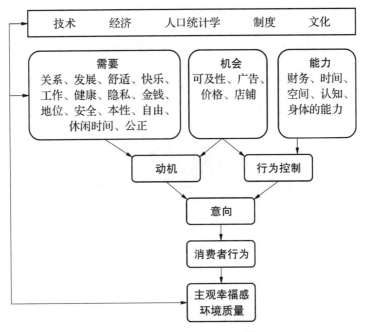

图 2.11　需要、机会和能力模型

　　需要、机会和能力模型描述了宏观因素如何影响行为,并清楚地表明只关注个人因素可能不会带来持续的和大规模人口层次上的行为改变。需要、机会和能力模型还显示了消费者行为如何影响社会因素。根据需要、机会和能力模型,制定社会营销行为改变策略时,需要一系列不同类型和形式的干预措施以便在社会系统的各个层次上影响行为。该模型还清楚地表明,有必要将行动重点放在影响人们所表达的和感受到的需要上,提供容易获得的机会和激励措施,促使人们以对社会负责的方式行事。最后,该模型还说明需要确保人们具备实施推荐行为的知识、技能、资源和能力。

三、健康决定因素模型

　　健康决定因素模型(Determinants of Health Model)是一个聚焦个人和社区健康关键影响因素的系统模型。健康决定因素模型可以用一个彩虹状分层图形来表示,其中个体的生物学变量位于中心,周围环绕着社会、经济和行为因素[1](见图 2.12)。

　　健康决定因素模型有四个层次的影响因素。最高层是宏观层面的结构环境,下一层是物质生活条件,包括住房、教育和工作场所,受到法律法规和公共服务的影响。第三层是物质支持网络,更接近个体,包括家人和朋友,受到网络和社区建设能力的影响。距离个体最近的一层是生活方式和行为因素,受到干预措施,包括提供信息的影响。健康决定因素模型概括了健康的影响因素,广泛应用于许多公共卫生战略和政策文件。

---

　　[1]　Dahlgren G,Whitehead M.Policies and Strategies to Promote Social Equity in Health[M]. Stockholm, Sweden:Institute for Futures Studies,1991.

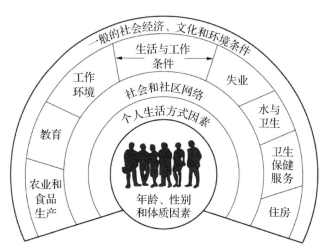

图 2.12　健康决定因素模型

根据健康决定因素模型,社会营销项目应该在四个层次上关注健康的决定因素,采取从针对个人行为的行动到针对宏观社会政策的行动,如制定支持性法律和财政政策。社会营销方案需要针对健康问题的不利因素或原因采取行动,而不是仅仅关注健康问题的后果或最终症状。这个模型重视影响人们健康的上游因素,强调应对健康挑战需要制定全面的对策。

四、系统思维

许多社会问题都是广泛复杂的社会系统的后果。系统思维作为一种解决问题的方法,认为系统具有涌现性质,系统的各部分相互作用,产生系统各部分自身无法产生的效果。绝大部分的系统具有以下特征:自组织、非线性、不断变化、历史相关、紧密联系、违反直觉、受反馈控制和抵制变化[①]。

系统思维采用整体的方式来理解相互影响的整个系统以及系统各个组成部分如何相互作用,而不是采用分解因素的方式来分析各个组成部分。系统思维与很多公共卫生分析完全相反,公共卫生分析往往把复杂的问题分解为不同的部分,然后分别研究。麻省理工学院斯隆管理学院教授彼得·圣吉(Peter Senge)区分了细节复杂性和动态复杂性,细节复杂性可以采用传统的分析方法,如拆解问题、各个击破等方式来处理;动态复杂性涉及系统内部各个部分之间的互动,这种互动随着时间推移,产生涌现属性。动态复杂性需要采用系统思维来理解和应对。

在影响行为的情境下,反馈回路是系统思维的核心结构。在系统思维中,行为是通过持续的正反馈和负反馈循环或相互作用而发展起来的,不是通过简单的因果关系而发展起来的。系统思维也区分了根本性变革和渐进性变革,根本性变革需要深刻的洞

① Sterman J. Learning from evidence in a complex world[J]. American Journal of Public Health, 2006, 96(3): 505-514.

察以揭示潜在的假设并建立新的假设,渐进性变革是在现有的结构内发挥作用。传统的行为改变方法使用行为理论来确定哪些干预措施有效,然后在其他地方复制这些干预措施,而系统思维挑战了传统的行为改变方法。系统思维提出了一种反思性实践和持续探究的方法,而不是实施既定的方法或理论。

系统思维方法尤其适用于处理复杂问题,由于复杂问题涉及不同的利益相关者,其中存在多重因果关系。集体诊断问题和集体开发解决方案是系统思维的关键要素,也是开发变革模型的关键因素。卫生部门在应用系统思维时可以采用十个步骤:召集利益相关者、集体头脑风暴、效果概念化、适应和再设计、确定指标、选择评估方法、选择评估设计、制定计划和时间表、制定预算、获得资金①,前四个步骤用于设计干预措施,后六个步骤用于设计评估方案。

系统思维原则和十个步骤可以用于指导社会营销方案的开发和实施。社会营销认为不能用单一的理论解释或描述一系列社会现象,倡导应用一系列理论,针对具体的行为制定个别化的策略和干预组合措施。

五、需要层次理论

动机是引起欲望变化的核心成分,动机在本质上是一种行动或行为的欲望。心理学领域有很多动机理论,一些理论研究一般的人类动机,另一些理论研究人类动机的具体维度。需要层次理论是一个关于人类一般动机的理论,用于描述和理解人类动机通常经历的模式。

20世纪50年代,美国心理学家亚伯拉罕·马斯洛(Abraham Maslow)提出需要层次理论,把人类的需要分为从最基本到最高级的五个层次:生理需要、安全需要、爱和归属需要、尊重需要和自我实现需要。在基本层面上,生理需要包括空气、食物、水、住所、衣服、温暖、性、睡眠和排泄等。在极端冲突时期,人们对食物、水和住所的基本需要是第一位的。当一个人的生理需要得到满足时,才会关注安全需要。安全需要涉及身体、情感、健康、就业、社会福利、法律和秩序、自由、社会稳定和财产等方面,可以通过家庭和社会(例如警察、学校、企业和医疗保健)来满足。下一个层次的需要是人际层面的归属与爱,包括友谊、亲密、信任、接纳、接受和付出情感和爱。在童年时期爱和归属的需要尤其强烈,成年后还包括性亲密关系。再下一个层次的需要是尊重需要,包括自尊(比如尊严、成就、独立)以及来自他人的尊重(比如地位、声望)。第五层次的需要是自我实现,包括实现个人潜能、自我满足、追求个人成长和巅峰体验。在这个层次上,人们有具体的需要,比如有些人渴望成为理想的父母,有些人通过运动来表达这种欲望,还有些人通过绘画或发明来表达这种欲望。

20世纪70年代,马斯洛增加了认知需要、审美需要和超越需要,把需要层次理论从五个层次扩展到八个层次(见图2.13)。认知需要是指知识和理解、好奇心、探索、意义和可预测性的需要。认知需要推动人们追求知识和理解。例如,学生渴望了解复杂

---

① De Savigny D, Taghreed A (eds). Systems Thinking for Health Systems Strengthening[M]. Geneva, Switzerland: Alliance for Health Policy and Systems Research, WHO, 2009.

的数学理论,旅行者对不同文化感到好奇,或者个人探索生命更深层的意义。满足这些需要有助于个人成长,有助于更深入地理解生活及其复杂性。

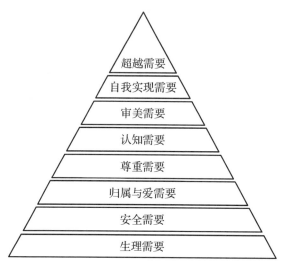

图 2.13　马斯洛需要层次理论

　　审美需要是指欣赏和探索美、平衡、形式等。因为个人会寻求令人愉悦并与他们的美感产生共鸣的环境和体验,满足这些需要会产生更深层次的生活满足感和和谐感。这涉及对艺术、音乐、自然和其他审美表达形式的欣赏和追求。满足这些需要不仅关乎外表的美,还包括体验秩序和优雅所带来的情感和心理上的满足。

　　超越需要是指个人被超越自我的价值观所激励。超越者追求更崇高的理想和价值观,比如真相、善良、美丽、正义、意义、趣味、活力、独特、卓越、纯粹、优雅与完整。超越需要涉及对他人福祉的深刻承诺,这种承诺是由道德原则和顶峰体验所驱动的。超越需要整合了人类动机的认知、审美和精神维度。超越需要的例子包括神秘的体验、与自然相关的某些体验、审美体验、性体验、为他人服务、科学追求和宗教信仰等。

　　需要层次理论对于社会营销人员选择方案目的和目标特别有帮助。了解针对哪个层次的需要有助于明确方案目的和目标,理解特定背景下的不同层次的需要也有助于确定潜在的支持领域以及需要提供哪些形式或类型的支持。例如,如果一个社区成员感到不安全,可以制定和实施不同的干预措施,比如提高社区成员对安全的积极认识,或者减少或消除威胁因素。

第五节　行为改变框架

一、指导社会营销规划与实施的综合理论框架

　　有许多行为理论和模型可以用于设计和评估社会行为影响策略,这些理论可能相

互竞争或相互重叠,使用多种行为模型可以增进对相关社会问题的理解。对于任何行为干预策略来说,选择合适的行为理论都是一件重要的事①,选择最合适的行为理论和模型需要具备相关的学科知识。

首先,如果干预措施能够针对行为和行为改变的决定因素,那么可能更加有效。这就需要理解行为改变的理论机制。其次,只有当干预措施和评价方案有理论依据时,才能通过评价干预措施来检验和发展理论。最后,以理论为基础的干预措施有助于理解哪些干预措施在起作用,还有助于开发适用不同环境、不同人群和不同行为的理论。

1. 常用的关键行为概念

美国国家心理健康研究所(National Institute of Mental Health)首先尝试提出行为改变影响因素的统一框架,通过召集理论家深入研讨行为和行为改变的关键影响因素,归纳出在行为模型和理论中反复出现的八个关键变量:意向、环境限制、技能、态度、社会规范、自我形象、情感和自我效能②(见表2.1)。这个总结性的清单旨在将社会营销人员的注意力集中在关键因素上。

表 2.1 常用的关键行为概念

元素	概述
意向	为了成功地改变行为,一个人必须形成强烈的积极意向,或承诺实施该行为。因此,在评估方案中应该包括对行为意向的测量。
环境限制	环境中的障碍可能会使个人的行为改变变得困难,因此,对感知障碍或实际障碍的衡量应该是任何评估方案的一个关键部分。
技能	一个人需要拥有必要的技能来实施该行为,因此,对感知技能水平的衡量,以及对认识和使用支持与教育工具的衡量,也是任何评估方案中的一个重要因素。
态度	对行为改变的积极态度,特别是行为改变的利大于弊的信念,是行为改变道路上的一个重要步骤。因此,评估态度和监测态度变化是重要的测量。
社会规范	个人的直接群体的影响以及更广泛的社会影响是促进行为改变的一个重要的评估指标。测量朋友、家人和社会的态度可以作为一个替代指标。
自我形象	行为改变需要与个人的自我形象保持一致,因此,测量自我形象并将自我形象与个人对行为改变的感知匹配起来的方法是有用的。
情感	个人对实施行为改变的反应应当是积极多于消极,因此,实施改变前的情感与尝试改变后的情感是行为改变能否持续的良好指标。
自我效能	在一系列情境下个人实施行为改变的能力与能力信念都很重要。因此测量感知的能力和实际的能力常常是评估的关键。

---

① Michie S, Johnston M, Francis J, Hardeman W, Eccles M. From theory to intervention: Mapping theoretically derived behavioural determinants to behaviour change techniques[J]. UK Applied Psychology: An International Review, 2008, 57(4): 660-680.

② Fishbein M. Developing effective behavior change interventions: some lessons learned from behavioral research[M]. NIDA Research Monograph, 1995, 155: 246-61.

2. 行为干预九项原则

2008 年英国内阁办公室委托政府研究所发布 MINDSPACE 报告,该报告研究了行为理论和模型,并在如何应用行为理论和模型方面提供了指导[①]。

MINDSPACE 报告建议开发干预策略时应当应用行为理论和模型。该报告还明确指出,在选择行为理论和模型方面没有什么算法可用,开发干预措施需要考虑行为背景的特点和受众群体的差异。开发干预策略需要从实践中学习,研究干预措施中哪些因素起作用。

MINDSPACE 报告认为应该开发一个理论框架用于指导行为干预措施设计,以便确定明确的和可衡量的目标和结果。

MINDSPACE 报告按逻辑顺序列出行为干预九项原则,这些原则可被理解为一个分阶段但迭代的过程(见表 2.2)。这些原则综合了不同的方法,类似于现有的干预措施规划的理论指导。与其他方法相比,这九项原则的独特之处在于把行为模型的分析置于干预措施开发过程的核心[②]。

表 2.2　行为干预九项原则

1. 确定受众群体和目标行为。如果面临复杂的行为,可将其分解为子行为,采用系统思维方法。
2. 确定相关的行为模型。同时使用个人层面和社会层面的行为模型,拟定一份行为影响因素的简短清单。
3. 选择关键的影响因素。利用这些因素来设计干预策略草案中的目标。
4. 识别有效的干预技术。确定在过去对行为影响因素有效的干预技术。
5. 让目标受众参与设计干预措施。从目标群体的角度理解目标行为和行为影响因素。
6. 拟定初始干预措施。与参与者合作,在合作中学习,在学习的基础上拟定初始干预措施。对照适当的政策框架和评估工具进行交叉检查。
7. 进行干预试点和持续监控。
8. 评估影响和过程。
9. 反馈。从评估中学习。

3. 行为改变轮

英国伦敦大学学院健康心理学教授苏珊·米奇(Susan Michie)在十九种行为改变理论和框架的基础之上,提出了行为改变轮(Behaviour Change Wheel),用于开发和评估行为干预措施[③]。行为改变轮是一个三层轮状模型,由内到外分别是核心层、中间层和外层。核心层是行为来源,中间层是九种干预功能,外层是七种干预策略(见图2.14)。

---

① Dolan P, Hallsworth M, Halpern D, Kind D, Vlaev I. Mindspace, Influencing Behaviour Through Public Policy, full report[R]. London: Institute for Government; Cabinet Office, 2010.

② Stern P. Toward a Coherent Theory of Environmentally Significant Behavior[J]. Journal of Social Issues, 2000, 56: 407 - 424.

③ Michie S, van Stralen M M, West R. The behaviour change wheel: a new method for characterising and designing behaviour change interventions[J]. Implement Sci, 2011, 6: 42.

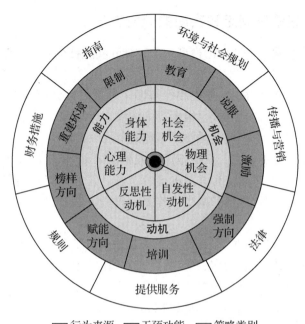

图 2.14 行为改变轮

行为改变轮的核心层是能力、机会、动机-行为模型（COM-B Model），用来解释行为产生的机制。能力是执行特定行为所必需的技能，分为心理能力（理解、推理）和身体能力（技能、技巧）。机会是实施行为的环境条件，分为物理机会（时间、人力、物质资源）和社会机会（文化环境）。动机是驱动行为的强烈意愿，分为反思性动机（计划、评估）和自发性动机（情绪、冲动）。

行为改变轮的中间层列出了可用于影响行为的九种干预功能：教育、说服、激励、强制、培训、赋能、树立榜样、环境重建和限制。

行为改变轮的外层是影响行为的七种干预策略：环境与社会规划、传播与营销、法律、提供服务、规则、财政措施和指南。

在制定有效的干预措施时，有必要先对目标群体和行为进行深入分析，在选择或开发模型之前对行为决定因素进行精确描述，再考虑所有可能的干预措施和策略，最后确定具体的行为改变技术和传播策略。

行为改变轮综合了大量行为改变理论和模型，提出了一个综合性模型。但是，这个综合模型在要素的准确分类和概念的界定方面存在明显的关键问题，在干预措施和策略上也存在遗漏，如设计、社区发展等。将决策类型（自动的和反思的）与对行为的影响因素混为一谈也是有问题的。此外，该模型还延续了一个有限的、过时的营销概念，将传播和营销混为一谈，并将其归类为策略。然而，这个模型是一个有用的概念工具，在设计、选择有效的干预措施方面，行为改变轮能起多大作用还需要进一步研究。

二、社会营销策略制定和实施的分析方法

利用现有的或开发针对性理论模型用于设计和实施社会营销策略时可以参考以下步骤：

首先，考虑生理、心理、社会、环境和经济四个领域的行为影响因素，然后对照这四个领域研究行为的潜在影响因素，再根据行为的潜在影响因素寻找合适的理论和模型。在这个阶段，选择行为理论和模型时要尽可能避免局限性。

第二项任务需要更加务实。在实施策略或行动之前，单个从业者不可能深入地理解多种理论，也不可能有时间进行详尽的研究工作。组建来自不同背景的多学科团队有助于增加理论框架、深化理解和减少工作量。这种方法有助于扩大选择理论模型的范围。

如果应用理论来分析实践，那么首先要清楚地理解正在发生的行为以及不同的人对正在发生的行为的认识、想法和感受，然后引入理论分析目标受众采纳某个行为的影响因素。通过这种方式，对行为的关注驱动着理论视角的选择和开发。

在选择或开发理论的最后阶段应该制定工作假设。在现有的理论或根据现有的理论开发的专门模型的基础上，提出如何实现和保持期望的变化的假设，然后根据这些假设开发干预措施，通过试点和现场试验来检验干预措施能否产生预期的影响。

三、总结

在个人、群体和社会层面有很多因素影响行为和行为决策。影响行为是社会营销计划的最终目标，也是行为改变计划的核心。在制定社会营销方案时，行为理论和模型发挥着核心作用。

以明确的理论模型作为基础的干预措施更加有效，系统计划的干预措施更加有效，借鉴有效干预知识并应用最佳实践的干预措施更加有效。虽然做到这三点的干预措施并不保证一定是有效的和高效的，但更有可能是有效的和高效的。

在构建行为干预措施时，使用多个理论和模型有助于识别最有用的行为解释因素和行为改变的预测因素。这种理解可以作为设计干预措施、开发干预形式和干预类型的基础。然而，在某些情况下，现有的行为理论不合适或没有合适的行为理论可用，就有必要构建针对性的模型和开发新的理论来指导方案开发。

行为理论和模型对于开发、实施和评估社会营销策略具有重要作用。在大多数情况下，个人层面的行为理论仍然是许多社会方案的最常用理论。在很多情况下，政策干预还要应用生态理论与模型、组织变革模型与理论来指导调查研究、干预设计与评估。

行为理论和模型是制定有效的社会方案的关键工具。在设计干预措施时，社会营销人员和政策制定者应该从寻找理论和模型开始，应用这些理论和模型考虑如何影响特定行为。

第六节　行为经济学理论

　　传统行为理论假设人类的行为是理性的,人类对于机会、威胁、激励和约束的反应也是理性的。传统行为理论建立在理性经济人的假设之上。理性经济人假设认为人们采用成本效益分析,冷静地权衡选择的成本和利益、痛苦与快乐,然后选择利益最大的选项。根据这个理论,糟糕的选择往往源于缺乏相关的或重要的信息。古典经济学家认为,信息不对称扭曲了市场和决策,人类的行为是有意的、经过深思熟虑的,并且与人们的信念和态度保持一致。这种观点导致了对行为的简单线性看法,并强化了以信息为主导的干预措施,比如信念导致态度,态度产生意向,意向造成行为。然后,这些假设往往是不成立的,比如大多数人都知道吸烟有害健康,但仍然吸烟,这种态度和行为之间的差距是一种常见的现象。

　　传统经济理论不关注人们的偏好,也不关注这些偏好的来源,且不考虑内部决策过程或者人们之间的互动方式,比如,来自他人行为和情绪的直接影响。此外,传统经济理论也没有考虑环境因素和生理因素对人们决策的影响。

　　理性经济人假设是新古典经济理论的基本前提之一,它忽视了人性和决策的复杂性。事实上,人们很难获得全面的信息,即使能获得全方位的信息,也很难系统地处理这些信息。人们还会受到其他因素的影响,比如同伴的行为、情绪、习惯和心理状态等。不考虑这些复杂的因素可能会导致对干预措施不切实的分析或投资注定失败的方案。

　　经济和行为理论的发展表明很多决策是非理性的,这些理论强调需要更加关注非理性决策过程(比如欲望、习惯、情绪)和外部社会环境(比如经济压力、人际关系、社会规范和文化)对行为的影响,以便开发出更有效和更高效的社会营销方案。

一、行为经济学的贡献

　　行为经济学认为人们有时是非理性的,但是这种非理性可以被理解和预测,因此可以用于设计社会方案。行为经济学是把心理学和经济学相结合的学科,研究人们的行为如何系统性地偏离经济学传统的理性人假设。行为经济学理论建立在有限理性理论和前景理论的基础之上。

　　美国政治学家赫伯特·西蒙(Herbert Simon)提出了有限理性的概念。有限理性是指决策者在面临复杂环境和自身认识限制时,只能做出相对合理而非最优的决策。美国心理学家丹尼尔·卡尼曼(Daniel Kahneman)提出前景理论(prospect theory),用于分析风险决策。前景理论关注人们在面对风险和不确定性时的决策行为。根据前景理论,不仅备选方案的相对价值影响决策,人们对备选方案的感知方式和备选方案的框架类型也影响决策。人们在做决策时,还会评估损失和收益的潜在价值,而不仅仅是最终结果。最基本框架效应包括风险选择框架效应、属性框架效应和目标框架效应。风险选择框架效应是指决策者对同一问题的形式不同但客观等同的描述做出不同反应。

根据前景理论,人们在面对收益和损失时对风险的态度不同。在积极框架下,人们多呈风险规避倾向,偏好确定选项。而在消极框架下,则多为风险寻求倾向,偏好冒险选项。属性框架效应指物体或事件的关键属性以积极或消极框架描述时,会影响人们对其的喜爱程度,通常人们更偏好积极框架描述的事物。目标框架效应中,积极框架聚焦于获得积极结果的目标,消极框架侧重于避免消极结果的目标,且两种框架条件促进相同行为,其中消极框架陈述时往往更具说服力,即强调不做某事带来消极结果时,比积极框架陈述更能影响行为决策。

前景理论理论还解释了人们如何使用一些启发法、认知策略和心理捷径来评估潜在的损失和收益。2000年,加拿大心理学家斯坦诺维奇(Stanovich)和美国心理学家韦斯特(West)根据实验研究提出了影响决策的两种不同的认知系统:系统一和系统二。系统一根据直觉更快速地做出反应。当使用系统一思维时,人们依赖大量的启发法、情境提示、联想和生动的记忆,从而快速而自信地做出决策。在时间紧迫、需要立即采取行动的日常情境下,系统一思维特别有用。然而,当系统一发挥作用时,强大的系统二也在同步运行,除非通过大量饮酒或其他方式将其关闭。系统二是更具反思性的思考系统,当人们处于不熟悉或复杂情境,并且有更多的时间来权衡成本和收益时,就会使用系统二来做出判断。应用系统二能够处理抽象概念,进行深思熟虑,提前计划,仔细考虑各种选择,根据有关的标准和规则来指导和修改决策。

然而,系统二的思维方式既费力又困难,人们往往不太使用这种思维方式。卡尼曼把系统二描述为懒惰的控制器。系统二的决策更加深思熟虑。系统二依赖于清晰的推理和更充分的证据,这种推理建立在通过分析、评价、解释和自我纠正所学到的知识的基础之上。人们依靠系统二来仔细思考复杂的、新颖的、高风险的和高度综合的问题。

根据斯坦诺维奇和韦斯特的观点,大多数时候人们更喜欢在系统一的模式下运作。卡尼曼在他的畅销书《思考,快与慢》中对这个模型进行了扩展,他在书中不仅阐述了与前景理论相关的基本发现,还阐述了这两个系统如何运作,如何相互影响,以及如何被其他因素影响。卡尼曼举例说明认知容易度、社会规范、锚定效应、可得性、情绪、近期事件等因素如何影响决策。

行为经济学利用实验和观察得到的知识,对人类决策和行为做出新的解释。行为经济学对新古典模型做了如下补充:

① 人们表现出有限理性,人们并不总是理性的。
② 人们经常犯系统性错误。
③ 人们的意志力是有限的,如果不断受到挑战,意志力会迅速耗尽。
④ 人们避免做出复杂的决定。
⑤ 人们经常在不同的时间做出不一致的选择。
⑥ 人们更喜欢公平,并愿意为此付出代价。
⑦ 人们会受到信息框架的影响。
⑧ 人们往往过于自信,过度乐观。
⑨ 人们是厌恶风险的。

行为经济学认为,人们在决策过程中可能前后不一致,还可能受到惰性、无知等各种因素的影响,人们可能根据不可靠的事实制定决策,比如根据以前的个人经验和对信息源的可信性进行决策。

二、行为经济学的主要策略

近年来,行为心理学家、脑科学家和生物学家进行了大量的研究工作,扩大了我们对非理性或快速决策的影响因素的理解。这方面重要的研究成果有西奥迪尼的六项说服原则、英国政府研究所开发的 MINDSPACE 框架和新经济基金会的行为经济学七条关键原则。

1. 六项说服原则

美国社会心理学家罗伯特·西奥迪尼(Robert Cialdini)根据对非理性选择或系统一思维的影响因素的理解,列出了六项说服原则:

(1)喜欢原则:人们更容易受到那些与自己有关联或与自己能产生共鸣的人的影响。

(2)权威原则:人们更容易受到那些资深的、知识经验丰富的人的影响。

(3)稀缺原则:人们想要稀缺的东西。

(4)言行一致原则:人们喜欢认为自己是前后一致的。当人们坚持某种信念或者进行某个行动时,往往会坚持下去。

(5)互惠原则:人们都喜欢回报恩惠,如果他人给予我们什么,我们也会给予回报。

(6)社会认同原则:人们会受到自己感知和观察到的他人行为的影响。

2. MINDSPACE 框架

2009 年英国内阁办公室委托政府研究所研究政策制定者如何应用行为经济学和社会心理学制定更好的公共政策,2010 年英国政府研究所发布 MINDSPACE 报告,在报告中提出 MINDSPACE 框架。MINDSPACE 框架列举了影响人类行为的九个非强制性因素,这九种因素分别是信使(Messenger)、激励(Incentives)、规范(Norms)、默认(Defaults)、显著(Salience)、启动(Priming)、情感(Affect)、承诺(Commitments)和自我(Ego)

(1)信使:人们在很大程度上受到传播信息的人的影响。

(2)激励:人们对激励的反应受到可预测的心理捷径的影响,比如强烈避免损失。

(3)规范:人们的行为受到他人行为的强烈影响。

(4)默认:人们顺着预设的选项做出行为。

(5)显著:人们的注意力关注新颖的和看起来与其相关的东西。

(6)启动:人们的行为往往受到潜意识线索的影响。

(7)情感:人们的情感联系能够有力地影响其行动。

(8)承诺:人们努力与自己的公开承诺保持一致,做到言行相称。

(9)自我:人们会采取让自我感觉更好的行动。

MINDSPACE 框架已经被应用于为英国卫生政策提供信息,逐步在公共卫生、公民健康和社会福利等诸多政策领域发挥作用,应用 MINDSPACE 框架开发的社会政策干预措施,有可能以相对较低的成本带来行为上的重大改变,世界各国政府越来越多地使用 MINDSPACE 框架来设计和改进政策和服务。但在实践中应用 MINDSPACE 框架时,不应简单地将其视为现有方法的替代方法。

3. 行为经济学七条关键原则

英国新经济学基金会把行为经济学和心理学的重要概念提炼为七条关键原则[①],这七条原则突出了新古典人类行为模型的主要缺陷。这些原则表明,人们并不总是按照自己的最佳利益行事,在做决定时也不总是理性的。

(1)其他人的行为很重要。个人的行为容易受到其他人行为的影响,从朋友和家人到社区团体和同学。

(2)习惯很重要。当人们出于习惯做某件事时,并不需要付出太多的认知努力。行为从受个体内在态度和意向的内部引导转变为通过习惯受环境线索控制。

(3)人们被激励去做正确的事。人们常常为了利他主义动机而放弃狭隘的自我利益。

(4)人们的自我期望影响他们的行为方式。人们希望自己的行为和态度相匹配,追求自己的信念、价值观和感知之间的一致性。

(5)人们是厌恶损失的。人们会想尽办法避免损失,但不会想尽办法获得利益。

(6)人们不擅长计算。人们不善于计算概率,而且有内部偏差。决策受到问题呈现方式的影响,还受到多种内部启发式偏见的影响,这些偏见包括:恐惧损失、过度乐观、偏好即时回报等。

(7)人们需要感受到参与变革并且有效地实现变革。对情境的掌控可以激励人们实施变革。如果人们没有感受到参与变革的过程,他们往往无法采取行动来改变自己的行为。

三、助推理论

20 世纪 80 年代,美国经济学家理查德·塞勒(Richard Thaler)开始将助推这种新思维引入经济学。2008 年,理查德·塞勒和卡斯·桑斯坦(Cass Sunstein)出版《助推:如何做出有关健康、财富与幸福的最佳决策》一书,推广助推的概念。助推是应用行为经济学和社会心理学理论来重新设计环境系统,让更多的人更容易做出有益的选择。助推不是采用强制的手段,而是通过环境设计巧妙地影响人们的决策与行为。

助推是"自由主义家长制"的关键机制。助推建立在对受众行为洞察的基础之上。越来越多的证据表明,人们并不总是以合乎逻辑的方式行事。例如,我们并不总按照利益最大化的目标来开展行动。许多决策是由"自动的"心理系统或者由系统一思维处理的,这导致了塞勒和桑斯坦所说的"无意识的选择"。

塞勒和桑斯坦描述了一组概念,这些概念可用于开发选择情境,设定选择项来影响人们的非理性决策。这种"自由主义家长制"的重点不是解决社会问题的决定因素,也不是通过干预来惩罚坏的行为,而是鼓励积极的选择,或者创造条件、系统让人们能够

---

① Dawnay E, Shah H. Behavioural Economics: Seven Principles for Policymakers[M]. London: The New Economics Foundation, 2005.

并愿意做出有利于个人和家庭的选择,或者构建不需要努力的选择项来实现积极的个人和社会利益。塞勒和桑斯坦用"选择架构(choice architecture)"来描述设计此类系统和服务的过程。选择架构产生有利于社会和个人的选项并且把选择行为变得简单易行。一个经典的例子是器官捐献计划,一种方案是自动登记每个市民,除非他选择退出。在这种方案里,通常超过 90%的市民留在器官捐献计划里。相比之下,另一种方案需要市民主动申请才能加入器官捐献计划,通常只有不到 30%的市民加入器官捐献计划。

助推的关键是找到能产生高价值回报的低成本干预措施。为了助推人们实施不同的行为,干预措施应当是易于采纳的选项、设置成本低的选项,还应当包括退出或回避的选项。助推不是强制性的,把水果放在与眼睛相同高度的位置是助推,禁止垃圾食品则不是助推。

桑斯坦和塞勒倡导的"自由主义家长制",是在家长制方法和自由主义方法之间寻找一个中间地带。家长制方法采用强制的手段实现社会变革。自由主义方法强调自由选择,利用市场的力量驱动社会变革。助推是家长制方法与自由主义方法之间的折中方案。助推可以被描述为:

① 积极的。给予积极的奖励或只给予轻微的惩罚。

② 自愿的。

③ 可避免的。

④ 被动的或容易的。不需要什么努力,是无意识的选择。

⑤ 低成本的。对目标受众、政府或组织来说,成本都很低,因此,具有较高的成本效益。

在社会营销中,助推策略可用于 4P 组合工具,让受众自然或无意识地选择社会营销所期望的选项。常见的助推策略有:

① 产品助推:比如简化大学助学金的申请流程。

② 价格助推:比如降低员工储蓄计划的最低要求。

③ 渠道助推:比如午餐时把有益健康的菜品摆在最前面。

④ 促销助推:比如采用选择退出系统,默认加入,选择退出。

助推是很多社会干预措施的有效组成部分,但并不是所有方案的灵丹妙药。助推是家长制方法,由专家选择和设计干预措施,专家试图操控人们的选择。助推是指令性的、控制性的。助推的方法与新兴的、更强调市民主导和全社会响应的新公共政策相互冲突。此外,"自由主义家长制"的重点不是针对社会问题的决定因素设计方案。这种方法把行动的责任指定给个人,公共服务提供方、非政府组织和私人组织,通过创造选择框架来助推人们朝着正确的方向前进。在许多情况下,助推很少产生充分的和持续的人口层次的变革,还需要针对问题原因和个人行动障碍采取多种形式的干预措施。在设计干预策略时,应当考虑所有可能的干预方法。

四、综合行为策略

许多政府将助推和其他行为经济学原理应用于政策制定和实施过程。然而,那些负责行为干预的人不应该把积极的奖励和无意识的选择作为首选项,而应该把调查受众和洞察受众作为首要任务。

积极的奖励和无意识的选择并非在所有情况下都有效,在制定复杂的决策时,常常需要批判性的反思和判断。问题的关键是怎样才能辨别出哪种干预措施在哪种情境下对哪些目标受众会产生影响。这是社会营销对社会政策规划和实施的贡献的本质。

交换、价值创造和关系建设是社会营销的核心概念。根据交换的概念,如果人们认为行为改变符合他们的利益,而且所付出的努力和代价是值得的,他们就会倾向于改变自己的行为。人们通常也在寻求价值,寻求能让他们感觉更好、更安全或更受尊重的东西。人们也深受关系的影响,不仅受到人际关系的影响,还受到人们与思想、信念、服务、产品和品牌之间关系的影响。

为了在社会项目中应用这些基本的营销概念,首先需要深入理解人们相信什么、想要什么和重视什么。然后根据这种洞察来开发人们愿意参与或使用的干预措施、系统、产品或服务,或者开发不需要人们有意识地参与且符合人们偏好的干预措施。

在某些情况下,收集到的数据表明,有必要采用消极的交换。例如,如果调查研究表明,对乱丢垃圾的人处以罚款会促使人们不乱丢垃圾,而且这样的干预措施得到公众的广泛支持,那么就有必要对乱丢垃圾的人处以罚款。消极的社会交换,比如对超速驾驶进行罚款,对于社会来说仍然是积极的。对超速驾驶的个人进行罚款,可以减少个人伤亡的风险,也可以减少交通事故死亡对整个社会的影响。

采用消极交换要确保用于改变行为的交换物受到积极评价或者被视为有意义的、公平的代价。比如,如果目标受众认为违章罚款的金额很低,或者违章被抓到的可能性很小,那么罚款措施可能不会改变行为。然而,如果违章罚款的金额太高,人数比例设置得太高,或者违章罚款的门槛太低,人们也会反对这样的罚款。

英国社会营销学者弗伦奇[①]提出价值成本交换矩阵,把社会营销干预措施的社会交换形式分为主动的、被动的、积极的和消极的四种交换形式。社会营销交换矩阵可以用作分析社会干预措施形式的概念工具。

社会营销方案可以从四种交换形式中选择一种应用于干预措施。这些形式的干预措施由两个主要因素决定。首先,干预措施使用奖励还是惩罚来鼓励特定的行为? 其次,干预措施试图影响深思熟虑的决策还是无意识的决策? 结合这两种因素可以得到四种选择:拥抱、助推、猛推和掌掴。

① 拥抱(Hug):高度的认知投入和积极的奖励。
② 助推(Nudge):低度的认知投入和积极的奖励。
③ 猛推(Shove):低度的认知投入和惩罚。
④ 掌掴(Smack):高度的认知投入和惩罚。

社会营销价值成本交换矩阵列出了这四种交换形式(见图2.15)。这四种交换形式都是合法策略,社会方案通常组合应用不同的交换形式。

---

① French J. Why nudging is not enough[J]. Journal of Social Marketing, 2011,1(2):154-162.

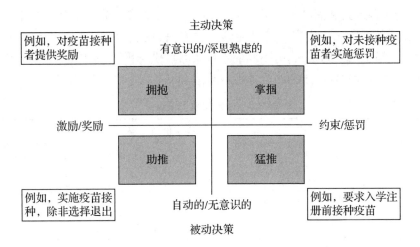

图 2.15　四种干预形式

资料来源：French J，Apfe F. Social Marketing guide for public health Programme Managers and practitioners［R］.Technical Document.Stockholm：European Centre for Disease Control，2014.

除了这四种不同的干预形式,社会营销规划者还要选择应用不同的干预类型。社会营销人员需要组合应用干预形式和干预类型,还要评估社会干预措施是否得到证据、试点结果、受众调查的支持。常用的五种基本的干预类型包括控制、信息、设计、教育和支持(见图 2.16)。

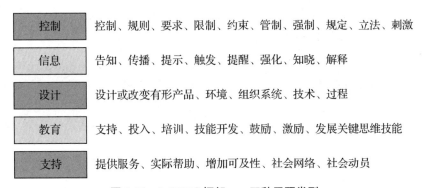

图 2.16　deCIDES 框架——五种干预类型

资料来源：French J，Apfe F. Social Marketing guide for public health Programme Managers and practitioners［R］. Technical Document.Stockholm：European Centre for Disease Control，2014.

① 控制:将法律法规作为规则体系和约束力量,用于激励或惩罚个人、组织和市场的行为。

② 信息和说服:告知和传达事实和态度,并努力劝说和推荐行为。

③ 设计:创造环境和程序以支持自我和社区的发展。

④ 教育:为关键决策提供信息并授权决策,提高对利益的认识,培养变革和个人发展的技能。

⑤ 支持:为社会优先事项提供国家或其他集体资助的产品和服务。

当四种干预形式和五种干预类型结合起来,我们能够构建一个包含二十个单元格的干预矩阵,每个单元格代表一种可能的干预方法(见表 2.5)。从这个模型中可以看出,开发干预措施的空间很大,有不同的干预策略可供选择。最有效的社会营销方案需要可持续的和有针对性的干预组合才能取得成功。

表 2.5　社会营销干预组合

deCIDES	成本价值交换			
	拥抱	助推	推操	掌掴
控制				
告知				
设计				
教育				
支持				

第三章 社会营销计划

大部分社会营销方案需要制定一个详细的社会营销计划,但是制定社会营销计划还没有成为例行操作,许多社会营销计划缺少系统的计划过程。无论是企业、非营利组织还是公共部门机构,制定社会营销计划都有一个逻辑过程。

我们可以用几个宽泛的问题先来概括市场营销计划过程[①]:

① 我们现在在哪里?

② 我们想到达哪里?

③ 我们怎样到达那里?

④ 哪种方式最好?

对于社会营销项目,英国国家社会营销中心提出了以下几个问题:

① 需要解决的问题是什么?

② 谁受到影响或者谁参与其中?(包括哪些不同的细分市场)

③ 他们为什么受到影响或者参与其中?(确定行为影响因素和行为理论)

④ 我们应该聚焦什么?(行为焦点和目的)

⑤ 我们能做些什么?(干预措施)

尽管社会营销活动过程与商业营销活动过程类似,但是社会营销计划过程更加复杂。社会营销需要考虑提供什么,怎样提供,还要考虑合作伙伴的作用。合作伙伴可能参与实施干预措施,也可能不受社会营销项目主办方的控制。制定社会营销计划是一个复杂的、耗时的过程。

社会营销实践和理论不断发展,但是社会营销依然坚持应用市场营销原理有计划地改变行为、实现社会公益的初心。不同的学者和组织先后提出不同的社会营销计划方法。每种社会营销计划方法适合哪一种社会问题或哪一种情境,还有待深入研究。本章主要介绍比较有影响的社会营销计划方案,分别是 Kotler 和 Lee 的社会营销计划模型和欧洲疾病预防控制中心的 STELa 模型。

---

① Eagle L, Dahl S, Hill S, et al. Social marketing[M]. Pearson Education,2013.

第一节　Kotler 和 Lee 的社会营销计划模型

美国营销学者菲利普·科特勒和南希·李开发了社会营销计划模型,该模型包括十个步骤[1][2](见表 3.1)。

表 3.1　社会营销计划模型

执行纲要 　　简要地概括社会营销计划,突出计划所要影响的社会问题、目的、焦点、目标受众、主要营销目标和靶目标、期望的营销定位、营销组合策略以及评估、预算和执行计划。
1. 描述社会问题,对多元、公平和包容的考虑,以及组织、背景、目的和焦点 　　1.1　计划所要影响的社会问题 　　1.2　关于社会问题的多元、公平和包容方面的考虑 　　1.3　参与计划和执行方案的组织 　　1.4　制定计划的背景信息 　　1.5　对于此社会问题开展的活动的目的 　　1.6　用于实现目的的方案的焦点和方法
2. 进行情境分析 　　2.1　组织优势,比如管理重点 　　2.2　组织劣势,比如资金限制 　　2.3　外部机会,比如社会关注程度 　　2.4　外部威胁,比如倡导竞争性问题 　　2.5　通过回顾先前类似营销活动或开展探索性市场调研而获得的关键知识
3. 选择目标受众 　　3.1　描述目标受众,包括人口统计学信息、地理位置信息、变革准备程度、相关行为、价值观、生活方式、社交网络以及同该计划的目的和焦点有关的社区资产 　　3.2　需要影响的其他重要受众
4. 设定行为目标和靶目标 　　4.1　行为目标,即目标受众将要采纳的 　　4.2　知识目标,即为了实施行为目标受众需要知道的 　　4.3　信念目的,即为了更可能实施行为目标受众需要相信的 　　4.4　期望的行为结果以及知识、信念和行为意向变化的量化目标(具体的、可测量的、可实现的、相关的、有时限的)

---

[1]　[美]南希·R.李,菲利普·科特勒.社会营销:如何改变目标人群的行为[M].5 版.俞利军,译.上海:格致出版社,2018.

[2]　Lee N R,Kotler P,Colehour J. Social Marketing: Behavior Change for Social Good[M].7th ed. London: Sage, 2023.

续　表

5. 洞察目标受众 　　5.1　目标受众的与采纳期望行为相关的感知障碍和成本 　　5.2　目标受众实施某种期望行为而想要获得的利益 　　5.3　预计目标受众认为能够激励他们实施某种行为的潜在策略 　　5.4　竞争性的行为、力量、选择 　　5.5　影响目标受众的其他人
6. 制定定位陈述 　　希望目标受众怎样看待期望行为,强调期望行为的独特利益和价值主张
7. 开发营销干预组合(4P) 　　7.1　产品策略:实施期望行为带来的利益,以及为了促进目标受众采纳这些行为所提供的产品或服务的特色 　　核心产品:目标受众实施某种行为有望获得的利益 　　实际产品:提供或促销的任何产品或服务的特色 　　附加产品:为了帮助目标受众实施行为或增加目标行为的吸引力而提供的额外产品和服务 　　7.2　价格策略:与采纳期望行为相关的成本以及降低成本的相关策略 　　成本:金钱、时间、身体、心理 　　降低成本或增加利益的相关策略: 　　•金钱奖励(如折扣、返利) 　　•非金钱奖励(如承诺、认同、欣赏) 　　•金钱惩罚(如罚金) 　　•非金钱惩罚(如负面宣传) 　　7.3　渠道策略:为目标受众采纳期望行为、获取产品和服务创造便捷的机会,包括建设分销渠道伙伴关系和巩固期望行为 　　7.4　促销策略:强调产品、价格、渠道策略的有说服力的传播 　　关于信息、信使、创意策略和传播渠道的决策 　　考虑融入促进可持续性的激励因素
8. 制定评估计划 　　8.1　评估的目的 　　8.2　开展评估的受众 　　8.3　将要评估的内容:投入、产出、结果、影响以及投资回报率 　　8.4　如何进行衡量 　　8.5　何时进行测量 　　8.6　评估成本是多少
9. 制定预算与融资方案 　　9.1　实施营销计划的成本,包括调研以及监测和评估计划的成本 　　9.2　任何预期增加的收入、节约的成本以及合作伙伴的贡献
10. 实施计划 　　由谁、何时、花多少钱来实施计划,需要在全面实施之前开展试点

资料来源:[美]南希·R.李,菲利普·科特勒.社会营销:如何改变目标人群的行为[M].5版.俞利军,译.上海:格致出版社,2018.
　　Lee N R, Kotler P, Colehour J. Social Marketing:Behavior Change for Social Good[M]. 7th ed. London:Sage,2023.

社会营销计划模型在很大程度上反映了营利性组织中产品经理制定营销计划的大部分内容,但是在三个方面很突出:(1)在确定总体目标和靶目标之前选择目标受众。社会营销的总体目标在于影响每位目标受众的行为,因此,在确定所要传播的具体行为之前,确定目标群体非常重要。(2)在情境分析步骤里没有开展竞争研究。因为还没有确定所要鼓励的具体行为,在确定行为目标和靶目标步骤里才会开展受众调研以确定期望的行为。(3)靶目标是可量化的指标,比如,招募老年人参加健走团的人数。在实际工作中社会营销计划任何部分的名称都可以根据组织文化和已有的计划模式进行调整,重要的是每一步骤都要按顺序进行。

社会营销计划模式的十个步骤是一个迭代的非线性过程,有许多反馈回路。大部分步骤都需要开展调查研究,步骤 1 和 2 需要开展探索性研究,步骤 3 到步骤 6 需要开展形成性研究,步骤 7 需要开展预测试。

一、描述社会问题,对多元、公平和包容的考虑,以及组织、背景、目的和焦点

在社会营销计划的开头部分,先描述项目需要解决的社会问题,然后概括促进项目计划制定的因素。问题是什么? 发生了什么? 问题陈述可能包括公共卫生危机(如肥胖增加)、安全问题(如驾驶时使用手机的人数增多)、环境威胁(如气候变化)或社区参与(如需要更多的人参与献血),以及与之相关的研究数据。社会问题可能是由意外事件引发,比如森林火灾,也可能只是要完成组织的命令,比如推广可持续海鲜。然后,陈述目的并阐明营销活动的成果将带来的利益,比如改善水质。接着,从有可能实现这个目的的众多因素中,选择出一个焦点,比如减少使用杀虫剂。

二、进行情境分析

在确定社会营销计划的目的和焦点之后,快速分析有可能影响后续决策的内外部环境因素。通常采用 SWOT 分析法来识别组织的优势和劣势,包括可以利用的资源、专业技术、管理支持、现有的联盟与合作伙伴、交付系统能力、机构声誉和问题的优先级。然后,列举市场中应当利用的机会和应当防备的威胁,这些因素通常是营销人员无法控制却又必须考虑的。主要的外部环境因素包括社会、文化、技术、自然、人口、经济、政治和法律。在这个阶段,需要联系同行、咨询关系网络和检索文献,甚至利用搜索引擎来搜索类似的项目,学习他人的成功经验与失败教训,思考赞助组织开展过的类似项目,这些都有助于制定计划。

三、选择目标受众

选择目标受众是营销活动的关键步骤之一。在这一步中,需要详细地描述目标受众的特征,比如所处的改变阶段、人口统计学因素、地理因素、相关行为、心理特征、社交网络、社区资产和市场规模。理想的营销计划聚焦于目标受众,也要识别并采用相应策略影响战略伙伴、意见领袖等群体。选择目标受众这个过程包括三个小步骤:首先把整个市场划分为若干个不同的细分市场,然后按照一套标准评估细分市场,最后选择一个

或多个细分市场。所选择的细分市场是确定期望行为、制定营销干预组合策略的焦点。

四、设定行为目标和靶目标

社会营销计划总是包括一个行为目的,比如让目标受众接受、拒绝、修正、放弃、转换或继续某个行为。为了让目标受众采纳某些行为,需要让目标受众知晓或相信某些事物。知识目标包括需要目标受众知道的信息和事实,比如新冠病毒主要通过飞沫、接触、粪口传播,戴口罩是预防新冠病毒传播的最重要手段。知识目标还包括让受众更愿意采纳推荐行为的信息,比如,如何戴口罩,戴口罩需要注意什么。信念目标与感觉、态度密切相关。比如,家庭园丁们也许知道杀虫剂是有害的,甚至会流入小溪或河流,但是家庭园丁们可能会认为每年使用一两次杀虫剂关系不大。

这一步的关键点是依据目标确定量化指标。理想情况下,可根据行为目标、知识目标和信念目标制定具体的、可衡量的、相关的和有时限(SMART)的测量指标。这些目标将会指导营销组合策略,还将对预算产生重要的影响,为评价指标提供清晰的方向。

五、洞察目标受众

制定社会营销计划要确定希望影响谁,希望他们做什么,甚至还要确定希望说服的目标受众的比例或数量。在制定营销干预组合之前,应当花费时间、精力和资源来理解目标受众当前在做什么或喜欢做什么,目标受众采纳推荐行为的真实障碍或感知障碍是什么,目标受众希望换取什么利益,什么能够激励目标受众采纳期望行为。换言之,目标受众如何看待社会营销人员的想法?目标受众当前没有或者不想实施期望行为的原因是什么? 如果询问受众"你能想象这样做会有什么好处吗?",他们会想到什么? 目标受众认为哪个潜在的策略对他们有用? 或者他们有更好的想法吗? 要重视目标受众的答案,把目标受众的回答当成珍贵的礼物。

六、制定定位陈述

简单来说,定位陈述描述了社会营销人员希望受众如何看待推荐行为,如何把期望行为同竞争行为区分开来。品牌建设是一种有助于实现营销定位的策略。定位陈述和品牌身份的灵感来自对目标受众及其竞争者、障碍、利益和激励因素的认识。定位陈述还将指导营销干预组合的制定。20世纪70年代,广告大师艾尔·里斯(Al Ries)和杰克·特劳特(Jack Trout)提出定位理论,他们认为定位始于产品,但是定位不对产品做什么,定位是对潜在顾客的心理采取行动。定位是在潜在顾客的心里占据一个独特的位置,也就是形成一个独特的印象。

七、开发营销干预组合

营销组合策略包括产品策略、价格策略、渠道策略和促销策略。营销人员应用产品、价格、渠道和促销等干预工具影响甚至帮助目标受众采纳期望行为。有学者建议,社会营销计划应在营销组合策略的基础上增加一些重要的要素,比如试点(Pilot)、合作伙伴(Partners)、激励物(Prompts)、政策制定者(Policy makers)。试点是一种实施策略;合作伙伴包括潜在的信使、资金来源、分销渠道;激励物包括潜在的服务和促销;政策制定者是目标受众或其他有影响的人。

结合应用这些干预要素才能制定出营销干预组合,营销干预组合是影响行为的决定因素。在制定营销干预组合策略时应当按照一定的顺序,从产品策略开始,然后是价格策略、分销策略,最后是促销策略。营销人员通过促销工具来让目标受众了解产品、价格以及渠道。在制定促销计划之前需要制定产品策略、价格策略和分销策略。

1. 产品策略

产品包括核心产品、形式产品和延伸产品三个层次。核心产品是目标受众重视的利益,目标受众实施特定的行为将会体验到的利益,这也是营销人员重点强调的内容。预期的利益、潜在的激励因素以及定位陈述都是开发产品策略的最佳来源。形式产品则详细地描述期望的行为以及支持期望行为的有形产品和无形服务。延伸产品是指提供给目标受众或者向目标受众推广的任何附加的有形产品或无形服务。比如,对于举报乱扔垃圾的人的相关信息予以保密。

2. 价格策略

在社会营销方案中价格策略包括目标受众需要支付的任何金钱成本,以及可能提供的折扣券和返点等金钱激励因素。社会营销方案中还会重视金钱抑制因素以及非金钱抑制因素。常见的做法包括:不系安全带就罚款,公开表彰,在显示屏上公开曝光交通违章的车辆。在制定价格策略时,首先确定目标受众采纳行为的主要成本,包括金钱因素和非金钱因素,比如去洗车店洗车需要支付洗车费用,开车去洗车店还要耗费时间。

3. 渠道策略

在社会营销中,渠道主要是目标受众实施期望行为、获得相关有形产品、接受相关服务的地点和时间。比如戒烟心理咨询诊所、戒烟热线的开放时间。渠道又称为交付系统或分销渠道,还包括相应的管理策略。分销渠道和传播渠道不同,传播渠道是促销信息的传播途径,比如广告牌、外展工作人员、网站。

4. 促销策略

促销策略是劝说性传播策略,包括关键信息(要传播什么)、信使(用来传播信息的发言人、赞助商、合作伙伴、演员或其他有影响的人员)、创意要素(图标、标语、图形)和传播渠道(促销信息出现的地方)。这些信息和决策将会指导营销人员制定促销计划。促销计划将确保目标受众了解提供物(产品、价格、渠道),让目标受众相信实施期望行为将获得营销人员所承诺的利益,激励目标受众实施某种行为。

八、制定评估计划

评估计划概括说明将使用哪些测量项来评估活动成功与否,何时以及如何进行测量,需要根据方案目的、受众以及行为目标、知识目标和信念目标制定评估计划。需要在构思预算方案之前制定评估方案,确保评估活动的费用包括在预算方案之内。

测量项通常有四类：投入测量项（投入方案的资源）、产出测量项（方案活动）、结果测量项（目标受众的反应以及知识、信念和行为的改变）与影响测量项（对营销方案目的的贡献）。

九、制定预算与融资方案

根据拟定的产品利益和特色、价格激励、分销渠道、促销方案和评估计划，汇总资金需求，并把资金需求同可得的和潜在的资金来源进行比较。根据比较的结果，可能需要修改策略、受众的优先级排序、目标和时间框架，也可能需要确保额外的资金来源。最终的资金预算方案要明确描述可靠的资金来源，反映合作伙伴的贡献。

十、制定实施计划

实施计划要写明谁做什么、何时做、花多少钱做。实施计划把营销策略转化为具体的行动。实施计划清晰地描述了营销活动、责任、时间框架和预算。实施计划甚至可以作为一个独立的文件，在重要的内部群体内分享。通常，实施计划详细地描述第一年需要开展的活动，对后续几年的活动提供宽泛的参考。

第二节　STELa 模型

2014 年欧洲疾病预防控制中心采纳了 STELa 模型[1][2]（见图 3.2），作为欧洲疾病预防控制中心发布的第一份社会营销技术的部分内容，STELa 模型用来说明规划社会营销干预的关键步骤和任务。STELa 模型是根据社会营销原理以及社会营销实践，在广泛分析社会营销规划工具和其他计划方法的基础上，经过一系列现场实验开发的。

STELa 模型设计了一套内置的计划工具，可用于完成每项任务。STELa 模型提供了开发管理社会营销项目的四个步骤（确定范围、测试、实施、学习和行动）、十项任务和二十二项活动（见表 3.2）。尽管社会营销计划的四个步骤都很重要，但是在确定范围这一步骤上投入时间特别关键，这有助于避免在深入了解和洞察目标受众和问题之前就制定解决方案的倾向。全面的范围界定还确保从一开始就确定行为焦点。在确定范围阶段，获得理解和洞察有助于开发工作主张和设计干预措施。

---

① French J, Gordon R. Strategic Social Marketing：For Behaviour and Social Change［M］. 2th ed. London：SAGE Publications Ltd，2019.

② French J, Apfe F. Social Marketing guide for public health Programme Managers and practitioners［R］. Technical Document. Stockholm：European Centre for Disease Control，2014.

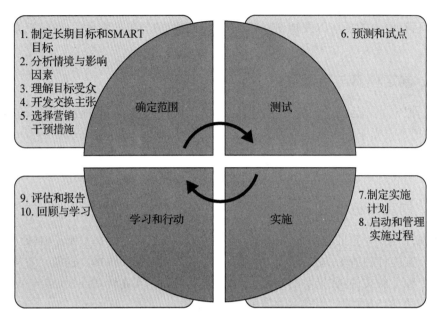

图 3.2　STELa 模型的四个步骤

表 3.2　STELa 模型的关键工作步骤、任务和活动

工作步骤	任　　务	活　　动
确定范围	1. 制定长期目标和 SMART 目标	1. 解释需要采取什么行动 2. 确定想要改变的目标群体和行为 3. 制定 SMART 目标
	2. 分析情境与影响因素	4. 进行情境分析 5. 进行竞争分析 6. 分析证据和数据 7. 盘点和记录资产
	3. 理解目标受众	8. 收集对目标受众的洞察 9. 细分受众
	4. 开发交换主张	10. 制定行为推广策略 11. 开发价值主张
	5. 选择营销干预措施	12. 选择干预措施 13. 进行干预成本效益分析
测试	6. 预测和试点	14. 测试每个潜在干预措施和假设 15. 报告试点方案的影响
实施	7. 制定实施计划	16. 实施干预计划
	8. 启动和管理实施过程	17. 管理合作伙伴、风险和机会 18. 对过程进行报告

续　表

工作步骤	任　务	活　动
学习和行动	9. 评估和报告	19. 评估结果 20. 提出建议
	10. 回顾与学习	21. 确定后续行动 22. 确定未来影响

资料来源：French J，Gordon R. Strategic Social Marketing：For Behaviour and Social Change［M］. 2th ed. London：SAGE Publications Ltd，2019.

French J，Apfe F. Social Marketing guide for public health Programme Managers and practitioners［R］. Technical Document. Stockholm：European Centre for Disease Control，2014.

　　STELa 模型的四个步骤和十项任务不必严格按照顺序进行，一些任务可以同时进行，在许多情况下，需要根据后续的学习和证据修改先前任务领域的发现。一些任务可以通过简单地审查组织现有的证据和分析来完成。此外，STELa 模型不仅可以用于下游问题的社会营销计划，还可以用于上游问题的社会营销计划。

一、确定范围

　　社会营销行动框架的所有步骤都是重要的。然而，社会营销人员往往不重视或者忽略界定范围这个步骤。公共卫生方案的管理人员和从业人员，特别是那些初次接触社会营销的人员，往往还未深入理解、洞察目标受众的认识、信念和行为之前就开始制定解决方案。

　　在界定范围上投入时间是至关重要的，有助于从一开始就确定明确的和适当的行为目标，从而避免实施行为改变倡议的许多共性问题。

　　确定范围有五个关键任务：

① 制定长期目标和 SMART 目标；

② 分析情境及影响因素；

③ 理解目标受众；

④ 开发交换主张；

⑤ 选择营销干预措施。

　　任务一：制定长期目标和 SMART 目标

　　这项任务包括三个活动：

　　活动 1：解释需要采取什么行动。说明为什么需要对已确定的社会问题采取行动。一个有用的办法是查明一个问题，并观察问题的规模及其社会、卫生、服务、成本和政治后果。

　　活动 2：确定想要改变的目标群体和行为。确定需要影响的主要目标群体和想要影响的行为——改变、调整、发展，还是维持。这里假设改变这个群体的行为将有助于解决所确定的问题。

　　活动 3：制定 SMART 目标。制定一套 SMART 行为目标，具体要求如下：

① 具体的：精确的，没有歧义。

② 可测量性:能观察和收集的客观测量项。

③ 可实现的:利用可用的资源可以实现。

④ 相关的:与收集到的数据和问题相关。

⑤ 有时限的:在干预措施的时间框架内测量。

任务二:分析情境和影响因素

这项任务包括四个活动。

活动 4:进行情境分析。在开始任何干预之前,识别可能影响你所提议的方案、运动、行动或可能影响目标受众接受度的关键问题是有用的。这个活动包括制定可能影响干预措施的因素的主观清单。SWOT 分析是一种有助于确定相关问题的工具。个人或小组可以开展 SWOT 分析,但是如果许多利益相关者参与分析,将更加有效。每个人或小组对于社会营销方案的优势和劣势有不同的经验,可以从不同视角研究社会营销项目的优势和劣势。PESTLE 分析也是很有用的,可以从发生的概率和潜在影响的大小,对情境因素进行排序。

活动 5:进行竞争分析。除了观察影响项目的情境问题之外,观察实施项目倡导的行为的促进因素和障碍也是有用的。应该分析哪些因素或人员对目标受众产生有利或不利的影响,针对影响因素制定策略和干预措施计划。

活动 6:分析证据和数据。收集关于问题和解决问题方法的各种信息,查阅发表和未发表的信息源,比如专业期刊、案例研究报告以及该领域的其他工作人员的访谈。欧洲疾病预防控制中心可以提供传染病预防和传播控制的干预措施方面的文献和经验综述。还要注意识别伦理和风险问题,及时寻求伦理批准。如果确定了主要风险,还应制定减轻风险的初步计划。

活动 7:盘点和记录资产。确定所有有助于影响目标群体行为的资产。这些资产可能包括:社会网络、社区、环境、利益相关者和卫生服务资产。其他资产还包括所有可能有助于实施方案的潜在合作伙伴和利益相关者组织、社区和个人。所有这些资产都可以用来解决社会问题。

任务三:理解目标受众

这项任务包括两个活动。

活动 8:收集对目标受众的洞察。利用定性和定量的目标受众研究方法,例如问卷调查、焦点小组和观察研究,收集关于目标受众的知识、态度和行为的信息。

活动 9:细分受众。细分受众是指将有意影响的受众划分成具有相似信念、态度和行为模式的群体。开展受众细分不仅要考虑应用人口统计学、流行病学和服务摄取数据,还要考虑应用受众信念、态度、理解与行为等方面的数据,使用这些数据对目标受众进行细分,根据风险、理解、态度、信念和现有行为等因素对人员进行聚类分析。

任务四:开发交换主张

这项任务包括两个活动。

活动 10:制定行为推广策略。在对目标受众洞察和理解的基础之上,阐述如何定位和推广期望行为。在积极的行为改变的情况下,如接种疫苗,可以通过宣传所实现的情感利益、身体利益和所降低的成本来促进受众接受推荐行为。

把行为看作产品来研究行为的利益是有用的。核心产品是人们从行动中获得的实际价值或利益;实际产品是体验的物理实体,例如,注射剂或药片;延伸产品是与产品相关的一切事物,例如,提供服务的方式、员工的行为方式以及员工与接受服务的受众之间的沟通方式。

活动11:开发价值主张。在受众拒绝或不愿接受服务的情况下,说明实施期望行为是如何最大限度实现最大化的利益,不实施期望行为的成本是如何增加的。在非理性选择的情况下,阐述如何将环境结构化,如何导入新政策或改变服务,来鼓励受众实施新行为。

任务五:选择营销干预措施

这项任务包括两个活动。

活动12:选择干预措施。这项活动的重点是选择哪种干预类型和形式的组合,用来促进目标受众采纳期望行为。干预措施的类型(见图3.3)包括:控制(法律和法规)、信息(如单页、发信息提醒预约)、环境或系统设计变革(如改变服务的时间或地点)、教育(如医学继续教育)、支持(如选派医疗专家到偏远地区开展医疗服务)。干预措施的形式(见图3.4)侧重于使用激励和惩罚来强化信息和促进实施行为。这些干预形式包括拥抱、助推、猛推和掌掴。根据每个目标群体,针对性地组合应用不同类型和形式的干预组合策略,可以实现最佳效果。

活动13:进行干预成本效益分析。在制定计划的时候,需要选择干预类型和形式,以最低成本获得最大的行为响应,从而实现最佳的经济价值和投资回报率。

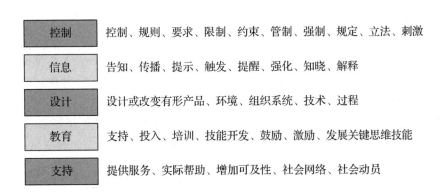

图3.3 五种干预措施类型(deCIDES)

资料来源:French J, Apfe F. Social Marketing guide for public health Programme Managers and practitioners[R]. Technical Document. Stockholm:European Centre for Disease Control,2014.

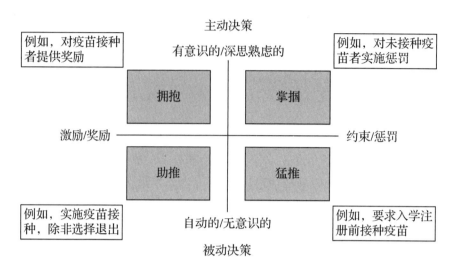

图 3.4 四种干预形式

资料来源：French J，Apfe F. Social Marketing guide for public health Programme Managers and practitioners ［R］. Technical Document. Stockholm：European Centre for Disease Control，2014.

二、测试

这个步骤包括开发原型、测试和实验，最后形成一份报告，建议采用何种干预措施组合，以形成完整的实施计划。在这个阶段还可以开发并测试项目评估的数据收集和数据分析方法。这个步骤的关键任务是测试初始的干预想法和概念，看看他们是如何起作用的。测试步骤有一个任务：预测和试点。

任务六：预测和试点

这项任务包括两个活动：

活动 14：测试每个潜在干预措施和假设。选择有代表性的目标人群测试每一种潜在干预措施和假设。这个活动应该包括开发实验设计并解决所出现的任何伦理问题。

活动 15：报告试点方案的影响。报告内容应包括干预措施对受众知识、态度和信念等的直接影响，还要测量对短期行为和系统效率的影响，比如让人们对项目产生兴趣的成本、让人们接触不同干预措施的成本和产生短期行为的成本。

三、实施

这个步骤的重点是根据确定范围步骤的发现和从测试步骤中得到的结果，实施和管理干预计划。在这个步骤的开始，将制定一份完整的社会营销实施计划，以及一份明确的预算和评估策略，其中包括如何管理方案、如何报告以及如何管理风险和机会等细节。实施计划还将描述如何监控项目效率和影响，如何评价方案以及如何向资助者、赞助人、利益相关者和目标群体报告。

实施步骤有两个任务:制定实施计划、启动和管理实施过程。

任务七:制定实施计划

在确定范围阶段的发现和试点结果的基础之上,这项任务侧重于制定一个完整的社会营销计划。这项任务包括一项活动。

活动16:实施干预计划。

该计划应包括:

① 问题陈述和情境分析。

② 意向的受众细分市场、SMART 行为目标以及如何衡量这些目标。

③ 将在整个方案中使用的产品与服务的详细信息。

④ 在指定时间内对选定目标受众的预期影响和结果。

⑤ 预算。列出需要从主要赞助者、合作伙伴和利益相关方获得的资源,以及根据干预措施和营销组合如何部署资源,如何分配预算以实现商定的干预目标。

⑥ 评估策略,包括测量短期变化(影响评估)、干预的效率(过程评估)和期望行为(结果评估)。

任务八:启动和管理实施过程

这个任务有两个活动。

活动17:管理合作伙伴、风险和机会。跟踪每个合作伙伴履行承诺的情况,并记录他们投入方案的情况。分析和管理与项目相关的风险。进行机会发现、前景扫描和方案调整。

活动18:对过程进行报告。收集过程、影响和结果的数据。记录进展和分析挫折并报告。向赞助商和利益相关方报告。跟踪和管理项目预算,确保没有显著的成本超支或支出不足,确保以最具成本效益的方式实施干预。

四、学习和行动

这个步骤的重点是收集和传播社会营销项目的影响以及效率方面的调查发现。这个步骤还试图帮助从业人员及其机构了解哪些效果良好,哪些效果不佳。这些信息可用于指导后续行动或新方案的决策过程。

学习和行动的步骤有两个任务:评估和报告、回顾和学习。

任务九:评估和报告

这项任务包括两个活动。

活动19:评估结果。利用任务一活动3中制定的 SMART 目标作为评估基础,遵循实施步骤中制定的评估计划,记录个体干预和整体方案的结果。还可以有效地评估不同利益相关方与合作伙伴的贡献。

活动20:提出建议。这项活动的重点是向利益相关者和出资方报告,并根据在影响行为方面的有效和无效的工作提出一整套建议。

任务十:回顾和学习

这项最后任务的主要目的是确保评价社会营销项目获得的经验教训能够用于指导

未来的干预措施和预算分配。

这项任务包括两个活动：

活动 21：确定后续行动。根据评估建议，列出政策制定者、计划人员、专业人员和社区团体应采取的行动，确定传播评估结果和建议的方法。

活动 22：确定未来影响。在方案评估和学习的基础上，制定一个组织和利益相关方共同认可的调整和改进计划。根据评估的结果以及这些评估结果对未来战略或实施的影响，重新评估政治、经济、社会、技术、环境和法律问题。

第四章 社会营销环境

社会营销需要深刻地理解和洞察环境,识别环境中的主要机会和威胁,评估哪些环境因素可能影响受众行为以及哪些因素可能影响干预措施的实施效果。营销环境可以分为宏观环境和微观环境。宏观环境包括政治法律、人口经济、社会文化以及技术自然环境。微观环境是与组织本身、目标受众和竞争有关的因素。微观环境分析有竞争分析、任务环境分析和顾客洞察三个关键领域。

第一节 宏观营销环境

社会营销方案的成功部分取决于营销人员对活动所处的复杂环境的准确分析。环境分析的目的是了解和监测环境因素,预测这些因素对营销绩效的影响,并做出能够提高竞争力的战略决策。在社会营销环境分析时需要根据这些因素之间相互作用来分析。例如,人口增长会增加资源消耗,增加环境污染。环境因素都会发生变化,现在变化速度越来越快。在环境分析时不仅要考虑当前的环境,还要努力判断未来的发展和趋势。

社会营销人员必须不断地监测环境,以便了解竞争活动、探索机会,认识需要优先考虑的因素以及态度、价值观和实践的变化。与商业营销不同,社会营销人员必须关注改变环境的方法,因为这些物理、社会、法律、技术和政治环境可能会影响期望的社会变革。

社会营销人员可以采用 PEST 分析来研究宏观环境的影响因素。PEST 分析包括政治法律(Political-legal)、经济人口(Economic-demographic)、社会文化(Social-cultural)和技术自然(Technological-natural)等关键因素。

一、政治法律环境

政治法律环境主要指那些强制或影响个人和组织的方针政策、法律法规。社会营销需要密切关注立法变化、政府工作重心以及压力群体对于政府的影响。上游社会营销通过改变社会规范,增加普通民众对社会问题的关注和重视,来提高改变政策的政治意愿。例如,英国推行公共场所禁烟令,同时开展社会营销工作,已经减少了吸烟。再来看看在快餐食品包装上强制公布营养信息的计划,虽然关于外卖食品的营养标签是否会影响人们选择食品尚无定论,但迫使所有快餐店标明其产品营养信息的政策可能会影响旨在减少肥胖症的干预措施。这些都是社会营销计划的重要背景。

其他社会营销和政策主导的干预措施也可能影响正在计划的社会营销干预措施,并且肯定会影响目标受众。例如,"改变生活(Change4Life)"是英国卫生部管理的全国性社会营销干预措施,旨在减少肥胖症,针对同一受众的地方干预措施需要了解这个背景。"改变生活"可能与正在规划的社会营销项目产生协同作用,实现资源共享,也可能竞争目标受众的注意力。

社会营销常常用于支持立法变化以及加强现有的立法。例如,全球的反家庭暴力运动通常与立法的变化有关;在澳大利亚引入强制性随机呼吸检测(RBT)法律,同时开展社会营销运动,向人们宣传新法律;在越南引入强制佩戴自行车安全头盔的法律之前,开展了倡导佩戴自行车安全头盔的运动。

二、经济人口环境

人口环境包括人口增长、人口分布和人口流动的趋势,以及年龄、性别、教育、家庭特征和种族等人口统计学特征。社会营销人员需要理解不同世代人口的特点,比如美国的婴儿潮世代、X 世代、Y 世代、Z 世代,中国的 60 后、70 后、80 后、90 后、00 后世代。不同世代的人在许多方面都有不同,例如他们对绿色产品和包装的偏好,对回收利用的兴趣,对方便食品、外卖的态度等都有差异。

与人口统计学相关的经济因素包括收入、可支配收入以及储蓄、负债和信用状况。随着失业率上升,经济增长放缓,公司可能会放弃开发奢侈产品转而选择低成本的普通替代品。如果汽油价格上涨,人们可能会减少开车。道路死亡事故的减少可能与汽油价格有更大的关系,而不是与道路安全运动有关。因此,如果不分析环境可能会导致对活动价值的评估出现偏差。相反,在全球经济危机中,大多数发达国家都出现了负增长,原来已经有很多经济困难的人群,又出现了新的贫困人口。此时,试图说服受经济环境影响的人们以更高的价格购买更健康的食品是一场艰难的社会营销活动。

就业水平、国内生产总值、通货膨胀和利率等经济因素都可能影响人们的时间分配和财务资源配置,也会影响人们的生活方式。在经济衰退期间,随着可支配收入的减少,人们可能会减少购买昂贵的健康食品,增加购买廉价的高热量食品。也有证据表明,在经济衰退时期,人们喝更多的酒。

三、社会文化环境

社会文化环境包括人们持有的信仰、价值观和社会规范,以及核心价值观、社会规范如何随着时间推移而变迁和持续发展。核心价值观由家庭、学校、教会等社会机构强化。社会营销人员不太可能在有限的时间和范围内改变受众的核心价值观。1920 年到 1933 年,美国推行全国性禁酒令,禁止酿造、运输和销售含酒精饮品,但是没有成功,其中重要的原因是禁酒令挑战了人们的核心价值观。然而,社会规范或次要价值观,可能更容易改变,例如改变人们对酒后驾车的看法。在大多数发达国家,人们已经可以接受新的社会规范,即喝酒不开车。

在美国,一项预防儿童感染猪大肠杆菌的社会营销案例考虑了社会文化因素的影响。在准备猪肠菜肴时,可能会接触到有害细菌。为了减少儿童接触病菌的机会,建议将猪肠预煮5分钟。这种简单的烹饪方法可以有效地预防非裔美国儿童的严重腹泻。但是,对于许多家庭来说,这种烹饪猪肠的方法是违背传统的。这个问题通过争取非裔美国儿童的祖母来解决,社会营销人员推荐新的烹饪猪肠的方法并且证实口味没有改变。预煮5分钟之后,猪肠更容易清理。这个社会营销方案成功地减少了感恩节和圣诞节假期之后的儿童入院人数和死亡人数。

全面了解与社会问题相关的区域、国家和全球社会文化非常重要。例如,随着时间的推移,全国的吸烟率正在下降,但在社会经济发展水平较低的社区,吸烟率比平均水平高。同样,暴饮暴食最常发生在18~24岁的人群中,在这个年龄段之后趋于下降。有了这些信息,社会营销人员可以更清楚地评估社会问题的相关数据。

四、技术自然环境

社会营销人员还需要考虑技术趋势,包括技术变化速度、用于技术革新的预算和新技术的价值。应用适当的技术可以极大地提高计划和实施社会营销方案的效率和效果。比如,利用社交媒体可以提供戒烟咨询、戒烟小知识。开发垃圾分类虚拟仿真系统有助于人们记住垃圾分类的知识。一些年轻人群体热衷于使用互联网技术,经常在网上交流,社会营销人员通过社交媒体可以比较容易地接触这些群体以及与这些群体建立关系。有些技术创新为社会营销项目提供高效的干预工具,比如,加碘盐、安全头盔、呼气式酒精检测仪。在医药技术领域,新的药品不断出现,为遏制传染病扩散、辅助戒烟戒毒提供了有效的工具。

技术变革对于自然环境的影响往往是负面的。原材料正在被消耗殆尽,特别是像石油这种有限的不可再生的资源,像森林这种有限的可再生资源也可能面临枯竭,甚至水和空气这种无限的资源也面临着污染的风险。

自然环境包括气候,可以对人们的行为产生重大的影响。例如,人们在冬天可能不太喜欢运动,可能会吃高脂肪的食物。在热带气候环境里,人们需要防治疟疾;在加拿大北部,人们则需要知道如何预防冻伤。

自然环境对人们的行为有着强大的影响。对环境进行简单的改变,有时比开展昂贵的社会营销活动更有效。例如,如果一个路口的行人受伤是因为醉酒的人从沿街的小酒馆跌跌撞撞地走出来造成的,那么设置一个物理障碍比开展社会营销运动来改变饮酒或走路的行为更加有效。

第二节　竞争分析

　　市场营销关注如何有利可图地满足顾客的需求,在整个营销过程中不仅要关注企业与顾客,还要关注竞争。如同自然界,商业界也遵循着适者生存的法则。营销人员不仅要理解顾客行为,还要理解竞争对手的行为,这样才有可能适应、影响甚至控制商业竞争。为了建立可持续的竞争优势,需要持续地监控竞争。竞争分析也要采用顾客的视角:顾客试图满足什么需要? 顾客用什么产品来满足这个需要? 顾客还可以购买什么产品? 顾客认为谁是竞争者?

　　试想一位父亲带着两个小孩来到麦当劳是为了满足什么需要? 首先想到的答案可能是食物,其实这只是其中的一部分。采用竞争分析询问替代方案有助于拓宽解答这个问题的思路:① 如果不去麦当劳,可能会去哪里? ② 还喜欢去哪些地方? ③ 这些替代选择有多好? 可以预测的答案包括肯德基或汉堡王(他们提供更好的免费玩具),答案还可以是中式快餐店或火锅店,不那么明显的替代方案是去公园野餐(因为还可以喂鸭子和荡秋千)或去电影院看最新的迪斯尼影片。这个简单的练习有助于更深入地思考竞争对手和顾客。麦当劳经营人员可以看到有哪些竞争对手,思考如何应对竞争,考虑是否有合作的机会,还可以准确地判断顾客的需要,麦当劳不仅仅关乎饥饿与食物,还提供乐趣、娱乐和儿童友好的氛围等重要的利益。

　　简单的竞争分析有助于洞察营销,有助于区分产品和产品满足的需要。不论是商业营销人员还是社会营销人员,不要卖产品或服务,而要提供解决方案。1960 年美国营销学者西奥多·莱维特(Theodore Levitt)提问:"百得(Black and Decker)公司是做什么的?"最直接的反应是生产电钻,或者更广泛地说,生产自己动手的设备或工具。营销人员会说,公司不是销售电钻,而是销售孔。电钻只是碰巧是制造孔的最佳方式,但也未必总是如此。例如,新技术可能会产生一种激光机器,可以更好地完成这项工作。除非百得公司意识到他们从事的是孔业务,而不是电钻业务,否则他们将同样容易受到竞争的影响,犹如马鞭生产者遇到内燃机新技术那样。

　　社会营销竞争分析的范围超越了商业竞争。例如,麦当劳研究顾客对肥胖争论的看法,也许会考虑调整菜单增加更健康的选择。公众越来越关注肥胖,也促使快餐业更加积极地与政策制定者接触交流。

一、波特竞争力量分析

　　竞争不仅受到生产销售同类产品的企业的影响,还受到市场上更多的基本竞争力量的影响。美国哈佛大学战略管理学者迈克尔·波特(2008)将基本竞争力量分为四类[1]:

---

　　[1]　Porter M E. The Five Competitive Forces That Shape Strategy[J]. Harvard Business Review,2008,86(1):78-93.

① 买方的力量当然是至关重要的,他们是否有机会获得能满足其需要的其他产品。买方拥有的权力大小会因市场条件的不同而不同,在垄断的情况下或产品短缺的时候,买方的权力会急剧变小。

② 供应商的权力以及他们能在多大程度上控制营销者的行为。例如,英国石油的经营空间可能受到欧佩克的严重制约。

③ 产品可被替代的程度。产品被替代的可能性:是否有替代产品或服务以及替代产品或服务在多大程度上具有类似的功能和作用? 一般来说,通用的、容易生产的产品,如土豆或纸张,比品牌零食或独特的软件更容易受到竞争的影响。

④ 市场的新进入者也可以加剧竞争,新进入者的威胁的大小取决于新进入者进入并开始满足消费者需要的容易程度。有些行业的进入障碍非常高,比如医药与核能,一些生活服务行业则很容易进入,面临着广泛的竞争,经常有组织出现和消失,比如理发店和咖啡馆。

一个公司参与和应对竞争的选择将受到其内部能力的影响,例如,有哪些技能和资源可以利用? 可以采用哪些战略方法? 是开展价格竞争? 还是采用差异化战略提供独特选择? 或是采用集中策略专门服务某个群体或区域? 抑或是发挥先占优势提供一些创新? 利用特定的优势实现协同效应? 这种能力最终将取决于开发一个可行的和有效的营销组合的潜力。

1. 买方

社会营销人员倡导自愿行为的事实意味着顾客面临着选择,顾客拥有购买的权力。因此,总是存在着被动或间接的竞争。顾客权力是一个有价值的概念,顾客权力是公共卫生和道路安全等领域专家设计营销策略时面临的一个巨大挑战,需要提供真正的利益来满足目标顾客的内在需要才能赢得顾客,在这里真正的利益包括客观的利益(技术利益,如症状缓解或更安全)和主观的利益(接受者对消费产品的感受)。

在竞争方面,似乎有一种自然的倾向,即社会营销产品是有价值的,也是很难实现的,因此,与顾客的其他选择相比,社会营销产品本质上是没有吸引力的。因此,糟糕的饮食是有趣的和令人沉迷的,好的饮食是清苦的和让人不感兴趣的。久坐不动的生活是悠闲的和放松的,运动是辛苦的和累人的。此外,社会营销人员似乎总是要求人们放弃一些东西,比如巧克力、香烟、驾驶越野车所带来的粗犷的男子气概。人们把损失看得比收益更重,比如人们从 80 英镑的账单中得到的烦恼比从 80 英镑的意外收入中得到的快乐更多。

同样,社会营销似乎注定要提供长期的、或许可能的收益,虽没有可怕的后果,但竞争对手带来的是短期的、确定的好处。巧克力带来的即时快乐与减肥的延迟且不确定的优势有效地开展激烈的竞争。今天的尼古丁成瘾很容易对抗数十年后的心脏病发作的可能性。

这迫使我们再次思考我们所提供的服务以及服务在多大程度上满足了人们的实际需求。如果延迟满足的是一个很弱的产品,人们为什么要关注它呢? 但是,稍微考虑一下就会发现,健康的生活方式远不是唯一的好处。例如,对于囚犯和低收入者戒烟的研究表明,成功戒烟还带给弱势群体巨大的成就感。同样地,运动并不总是不愉快的,人们从运动中获得各种短期利益。世界卫生组织认为健康是身体上、心理上和社会适应上的良好状态,而不仅仅是没有疾病。此外,如果人们想要的是今天的愉快生活,而不是明天美好生活的可能性,我们难道不应该确保我们的产品能实现这一点吗? 竞争分析和顾客力量,引导我们思考我们的核心业务:仅仅是远离身体疾病,还是更充实、更有价值的生活?

竞争分析表明,如果我们做不到这一点,其他人肯定会做到这一点。烟草业就是通过提供有吸引力的短期产品来吸引潜在的吸烟者。社会营销人员必须在竞争中取得成功,否则将无法生存。

与保险公司一样,社会营销人员也遇到延迟满足的问题。他们提供明天的利益是或然的,也是没有吸引力的。我们很少有人真的想向保险公司索赔,人寿保险更是如此。因此,保险公司所推广的利益不是将来的经济回报,而是现在的安心。他们不卖保险,他们提供保障。

2. 供应商

在社会营销中,供应商在许多情况下是非常强大的,通常比商业部门的供应商更强大。这是因为:首先,供应商经常同时也是出资人,因此倾向于发号施令。其次,他们不像商业公司那样受到市场法则的密切监视。即使他们做错了,他们也不会破产。因此,在社会营销中,供应商的需求有时会取代顾客的需求。例如,尽管公众怀疑测速摄像头背后动机的纯粹性,仍然可能在某些区域安装测速摄像头。

没有盈利动机意味着供应商不能仅仅逆市场潮流而动,还要创造市场。因此,政府通常会决定社会营销者的优先事项。这当然不是坏事,但可能会导致严重的问题。例如,2017 年英国特蕾莎·梅政府提出应对肥胖问题的战略,通过限制垃圾食品、推广健康生活方式来减少肥胖率。由于当时英国政府脱欧导致政府资源紧张、政府注意力分散,这在公共卫生界引起了恐慌。

来自供应商的压力给社会营销人员带来额外的负担。有必要质疑并在必要时挑战供应商制定的社会营销议程。这可能很难做到,但对社会营销的长期发展至关重要。可见与供应商建立关系是重要的。

3. 替代品

产品有很多替代品,替代品明显增加了顾客权力。名人饮食为改变生活方式提供一种有吸引力的选择,巧妙的推广汽车的广告让人们偏离更加环保的交通方式。类似地,几乎任何一个电视节目都比乏味的超速或者酒驾广告更受欢迎。

更广泛地说,问题在于争夺注意力。烟草控制、饮酒安全以及艾滋病预防同样也在竞争卫生资金。此外,随着生活方式疾病的激增,资源变得更加紧张。肥胖已经成为全球性的公共卫生问题。根据世界卫生组织的数据,2020 年全球有超过 10 亿人患有肥胖症,其中包括6.5 亿成年人、3.4 亿青少年和 3 900 万儿童。据 2022 年 9 月 21 日《英国医学杂志·全球卫生》刊发的研究报告预测,到 2060 年,应对肥胖问题的支出将占全球国内生产总值(GDP)3.3%,比目前升高 1.1 个百分点。肥胖不仅损害个人的身体健康,而且拖累经济发展。

4. 新进入者

第四种力量——新进入者——给我们带来一种可能令人不安的竞争观念。在资金和工作方面,社会营销人员之间、社会营销人员与其他行为改变专家之间展开竞争。最近,人们对社会营销主题的兴趣激增,为市场带来了一系列新进入者。这不仅在工作方面,而且对学科本身都构成了真正的威胁。如果任何人都能在社会营销领域开创事业,门槛太低,就会有价值和标准暴跌的风险。大约100年前,当医学面临这种威胁时,它的反应是设置非常高的进入壁垒。我们不主张在社会营销中采用这种策略,但我们确实需要制定专业标准,并且需要就合理的资格标准达成一致。

更直接的竞争来自公司部门,公司部门因为造成附带损害而受到攻击。开展一些公益社会营销活动有助于公司减少批评,提升品牌形象。因此烟草公司开展预防青少年吸烟活动,酒行业实施健康倡议,可口可乐公司与世界自然基金会密切合作保护全球淡水生态系统。然而,这些举措引发了人们对其有效性的担忧。烟酒企业真的是管理公共卫生项目的最佳组织吗?可口可乐是致力于保护地球还是致力于增加利润?有证据表明,这种担忧是有根据的。例如,对烟草行业的预防青少年吸烟的审查发现,他们不仅不能预防吸烟,实际上还使情况变得更加糟糕。从社会营销的角度来看,如果将这些无效的、模棱两可的方案作为社会营销案例,那么社会营销人员的工作价值将被低估。

二、竞争层次

澳大利亚营销学者加里·诺布尔(Gary Noble)和加拿大营销学者德布拉·巴兹尔(Debra Basil)把竞争分为四个层次[①]:

1. 一般层次的竞争

这是关于问题而不是服务或产品的最广泛层次的竞争。例如,从宏观层次上来看,电脑循环利用倡议是关于废物管理的,这个倡议间接地与能源、教育、卫生和其他社会问题竞争资金、支持和空间。在这个层次上,环境扫描、情境分析和危害链分析都很重要。情境分析有助于识别文化、技术、法律、经济、社会和政治因素对于社会变革方案的有利或不利影响。比如,通过骑自行车来解决儿童肥胖问题,广义上来说,任何阻碍目标群体解决儿童肥胖的事物都属于一般层次的竞争。

2. 企业层次的竞争

这一层次仍处于宏观层次,在层次上低于一般层次的竞争。对于电脑循环利用倡议有不同的选择,可以重复利用,如给孩子用,捐给学校,运到非洲,也可以减少使用,如将电脑再使用一年,在工作中使用电脑,不购买电脑放在家里。企业层次的竞争与传统的"市场"或"商业"有关,替代品和新进入者是重要的威胁,因为他们经常创造和规划新市场,超越现有组织。例如,解决儿童肥胖通常有增加体育锻炼和改变营养摄入两种方法。对于增加骑行的社会营销方案,阻碍目标群体开展体育锻炼的事物都属于这个层次的竞争,甚至包括改变儿童营养的活动。

3. 产品层次的竞争

在某个社会问题上,阻碍目标受众解决具体问题的力量都是产品层次的竞争者。

① Noble G,Basil D. Competition and positioning in G. Hastings, K. Angus and C. Bryant (eds) The Sage Handbook of Social Marketing[M]. London:Sage, ch. 9, 2011.

在产品层次上,重点已经大大缩小。例如,对于鼓励骑行的社会干预项目,任何阻碍目标群体参与骑行运动的事物都是属于产品层次的竞争,甚至包括团队体育活动。再如,对于资源回收利用项目来说,其他的回收设施,如当地的垃圾场,是一个可行的、直接的替代选择,对循环利用服务构成了真正的障碍。对于回收利用来说,垃圾车是产品层次的竞争者。

4. 品牌层次的竞争

在具体的领域内,阻碍目标受众采纳干预措施的力量是品牌层次的竞争者。这是最狭义、最具体的分析层次。同处一个行业的其他公司、慈善机构和实体组织,提供同样的服务,开展针锋相对的竞争。例如,对于骑行运动来说,不同组织开展的骑行活动相互之间都是品牌竞争者。又如,其他营利性和非营利性组织开展电脑回收利用业务,如果你也开展电脑回收利用业务,你们处于品牌层次的竞争。

三、积极竞争

社会营销方案面临着来自营利性企业的竞争。在某些情况下,企业朝着完全相反的方向推动。世界卫生组织将销售烟酒和高热量食物等不健康产品的公司称为"危险的商家"。为什么有这么多人开始吸烟和继续吸烟呢?那是因为有一大批极其强大的烟草公司鼓励他们这样做。一个又一个研究表明烟草公司成功地促进烟草消费。考克兰协作组织(Cochrane Collaboration)也证实了烟草广告和促销的影响,烟草广告和促销增加了青少年吸烟的可能性。

在高热量食品和酒类推广上也发现类似的证据。世界卫生组织委托英国斯特灵大学社会营销研究所(Institute for Social Marketing)进行的调查研究表明,每个市场的商业促销都会造成公共卫生的负担。

除了世界卫生组织所说的危险的商家之外,其他行业也可能给社会营销带来障碍。例如,汽车制造商可能鼓励超速行驶,这种出行方式符合汽车制造商的利益,但是增加了安全风险。玩具和娱乐市场可能会助长年轻人久坐的生活方式。军火商在人类冲突中发挥着主要的推动作用。这些领域的证据可能不如烟酒和食品那么完善,但如果社会营销人员致力于安全交通建设、运动推广和冲突解决,忽视他们的潜在影响是不明智的。

那么,社会营销人员应该如何应对这种竞争活动?

首先,竞争分析证实,作出回应是完全合理的,也是必要的。商业营销是社会环境的一部分,我们不仅可以而且必须把环境分析作为我们的任务。全面深入认识市场营销才能很好地发挥市场营销的作用。比如,市场营销远不止广告,广告只是市场营销的一种手段。综合应用产品策略、定价策略、分销渠道策略和营销传播策略才有可能成功地实现市场营销的目标。

例如,虽然众所周知酒类产品的广告助长青少年饮酒,但产品创新可能也是一个同样重要的驱动因素。酒精饮料无疑对饮酒产生重要的影响。最近发布在美国公共卫生期刊的一篇论文认为酒精饮料改变了美国青少年酒类市场。

同样,烟酒和高热量食物也是随处可见。例如,在电影院里常常销售特别优惠的零食。值得注意的是,一个特大号的巧克力棒的热量与一顿饭三道菜的热量一样多。对这种不健康的营销最直接的反应就是要认识到,社会营销人员必须与竞争对手抗衡:我们也要打造随处可见的、便利的、吸引人的品牌,只有这样我们才能参与竞争并取得胜利。

社会营销人员的另一种反应是提醒顾客警惕危险商家的活动。美国的"真相运动"对烟草公司正是这样做的,强调烟草公司肆无忌惮的商业行为和故意吸引年轻人养成吸烟习惯的企图。例如,展示运送到烟草公司总部的装尸袋,以代表因吸烟而死亡的人数,还向烟草公司高管提出令人尴尬的问题。这场引人注目的社会营销活动取得了成功:它显著降低了青少年吸烟率。

第三节　任务环境分析

分析任务环境对于评估社会营销人员能否很好地完成社会干预的任务非常重要。为了确保社会干预取得成功,有可能需要改变组织的结构、资金或知识。例如,在公共卫生领域,社会营销人员通常由卫生专家承担,但是他们几乎没有或完全没有市场营销的知识。因此,在制定社会营销计划或委托社会营销任务之前,可能需要进行社会营销核心知识培训。

一、资产分析图

资产分析图是一种摸清组织可以利用的现有资源的方式。社会营销通常采用多重代理的方法来改变行为,资产可能是具有类似目标的其他机构的,或者是热衷于合作以实现共同目标的个人的或者组织的。

通常情况下,最好是利用现有的基础设施来实施干预措施,而不是试图建立一个全新的系统。当目标群体难以触及并对"外来者"保持警惕时,利用现有的基础设施尤其重要。现有的组织可能已经与目标受众建立了信任关系,因此通常可以围绕现有的组织或服务实施干预措施。例如,一项提高某个社区的戒烟率的干预措施涉及培训当地健身房的健身教练和当地儿童中心的保育员,使其成为戒烟顾问。这些工作人员已经被目标人群所认识和信任。在绘制资产分析图的过程中发现,儿童中心和健身房与管理干预措施的组织在目标上达成一致:改善健康和降低吸烟率。因此,建立了牢固的合作伙伴关系。

潜在的资产可能包括:

① 专门处理行为问题的现有服务,例如,戒烟支持服务、戒酒辅导服务或戒毒康复服务,也可以按照干预措施重新设计这些服务。

② 与目标人群接触的现有服务机构或人员,例如,社区矫正中心、社会工作者、助产士和家访护士、社区工作者和健康培训师。这些人往往能够支持干预措施。

③ 现有的社区机构及其工作惯例,例如,青年俱乐部、活动中心、居民委员会、咖啡早茶会、内部简讯等。这些机构及其工作惯例可能对传播策略至关重要。

绘制资产分析图的过程可以包括与相关组织的代表进行面对面的交流,并通过滚雪球的方式增长知识。

二、利益相关者分析

我们需要确定谁是关键利益相关者,以及他们正在做什么或可能做什么。利益相关者是所有能够影响社会营销人员的行为改变提议或者受社会营销人员影响的群体和个人。他们可能控制着资产、信息、传播、网络和市场。在许多情况下,实施行为改变需要他们的支持,有时他们是问题所在,是市场的黑暗面,有时他们又是直接反对变革的力量。

利益相关者分析采用包容性的和集体性的方法。由于世界日益相互关联的本质,利益相关者分析越来越重要。许多复杂的、棘手的和普遍的问题牵涉或影响着无数的个人、团体和组织。没有哪个组织或个人负全部责任,相反,许多个人、团体和组织都牵涉其中或受到影响,或负有部分责任。

利益相关者分析需要系统地识别出这些潜在的有影响的参与者,其中可能包括供应商、工会、慈善组织、政策制定者、商业公司、特殊利益集团、政府、银行、媒体和许多其他机构。例如,澳大利亚红十字血液服务机构确定了 11 个关键利益相关者群体:澳大利亚联邦政府、非营利组织、州和地区政府、工会代表、卫生部门、监管机构、供应商、主要商业利益相关者、献血者、研发机构和媒体。

利益相关者可以分为现任者、挑战者和监管机构三大类(见表 4.1)。现任者是主导的组织,他们对现状感到满意,希望保持现状。挑战者比现任者的地位低,他们往往遵循现行的秩序,但又在等待挑战现有系统结构的新机会。监管机构在系统中维护现状,促进系统顺利运行。

表 4.1　利益相关者特征

现任者	挑战者	监管机构
• 在系统中占主导地位 • 在系统中具有高度影响和权力 • 利益和观点在系统中得到充分体现 • 对系统中的大部分资源拥有所有权 • 规章制度有利于他们 • 他们在系统中享有特权地位,从当前形势中受益 • 希望保持稳定	• 具有创业或创新精神的群体和个人 • 对系统的运行几乎没有影响并且权力地位低于现任者 • 认识到现任者的主导逻辑 • 通常能描述系统的另一种愿景及其在系统中的位置 • 不公开反抗,也不激进地传播对立的逻辑 • 经常遵循现行秩序,可能是不情愿的 • 等待新机遇来挑战系统结构 • 可能会努力寻求危机或转变,让现任者了解创业和创新倡议 • 将努力实现外部和内部变革,使稳定面临危险	• 负责监督系统规则的遵守情况 • 促进系统的平稳运行 • 在系统内部,与外部国家结构不同 • 旨在强化主导逻辑,维护现任者的利益 • 现状捍卫者 • 在应对现任者或挑战者的压力中形成

资料来源:Hastings G, Domegan C. Social marketing: Rebels with a cause [M]. 3rd ed. London: Routledge, 2018.

利益相关者分类表明利益相关者有不同的类型和不同的利益。利益相关者分析需要考虑的关键因素是权力如何在不同的利益相关者之间分布,权力是集中在少数利益相关者内部还是广泛分散的。澳大利亚红十字血液服务机构认为所有 11 个利益相关者都是强大的,对他们的业绩具有很大的影响。

澳大利亚红十字血液服务机构通过对利益相关者的识别和分析,确定在部署战略和管理人力、结构和关系资源方面需要注意的关键绩效领域。他们通过利益相关者研讨和访谈发现,产品的安全性和充足性是澳大利亚红十字血液服务机构的两个首要任务。

利益相关者分析需要研究每个利益相关者可能采取的行为改变策略。利益相关者可以促进行为改变(例如学校),也可以阻碍行为改变。对于有助于行为改变的利益相关者,社会营销人员应该与他们开展合作,包括更多的协调、互动与整合。当许多利益相关者拥有分散的权力,并且可以实现多赢的情况下,通常会采取合作策略。如果利益相关者本质上是典型的伤害制造者,比如烟草公司,那么社会营销者的唯一选择就是竞争策略,在这种情况下,社会营销人员与利益相关者的关系转变为对抗竞争。

如果我们考虑复杂的多因素问题,如不平等、冲突解决或气候变化,这种分析可以采用更广泛的系统框架。在这些情况下,实施所需的社会变革可能会引起对现状有既得利益的利益相关者的反对。在企业部门尤其如此,由于过去的营销投资以及对增长和增加股东价值的承诺,企业充其量只会对一个不完善的系统进行微小的改进或重新设计。无论多么必要,激进的、颠覆性的变革都具有太大的威胁性。

简而言之,利益相关者分析包括三大步骤:

① 识别、描绘利益相关者并确定优先顺序。

② 确定利益相关者的倾向是有益的还是有害的。

③ 选择你的利益相关者策略,是合作还是竞争。

当利益相关者很重要时,描绘利益相关者对于解决社会问题具有重要作用,这也将为社会营销人员选择合作或竞争策略提供依据。

总之,利益相关者分析揭示了两个系统:恶性系统(有害的交换)和良性系统(健康和愉快的交换),社会营销人员应该描述这两个系统并通过社会营销规划来应对。

三、情境分析

在宏观环境分析、竞争分析和任务环境分析之后,需要总结宏观要素和微观要素的主要发现。SWOT 分析是一种战略规划和战略管理技术,用于识别与业务竞争或项目规划相关的优势、劣势、机会、威胁。有时称为情境分析或情境评估。

优势和劣势通常是指内部的因素,机会和威胁通常是指外部的因素。内部因素是优势还是劣势,具体取决于这些因素对于实现目标的影响。这些因素可能包括人员、财务、运营能力以及营销组合。外部因素包括宏观经济、技术变革、立法和社会文化变化以及市场变化。情境分析通常先评估外部因素然后评估内部因素。

SWOT 分析广泛应用于许多组织,不仅仅用于营利组织中,还应用于非营利组织、政府部门和个人。SWOT 分析可以用于识别组织、社区和更广泛的社会内实施社会项目的积极和消极因素。完成 SWOT 分析将有助于社会项目利用自身的优势和环境中的机会,克服自身的劣势并最大限度地减少威胁(见表 4.2)。

表 4.2　SWOT 分析

	内部因素	外部因素
有利因素	**优势** ·该组织有哪些实施类似干预措施的成功经验? ·该组织是否拥有制定和实施方案所需的资金、人员和组织资源? ·该组织是否有强大而有效的系统和程序、上游和下游关系以及支持/意识水平?	**机会** ·先前的分析是否发现了过去没有使用过的新的或更有效的资源使用方式? ·是否有伙伴组织将为干预措施增加资源和专业知识? ·社区中是否有机构可以增加宝贵的洞察和与目标群体沟通的手段?
不利因素	**劣势** ·竞争对手是否能够超越本组织? ·内部系统或结构是否存在缺陷?	**威胁** ·该组织面临的主要威胁是什么? ·如果一个主要的竞争对手提供新的服务,会有什么影响? ·负面宣传会对该组织的信誉和实施项目的能力产生什么影响? ·外部变化,如经济状况的恶化,可能对资金或目标群体的资源、态度产生什么影响?

资料来源:Valentin E K. SWOT analysis from a resource-based view[J]. Journal of marketing theory and practice,2001,9(2):54-69.

1. 机会与威胁

机会和威胁是来自社区或社会的外部因素。外部环境可能会影响目标受众,社会营销人员需要关注以下几类因素。

① 文化因素:与价值观、生活方式和行为有关的趋势和事件。文化因素通常会受到广告、娱乐、媒体、消费品、企业策略、时尚、健康问题和环境问题的影响。

② 技术因素:新技术或新产品会促进或阻碍社会营销活动。

③ 自然因素:自然的力量,包括饥荒、火灾、干旱、暴风、洪水、能源供应、水源供应、濒临物种等。

④ 经济因素:购买力、支出和生活水平等趋势。

⑤ 人口统计学因素:人口统计学特征的变化和趋势,包括年龄、种族、家庭组成、就业状态、职业、收入和教育。

⑥ 政治和法律因素:新的法律可能影响社会营销工作或者目标受众。

⑦ 外部公众:除了当前的合作伙伴和联盟,还有潜在的合作伙伴可能会影响社会营销工作或目标受众。

此外,社会营销还要考虑上游力量以及可能影响上游力量的决策者。

环境扫描的主要目的在于发现环境中可以利用的机会和需要准备应对的威胁。以增加宠物收养为例,可以争取卫生健康委员会和动物保护基金会等组织的支持。此外,城市独居老人和单身白领人口增加也有助于宠物收养。

2. 优势与劣势

微观环境包括与赞助组织或管理组织相关的因素,这些因素是内部因素。

① 资源:社会项目的资金是否充足? 员工是否具备解决社会问题的专业知识? 投入社会项目的员工时间是否足够?

② 服务能力:是否有产品、服务的分销渠道或者能否开发产品、服务的分销渠道? 当前或潜在的服务质量怎么样?

③ 管理层支持:管理层知道这个项目吗? 管理层支持这个项目吗?

④ 问题的优先顺序:这个营销方案所要解决的社会问题是组织的优先事项吗? 还有其他社会问题来竞争组织资源吗? 这个问题是组织优先解决的问题吗?

⑤ 内部人员:在组织内部哪些人支持这个营销活动? 哪些人不支持这个营销方案? 有没有哪些群体或个人的支持对于这个营销项目的成功是至关重要的?

⑥ 现有的联盟与合作伙伴:有哪些联盟和合作伙伴可以提供额外的资源,比如资金、专业知识、接触目标受众、背书、传播信息、散发材料?

⑦ 过去的经验:在这类项目上组织的声誉如何? 有哪些成功的经验和失败的教训?

对照以上这些因素列举社会营销项目相关的主要优势和劣势。社会营销计划要将优势最大化,劣势最小化。优势清单有助于指导后续决策,比如组织能够接触、服务哪个目标群体,现有的资源支持开发哪些产品,制定什么样的价格策略和营销传播策略。劣势清单包括消极的因素,需要采取措施或策略来最小化这些因素。

第四节 顾客洞察

顾客洞察是通过收集、分析和解释顾客行为、需求和偏好等信息,获得对顾客心理和行为的深刻理解。顾客洞察是对公司具有重要价值的关于顾客的知识。顾客洞察可用于市场预测、市场细分和倾向建模、顾客分析。在社会营销中需要获取并利用五个方面重要的受众洞察,做好这五个方面受众洞察研究有助于制定可行的营销计划[1][2]。

感知障碍:目标受众过去没有实施期望行为,不想做或者认为自己做不到的原因。

期望利益:目标受众认为实施期望行为将会获得的好处。

潜在动机:按照目标受众的想法,对他们说什么、向他们展示什么、为他们做什么、给他们提供什么,会增加他们实施期望行为的可能性。

竞争行为:目标受众更愿意实施的行为、长久以来固有的行为、传播与期望行为相

---

① [美]南希·R.李,菲利普·科特勒.社会营销:如何改变目标人群的行为[M].5版.俞利军,译.上海:格致出版社,2018.

② Lee N R, Kotler P, Colehour J. Social Marketing: Behavior Change for Social Good[M]. 7th ed. London: Sage, 2023.

悖信息的组织和个人。

其他影响者：目标受众倾听、观看或信任的人。

在营销实践中赢家总是坚持以顾客为中心。最好的营销者都充满好奇心,渴望知道潜在顾客对提供物的想法和感受。为了深入理解受众,需要采用受众视角,获取五个重要的受众洞察,应用洞察开发营销策略。

传统经济交换理论假定,要实现交换,目标受众须感知到收益等于或超过成本。如果消费者感知的收益小于感知的成本,消费者不可能去购买产品。在交换理论中,感知是关键,感知的收益和感知的成本取决于受众的判断。交换是营销的核心概念,当目标受众认为获得等于或超过付出时,就会发生交换。交换理论不仅适用于有形的产品与服务,还适用于无形的或象征性的产品,而且成本不局限于金钱方面,时间和精力可能是主要的感知成本。

一、感知障碍

通过研究目标受众对一系列问题的反应,可以发现受众感知到的障碍。在焦点小组访谈或个人访谈中可以询问以下问题：在你的家庭或你所处的文化里,人们如何看待这个行为？ 在过去你没有实施这个行为的原因是什么？ 在未来你也不会实施该行为的原因是什么？ 为了实施这个行为,你认为你需要放弃什么或付出什么？ 你认为你能实施这个行为吗？ 为什么你放弃这个行为？ 如何适应这个行为？

障碍也被视为目标受众感知的成本。美国环境心理学家道格·麦肯齐-莫尔指出,对于个体来说,障碍可能是内部的,如个体缺少实施某项活动的知识或技能,也有可能是外部的,如为了更加便利地实施行为,需要做出某种结构性改变。感知障碍因目标受众和期望行为的不同而不同。因此,在制定营销计划的过程中,要先确定目标受众和期望行为。

障碍也许与一系列因素相关,包括知识、信念、技能、能力、基础设施、技术、经济地位或文化。障碍可能是真实的,比如乘公交上班比开车上班花更长的时间,也可能是感知的,比如乘公交的人付不起其他交通方式的费用。但无论是哪种情况,障碍都是源自目标受众的视角,社会营销人员需要消除这些障碍。为了确定每个目标群体的障碍,可以开展一手调研,还可以参考先前和现行的社会营销活动,查阅期刊、网站和相关的新闻故事。

二、期望收益

收益是目标受众想要或需要的,因而重视的东西,也是实施目标行为将提供的东西。社会营销人员需要消除目标受众将体验到这些利益的任何疑虑。这些收益是消费者眼中的利益,不必然是营销人员看到的利益。收益可能并不总是很明显。

在 2014 年国际社会营销协会的网络研讨会上,巴西社会营销学者汉密尔顿·卡瓦略(Hamilton Carvalho)分享了他的人类基本需要清单,这也是期望收益的类型[①]：

---

① ［美］南希·R.李,菲利普·科特勒.社会营销:如何改变人群的行为[M].5 版.俞利军,译.上海:格致出版社,2018.

（1）自立：个人可以决定自己的行为。即使在集体主义文化中，个人也必须意识到他们没有被强迫采纳特定的或日常的行为。

（2）胜任：人类天生就会通过发展自己的能力和自我效能来改变环境。能力的发展需要最适宜水平的挑战，要避免无聊和焦虑两个因素阻碍能力发展。

（3）归属感：拥有积极的和支持性的社会网络，在信任和身份验证的基础上通过相互交流获得情感利益。

（4）意义：大脑通过对信息进行整合和解读来赋予信息某种意义。大脑倾向于寻找世界的秩序和模式。神话、故事和叙事是人们理解世界的重要方式。神话、故事和叙事在无形中塑造了人们看待世界的视角和方式。

（5）身份：人类是以群体形式存在的。在不同的环境中，人们采纳所属群体的规范，不论这些群体是社交群体、职业群体、爱好群体还是体育活动群体。

（6）公正：人们需要感受到这个社会是公正的。人们重视与这种公正需求相关的几个方面：受到尊重，有机会表达自我的关切，有适当的处理分歧的程序，以及最终确保稀缺资源的分配符合社会公认的公正标准。

（7）积极情绪：追求快乐和避免痛苦是人类行为最古老的驱动因素之一。积极情绪能带来更好的健康、更长的寿命，并有助于建立社交网络。

（8）认知经济：人们接收和处理信息的能力有限。人们在处理信息时，会尽量减少自己的知识负担。人们更喜欢那些易于理解、不需要太多思考的信息。人们也更喜欢那些简单易行的行为。

三、潜在动机

动机与受众感知的收益不同。动机是受众的想法，整个想法让目标受众更有可能采纳期望行为。目标受众对于以下四个问题的回答将能为社会营销干预策略提供洞察：（1）对你说什么可能会促使你考虑采纳这个行为？（2）向你演示什么可能会促使你实施这个行为？（3）给你什么东西可能会有助于你实施这个行为？（4）为你做什么可能会有助于你实施这个行为？对以上问题的回答可能对应着 4P 营销组合的每一条策略。

四、竞争行为

1. 识别竞争行为

在商业营销中竞争就是消费者正在购买的其他公司的产品。竞争可以是一个类似的产品，也可以是一个满足同种需要的替代品。社会营销也面临着强大的竞争。竞争行为就是目标受众正在实施的行为，目标受众没有采纳社会营销项目正在推广的行为。通常竞争行为包括：

（1）相对于社会营销项目推广的行为，目标受众更愿意实施的行为。比如与吃水果和蔬菜相比，吃高热量的食物更能让人感到愉悦。

（2）长期以来目标受众一直在实施的行为。比如需要他们放弃的某个习惯，如边喝酒边吸烟或享受长时间的淋浴。

（3）某些商业组织和个人倡导的与期望行为相冲突的行为。比如，吸电子烟。

社会营销人员面临着竞争行为（见表 4.3）。让目标受众放弃一直享受的某种乐趣或者收益本来就很困难，一些经济实力雄厚的组织传播着相反的信息，一些关键信使的说服力和影响力强大。竞争甚至还可能来自组织内部，例如在同一组织内，一个项目（如吸毒针具交换项目）事实上可能会影响另一个项目（如禁毒项目）的成功推进。

表 4.3　潜在竞争行为与竞争者

行为目的	竞争行为	竞争信息和信息传递者
每次聚会的饮酒量少于 5 杯	醉酒	百威啤酒
穿救生衣	晒出棕色皮肤	时尚广告展现晒后的棕色肩部、腹部和手臂
每周做 5 小时志愿者	花这段时间陪家人	目标受众的孩子
将有机食物类垃圾堆肥	清洗餐具时习惯将剩菜残羹倒入下水道	邻居说在后院堆肥会招老鼠

资料来源：[美]南希·R.李，菲利普·科特勒.社会营销：如何改变目标人群的行为[M].5版.俞利军，译.上海：格致出版社，2018.

Lee N R, Kotler P, Colehour J. Social Marketing: Behavior Change for Social Good[M]. 7th ed. London: Sage, 2023.

英国营销学者苏·皮蒂（Sue Peattie）和肯恩·皮蒂（Ken Peattie）也提出了确定竞争的分析框架[①]。社会营销竞争被视为思想之争，相互竞争的思想有四个来源，也被认为是四个潜在竞争者：（1）商业反营销（Commercial Counter-marketing）。来自直接竞争的商业营销者，比如，戒烟活动的最强竞争对手就是烟草公司，推广健康饮食与食品企业的高脂肪、高糖的加工产品相冲突。（2）社会抵触（Social Discouragement）。包括社会价值观、同伴压力和其他重要人物的阻碍。比如，民主和个人自由的观念是反对控枪和禁烟的理由，有关日光浴和癌症的错误传说阻碍防晒和预防皮肤癌的社会营销项目推进。（3）冷漠（Apathy）。冷漠是一个奇怪的竞争者，它不是行为，也不是真正的想法。但是确实阻碍改变和采纳行为，因此需要面对和克服冷漠。（4）非自愿不作为（Involuntary Disinclination）。通常认为受众是否实施某个行为是感知成本和收益的函数。戒烟失败的人也知道戒烟的收益大于成本，但是烟瘾是一种不由自主的障碍。这种不愿意改变可能与身体成瘾、身心不健康、习惯或遗传因素有关。

2. 确定竞争行为的感知障碍与利益

在确定竞争者之后，还需要了解更多的信息。美国环境心理学者道格·麦肯齐-莫尔和威廉·史密斯提出一个整合调研结果的框架，这个框架可用来改变收益与障碍的比例，让目标行为变得更有吸引力。麦肯齐-莫尔和史密斯提出了四种策略，这四种策略并不互相排斥：

---

① Peattie S, Peattie K. Ready to fly solo? Reducing social marketing's dependence on commercial marketing theory[J]. Marketing theory, 2003, 3(3): 365－385.

（1）增加实施目标行为的利益；

（2）减少实施目标行为的障碍或成本；

（3）减少竞争行为的利益；

（4）增加竞争行为的障碍或成本。

表 4.4 通过实例列举了受众感知的利益和障碍。在受众调研中，可能发现不止一种竞争行为。在受众调研过程中，对每个象限内的利益或障碍进行优先级排序。重点关注实施期望行为可以获得的利益或者可以避免的成本。只有确定了目标受众对四个象限内的利益和障碍的排序，才完成调研。比如，对于在车内使用垃圾袋，目标受众感知的首要利益和首要成本分别是什么？

表 4.4　识别竞争行为的感知障碍和利益

目标受众感知	期望行为：在车内使用垃圾袋	竞争行为：将快餐袋扔出窗外
感知利益	·我为孩子做好榜样 ·我在为环保贡献自己的一份力量 ·帮助节约纳税人的钱 ·减少内疚感	·这很方便 ·不会闻到车内剩余食物的味道 ·不会看到满车的垃圾 ·没关系，剩食物会生物降解的 ·这样环卫工人才有事可做
感知障碍/成本	·需要找到一个垃圾袋并记住把它放在车上 ·液体会从垃圾袋里漏出来 ·车内闻起来有味道 ·忘记扔掉垃圾袋	·我可能得去做社区服务，捡垃圾 ·我可能会被逮住并罚款 ·道路上有垃圾，看起来很糟糕，还得有人去清理，这样做是在为社会做贡献

资料来源：[美]南希·R.李，菲利普·科特勒.社会营销：如何改变目标人群的行为[M].5 版.俞利军，译.上海：格致出版社，2018.

Lee N R, Kotler P, Colehour J. Social Marketing：Behavior Change for Social Good[M]. 7th ed. London：Sage，2023.

五、其他影响者

社会营销人员还要考虑，在期望行为方面，目标受众听谁的、看谁的、信谁的。这些受众是中游受众，包括目标受众所属的社交群体，以及目标受众的同事、同学、邻居、家庭成员、医生、顾问、药剂师等。在某些情况下，还包括目标受众认为值得信任的、令人喜爱的、具有专长的个人，比如受人尊重的科学家或者艺人。了解这些群体或个人对于期望行为的看法和做法有重要意义，这将影响行为推广策略的制定，也许还会增加营销方案的目标受众。

第五章 社会营销调研

社会营销调研是社会营销计划每一个步骤成功的关键。在社会营销计划阶段,识别社会问题、洞察目标受众、选择目标受众、制定营销组合策略,都要建立在社会营销调研的基础之上。形成性调研包括环境扫描、受众洞察、概念测试和预测试。社会营销人员一般先开展二手数据调研,往往还要开展一手数据调研。常用的社会营销调研方法有观察法、实验法、访谈法、问卷法和网络调研。

第一节 决策情境与调研类型

一、决策情境

当组织试图抓住某个机会或者减少某个问题可能造成的不利影响时,就需要制定决策。制定决策就是要找出解决问题的各种方法并从中做出选择。决策制定者必须弄清楚机会或问题的本质,了解掌握了多少信息及信息的可信度如何,还要确定解决问题需要哪些信息。

决策者可以根据组织面临的是机会还是问题,以及机会或问题是确定的还是模糊的来划分决策情境。机会是指有可能获得竞争优势的情境。例如,找到了服务不到位的细分市场就是一个机会。问题是指有可能造成严重的不利后果的情境。例如,出生率下跌给母婴产业带来严重挑战。

在通常情况下问题并不明显,往往很难被觉察出来。决策者通常先察觉到一些症状或线索,然后根据这些症状或线索推断出问题。这些症状或线索是相应问题的信号。例如,市场份额下降不是市场问题而是市场问题的症状。市场调研在识别问题原因方面起着重要作用,营销人员通过市场调研找到问题发生的原因,然后针对原因解决相应问题。

决策情境可以根据机会或问题的确定性或模糊性的程度进行划分。完全确定意味着决策者拥有制定最优决策所需的全部信息,其中包括问题或机会的性质。如果决策者对于问题或机会以及未来的结果都完全确定,那么可能就不需要调研。不过,完全确定是非常少见的。不确定意味着决策者掌握部分信息,清楚知道所需要达到的目标,但是关于各种选择的信息并不完整,对于影响未来发展的各种因素的信息只能靠预测。

在不确定的条件下,决策者需要收集数据来弄清楚决策的性质。

　　模糊是指问题本身的性质是不清楚的,目标不清楚,决策备选方案也很难确定。这是最困难的决策情境,可能也是最常见的决策情境。营销管理者面临各种各样的问题和决策。完全确定和可预测未来结果的情境可能不需要开展调研。但是,不确定或模糊的情境通常需要考虑开展营销调研。决策的重要程度也可能不同,有些决策对组织有重大影响,有些决策对组织的影响可以忽略不计。决策情境越是重要,越是模糊或者越是不确定,就越要重视调研。

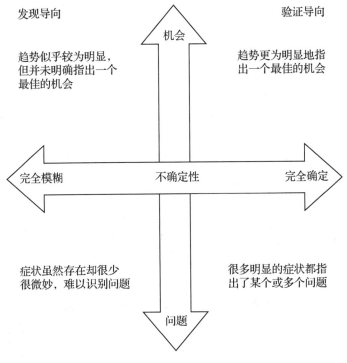

图 5.1　描述决策情境

资料来源:[美]巴宾,齐克芒德.营销调研精要[M].6 版.应斌,王虹,译.北京:清华大学出版社,2016.

Babin B J, Zikmund W G. Essentials of Marketing Research[M]. 6th ed. Cengage Learning, 2013.

　　美国营销学者巴里·巴宾(Barry Babin)和威廉·齐克蒙德(William Zikmund)根据决策的性质和模糊程度把决策情境划分为不同类型。在面临问题的市场调研中,情境高度模糊的情况下,症状可能无法指明具体的问题。事实上,症状可能非常模糊或不易觉察,只显示了对正常情况的细微偏离。例如,一家快餐厅可能发生某些菜品销量有较小的波动,但是整体销量并没有变化。根据这样的症状很难推断出消费者口味发生变化等问题。随着模糊性降低,症状更加清晰地指明问题。例如,整体销量的突然大幅下降可能说明快餐厅的菜单没有适应变化,因此,可能需要改变菜单来适应消费者需求的变化。类似地,在面临机会的市场调研中,情境高度模糊,没有明确的方向。随着趋势越来越明显,越来越壮大,更可能指明某个机会。

二、调研类型

有效的调研能够降低不确定性。调研人员确切地知道组织面临的营销问题是什么才有可能设计调研方案来检验假设。在模糊的情境下,营销人员可能根本不知道什么地方出现了问题,或者组织需要通过环境扫描来发现机会。此时就需要先做一些初步调研来了解情境的性质,从中获得信息用于决策。如果不开展初步调研,面对过于模糊的情境,决策人员无法科学决策。

营销调研可以根据调研目的进行分类,这种分类方式反映了决策情境的性质对调研方法的影响。社会营销调研常用的调研方法有探索性调研、描述性调研和因果调研。

1. 探索性调研

探索性调研(Exploratory Research)是为了澄清模糊情境或者发现潜在商业机遇。探索性调研虽然不是具体行动的决定性证据,但往往能够预测后续调研所能提供的证据,有时还能够影响对后续调研相关性的判断。在探索性调研之前如果直接进行细节性调研,很可能收集了不相关的信息而浪费了时间、精力和金钱。

探索性调研有助于识别营销问题或市场机会,探索性调研不仅是为了揭示在某些情境性下观察到的症状,更是为了揭示导致这些症状的原因。决策者听到的往往是症状,通常需要借助调研来识别问题和解决问题。不论是机遇还是问题,组织都需要高质量的信息来应对这些局面。比如,一个城市想让市内的餐馆回收废弃食用油,那这个城市首先就应该分析数据,确定现在倒入下水道的或丢进垃圾桶的废弃食用油的数量,以及这些废弃食用油对基础设施和环境的影响。

探索性调研有助于更好地理解情境,但探索性调研并不是为了得出最终的答案和决策。在探索阶段,调研人员还要了解更多的情况,弄清哪些潜在的调研方法或者调研问题可能会产生最有用的信息。从探索性调研中可以获得的最正式的结果是关于关键情境方面的一个或多个假设,即对两个或多个变量相关性的有依据的猜测。

探索性调研还有其他用途。探索性调研能够增加调研者对问题的熟悉程度,特别是调研者第一次接触该组织或者该问题时。例如,一个第一次服务于一家公司的营销调研顾问很可能需要增长自己对行业、组织和特定问题领域的知识,探索性调研正适用于这种情况。

探索性调研也可能用于澄清概念。例如,管理层正在考虑改变服务政策以提高经销商满意度,探索性调研可用于澄清经销商满意度的含义或者开发对于经销商满意度的测量方法。

应用探索性调研能够更好地阐明管理者的决策问题,提高调研者对问题的熟悉程度,澄清概念。探索性调研适用于不熟悉的任何问题,探索性调研相对灵活,探索性调研是描述性调研和因果调研的基础。

不管使用什么特殊的方法,探索性调研在规模上是典型的小规模调研。调研者不能将大量调研预算投放到探索性调研上。这意味着问题的答案和决策所需的信息来自其他类型的调研而不是探索性调研。尽管如此,还是应当给探索性调研分配足够多的资源以确保清晰地界定问题。有时探索性调研可能超出预算,但是如果能弄清楚关键的问题或机会并且能描述出最合适的调研问题,这是值得的。

在营销调研的初始阶段经常有很多未知的东西,探索性调研通常用来认识问题和确定假设,探索性调研是相当灵活的。在探索性调研中,调研工作常常遵循直觉。探索性调研可以采用多种方法,例如文献检索、深度访谈、焦点小组、数据挖掘、案例分析和投影法等。但是,探索性调研很少使用详细的调查问卷或者概率抽样。

2. 描述性调研

描述性调研(Descriptive Research)是为了描述物体、人、团体、组织或环境的特征。营销人员经常需要确定谁购买产品,描述市场份额,识别竞争对手的行动。描述性调研针对的就是谁、何时、哪里以及如何等问题。在实施描述性调研之前需要充分了解所调研的情境,探索性调研可以为描述性调研提供关于情境的信息。

描述型调研的目的是描述各种因素,比如,某个产品的市场潜力或者潜在目标受众的人口统计学特征。例如,某城市要开发餐馆废弃食用油回收方案,就需要知道城市中产生废弃食用油的主要餐馆的数量、类型和位置,这些餐馆怎样处理这些废弃食用油,在哪里处理这些废弃食用油。

3. 因果调研

决策者借助因果调研(Causal Research)可以进行因果推断。因果调研旨在识别因果关系,以显示某一事件确实导致了另一事件。探索性调研和描述性调研一般先于因果调研进行。在因果调研中,调研人员对于所研究的现象已经有充分的了解,对所研究的因果关系可以做有依据的预测。尽管更多地了解当前情境是一件好事,但是要付出相应的成本,开展因果调研往往涉及高昂的成本。例如,在餐馆废弃食用油回收方案中,城市管理者需要算一笔账,如果在第一阶段集中处理餐馆废弃食用油,需要付出多少成本,这种做法的潜在结果与其他处理方案相比会有什么不同。

营销情境的不确定性决定了最合适的营销调研的类型。表5.1对比了三种类型调研的不同之处。探索性调研是在决策的初期实施的。在决策初期,决策情境通常非常模糊,营销人员对于应采取什么行动还非常不确定。当营销人员已经意识到具体的问题,只是还缺乏某些关键知识时,则通常会进行描述性调研。因果调研主要用于研究高度明确的问题。

不同的营销调研方法会得出不同类型的结果。从很多方面来说,探索性调研是最有成效的调研方法,因为探索性调研能够获得大量的创意。探索性调研致力于发现问题,因此探索性调研常常选用非结构化的调研方法。在探索性调研中,如果限定太多的条条框框,有可能限制被试的应答类型,不利于收集创新的想法。

有时营销人员确实会只根据探索性调研的结果就采取行动,因为营销人员可能无法或者不愿意花更多的时间和资源来实施进一步的调研。只根据探索性调研的结果制定决策,可能面临着更高的风险,因为探索性调研并不是在科学选取的样本中对创意进行测试。探索性调研适合发现创意,不适合测试创意。

表 5.1　三类营销调研的不同点

项　目	探索性调研	描述性调研	因果调研
决策情境不确定性程度	高度模糊	部分确定	完全确定
关键的调研陈述	调研问题	调研问题	调研假设
实施阶段	决策的初期	决策的后期	决策的后期
常用的调研方法	非结构化	结构化	高度结构化
例子	我们公司产品销量持续下滑,却找不到明显的原因。快餐消费者感兴趣的是哪类新产品?	与我们的主要竞争对手相比,经常光顾我们商店的是哪类人群?对于我们的顾客来说,最为重要的产品特性是什么?	如果采用蓝色包装,消费者会购买更多的产品吗?这两种广告方案哪一种会更有效?
结果的性质	发现导向的,富有成效的,但仍是推测性的,通常需要进一步调研。	可以是证实性的,尽管有时仍然需要进一步调研,调研结果通常用于制定可操作的管理决策。	证实导向的,通常获得确定性的结果,并且用于制定可操作的管理决策。

资料来源:〔美〕巴宾,齐克芒德.营销调研精要[M].6 版.应斌,王虹,译.北京:清华大学出版社,2016.
Babin B J, Zikmund W G. Essentials of Marketing Research[M]. 6th ed. Cengage Learning, 2013.

　　探索性调研最终得出调研问题。这些调研问题可以用于设计描述性调研。描述性调研可以根据探索性调研的结果聚焦具体的变量,设计出结构化调研。描述性调研最终得出的结果通常用于制定可操作的管理决策。例如,描述性调研往往被用于从人口统计学特征和心理学特征方面对一个市场细分进行描述。类似的描述性调研的结果可以用于帮助组织决定何时以及在何地将产品或服务推向市场。

　　因果调研一般紧紧围绕少数调研假设展开。因果调研是高度结构化的,实施因果调研可以得出具体的结果。因果调研的结果通常用于制定可操作的管理决策,因为因果调研表明,如果营销人员改变一个自变量,就会产生某些变化。

第二节　形成性调研

　　从社会营销方案设计、开发到实施、监测和评估的全过程,都需要开展调研收集信息。在社会营销方案设计和开发之前需要开展形成性调研,在社会营销项目实施过程中需要开展过程评估,在社会营销项目实施后还要开展结果评估。形成性调研是在社会营销项目启动前进行的,但形成性调研的内容有助于社会营销项目启动后的过程评估和结果评估。

　　商业营销调研旨在了解消费者的欲望和需要,主要目的在于销售产品和服务。世界上最成功的品牌不断地对现实消费者和潜在消费者开展调研。商业营销调研计划可能包括以下内容：

① 定期深入探索消费者的欲望和需要，例如，口味测试、试用新技术。

② 不断地进行竞争分析，包括持续地监视竞争对手开发的新产品。

③ 监测社会趋势以及趋势可能对产品销售和产品开发产生的影响。

④ 追踪销售和收入以确定最有效的战略和分销渠道。

最终，开展这些调研活动是为了实现开发新产品、开发新市场、渗透市场，以及增加销售收入和利润等目标。

社会营销的形成性调研可能包括类似的内容，但这些调研活动针对不同的目标，通常以较小的预算和较少的资源进行。形成性调研的总体目标是弄清楚如何才能最大程度地让受众受益，形成性调研的过程通常是探索目标受众的欲望和需要以及社会环境，但是形成性调研的结果用于推广新的行为。

形成性调研既可以是定性的，也可以定量的，既可以是一手数据调研，也可以是二手数据调研。

一、形成性调研的过程

形成性调研是在社会营销项目设计和实施之前开展的，是开发营销战略影响受众行为的基础。形成性调研可以分为探索性调研、概念测试和预测三个阶段，探索性调研包括环境扫描和受众洞察（见表 5.2）。

表 5.2　形成性调研类别

环境扫描	我们对受众的相关行为了解多少？ 社会和物理环境有多重要？ 我们怎样才能更好地接触受众？
受众洞察	哪些因素会影响目标行为（态度/信仰）？ 受众行为的阻碍因素和促进因素有哪些？
概念测试	哪些信息对受众有吸引力？ 哪些渠道可能是有效或无效的？
预测	受众如何接收信息？ 哪些渠道是有效的？ 我们在信息策略中遗漏了什么？

资料来源：Evans W D. Social Marketing Research for Global Public Health：Methods and Technologies[M]. Oxford：Oxford University Press，2016.

探索性调研的目标在于理解目标受众并对目标受众进行细分和选择。年龄、收入和教育水平等人口统计学因素可能很重要，但是态度和生活方式等因素也很重要。在探索性调研阶段，了解社会营销所处的环境背景是非常重要的。社会营销的目的是改变目标受众的行为，社会营销人员需要了解在日常生活中行为改变的吸引力和可行性。其中一个关键部分是了解目标受众试图改变行为时面临的障碍。还必须调研目标受众实施行为改变时的激励因素。

概念测试阶段探索理想的营销组合,旨在确定什么样的利益组合是最有吸引力的,以及如何提供给目标受众。

形成性调研的最后阶段,是对营销传播工作中使用的信息和材料进行预测,以确定信息能否达到传播的目的,衡量信息的有效性。例如,信息是否对目标受众产生了预期的效果?信息是否清晰地传达了利益,这些利益能否促使目标受众改变行为?这些都是在预测中需要探讨的。

最终,形成性调研通过减少风险来增加社会营销方案取得成功的可能性。形成性调研减少了误解目标受众的风险,包括哪些因素激励目标受众、为了改善健康目标受众愿意做什么,以及目标受众克服障碍实现成功的可能性。个人障碍和结构性障碍很容易削弱社会营销的效果,形成性调研的一个关键目标是对影响行为改变的个人障碍和结构性障碍进行评估和排序,在社会营销方案中增加解决障碍的项目要素以增加社会营销项目成功的可能性。

二、探索性调研

社会营销方案始于受众,终于受众。理解目标受众可以说是制定成功的社会营销方案的最重要步骤。在形成性调研的探索阶段,需要回答的关键问题包括以下几点。

① 受众是谁?

② 受众人数有多少?

③ 受众在哪里生活、工作和娱乐?

④ 对受众的相关行为了解多少?

⑤ 社会和物理环境有什么影响?

⑥ 如何才能更好地接触到受众?

⑦ 哪些态度和信念影响目标行为?

⑧ 实施行为的障碍因素或促进因素是什么?

环境扫描(Environmental Scanning)也被称为情境分析(Situation Analysis),是探索性调研的第一步。环境扫描试图理解个人、社区、社会和行为等相关因素对于社会问题及其解决方案的影响。通常包括以下步骤:

① 理解和界定社会问题。

② 识别关键受众,理解受众的社会、政治和其他外部影响因素。

③ 描绘受众画像并开展市场细分。

④ 调研现有的方案、倡议和资源。

⑤ 突出人们尚未获得满足的需要。

⑥ 描述方案实施和建议的行为改变的总体障碍。

环境扫描可以为社会营销策略提供信息,探索性调研根据设计社会营销组合的需要收集数据。调研社会、政治和其他外部影响因素可能会表明营销组合要素的重要性和有效性。例如,如果环境扫描显示不方便和接触不到是妇女定期进行乳房钼靶检查的主要障碍,社会营销人员可以强调地点策略,将移动乳房钼靶检查车开到最需要的地方。环境扫描的所有方面都应分析社会营销的机会和威胁。例如,探索受问题影响最严重的人群可能产生机会,深入分析行为改变障碍因素可能会发现社会营销方案的不利因素。通过考察细分市场对于产品、价格、渠道和促销策略的反应来制定营销组合策略。

　　受众细分是环境扫描的一个基本组成部分。受众细分把受众划分为具有相似特征和需要的群体。在受众细分之后社会营销人员可以根据细分的受众群体开发针对性的方案,更有可能引起受众共鸣并且激励受众做出行为改变。在受众细分之后社会营销人员还可以选择针对性的媒体或渠道,有助于提高传播的效率和效果。在社会营销项目资金预算有限、对可衡量结果要求苛刻的情况下,受众细分特别重要。社会营销人员可以采用一个或多个特征来细分受众群体。通常,细分变量包括:人口统计学变量(如年龄、收入、教育水平、婚姻状况)、语言、地理分布、生活方式、核心价值观以及对有关社会问题的态度等。

　　环境扫描通常是通过二手数据来进行研究。受众洞察主要通过一手数据进行研究,一手数据研究可以是定性研究,也可以是定量研究。

三、概念测试

　　形成性调研的第二个阶段是概念测试,概念测试涉及对原型信息和营销材料的初步测试以确定受众能否产生共鸣。概念测试可以通过定性或定量的方法来完成。通过调查足够多的样本来进行定量测试,社会营销人员能够根据受众对概念的反应来细分受众。社会营销人员还可以预测细分群体对信息的接受程度以及按照信息实施行为的可能性。概念测试的结果可用于指导社会营销策略的制定。

　　概念测试旨在实现两个主要目标。第一,确定哪些信息和概念对受众具有吸引力以及为什么具有吸引力。第二,确定哪些渠道可以有效地传播社会营销方案的信息。

　　对信息和概念进行测试是社会营销调研的最佳实践,在信息和营销材料的开发过程中,目标受众的反馈对每一次传播工作的成功都至关重要。信息、广告概念和视觉效果都可以通过问卷调查进行有效测试。在问卷调查中可以采用李克特量表从以下几个方面来评估受众对信息或概念的态度:

　　(1) 清晰度/理解力

　　信息或概念的主要想法是什么?

　　信息或概念在传达主要想法方面表现如何?

　　信息或概念中是否有不清楚或令人困惑的地方?

　　(2) 吸引力

　　如果你看到这个信息或概念,会引起你的注意吗?

　　你喜欢这个信息或概念吗?

　　(3) 个人相关性

　　该信息或概念与你有关吗?

　　你与概念中的人能产生共鸣吗?

（4）可信性/可信赖性

该信息或概念是否可信？

你相信信息或概念的来源吗？

（5）按照信息或概念采取行动的可能性

你采取信息或概念中的推荐行为的可能性有多大？

概念测试也可以采用定性调研方法，如焦点小组会议或访谈。社会营销人员通过定性测试可以了解哪种概念最能引起受众共鸣。在概念测试中参与者可以指出他们希望在哪里以及如何看到、听到和得知信息和概念，通过测试可以确保受众最大程度地接受信息和概念。在定性测试中，参与者可以描述哪些媒体渠道能够有效地接触到他们，他们信任谁作为信息中介，以及他们依赖哪些来源获得信息，这些洞察对于制定媒体传播策略具有重要价值。在定量测试中，参与者回答封闭式问题可以轻松地表明他们的渠道和媒体偏好。

四、预测

预测是形成性调研的最后阶段，预测用于评估接近最终的提供物，必要时可对提供物进行调整，然后实施社会营销方案。预测进一步探究接近定稿的概念的清晰性、吸引力、个人相关性、可信性以及行动的可能性。

预测可衡量信息的有效性，例如，信息对目标受众能否产生预期的效果。在形成性研究的最后阶段，预测主要用来确认拟定的信息、活动材料、营销组合策略是否有效。这些信息能否传达清晰的利益，这些利益对于受众是否有足够大的价值，能否促使受众改变行为。在项目实施之前，预测是社会营销人员检查信息是否有疏漏或者活动策略能否增加成功可能性的最后机会。

社会营销的预测常常采用定性调研，比如采用焦点小组访谈、街头拦截访谈。如果营销人员能够参加访谈或者观察访谈，将大大提高预测的有效性。以华盛顿州安全带方案为例，在形成性调研结果的基础之上，开发出标语、标识和广播电视广告概念，并同焦点小组分享。在预测调研中，最成功的活动是来自北卡罗来纳州的活动——"不系安全带？那就等罚单吧"（Click It or Ticket）。如果他们不系安全带将面临 86 美元罚款以及其他更严厉的法律措施。尽管焦点小组成员肯定回复"不喜欢"，强烈的负面反应也表明这项活动一定能引起他们的注意，很可能引发行为改变。

第三节 常用的社会营销调研方法

社会营销调研首先考虑利用二手数据，但当二手数据不能满足调研需要时，就要收集原始数据。社会营销收集原始数据的主要方法有观察法、实验法、访谈法、问卷法和网络调研。

一、二手数据调研

二手数据调研是指查找、阅读、分析、研究和利用已有的数据。文献法的资料包括内部资料和外部资料。内部资料有内部记录和数据库等,外部资料包括各种统计资料、期刊、图书、科技数据库以及互联网上相关网站信息。

社会营销调研不仅要利用已经发表的二手数据,还要利用合作伙伴和同行从业人员的知识和信息。一些最好的资源往往来自类似机构或组织中的伙伴和同事,他们有一些之前类似研究的信息,并且愿意分享。商业营销人员为了市场份额和利润而激烈竞争,但是社会营销人员为了解决社会问题而合作,相互当作伙伴和队友。要向从事类似活动调研的同行进行提问,有如下一些典型的问题:

你的社会营销方案解决哪些问题? 你的社会营销方案如何解决这些问题的?

你选择了哪些目标受众? 为什么? 你有数据或研究结果来描述这些受众吗?

你推广哪些行为? 你是否了解目标受众所感知的利益、成本和障碍? 你是否探讨了目标受众对其他竞争行为的感知?

你采用了哪些策略? (产品、价格、渠道、促销)

你的方案的结果是什么?

你认为哪些策略有效? 你认为还有哪些不同的做法?

你的方案中有没有什么要素可以考虑用于我们的方案? 有哪些局限和限制呢?

二、一手数据调研

如果没有合适的二手资源可用,就要考虑着手准备原始研究。原始研究,或者一手数据调研,是为了特定目的而首次收集信息。一手数据的收集方法有观察法、实验法、访谈法、问卷法和网络调研。

(一) 观察法

观察法就是通过观察相关的人、行为和情境来收集一手数据。在商业部门,食物包装营销人员会前往超市,观察顾客浏览商店、选取产品、查看标签、决定购买等行为。在社会营销中,观察调研常常用于洞察人们实施期望行为所遇到的困难,测量实际行为和自我报告行为,或者用于了解消费者在物理环境中的行为,以便提出改进基础设施的建议。例如,对于从事漏水马桶项目的经理来说,观察人们在当地的家居用品商店挑选修理马桶的工具包是很有用的。再如,2002 年 6 月在华盛顿州开展的几项正式观察调研显示,有 82% 的驾驶员系安全带。尽管有些人觉得这个市场份额已经足够了,但是另一些人并不这么认为。华盛顿交通安全委员会的使命在于拯救更多的生命,希望增加系安全带的比例。

民族志调研是一种整体研究方法,为了真正了解目标受众,研究人员需完全融入目标受众的自然环境。民族志收集的数据包括观察、笔记、访谈、影像以及调查。社会营销人员开展民族志调研可以获得深刻的社会文化洞察,全面理解受众及其社会环境。例如,爱尔兰的民族志调研让年轻人拍摄酒产品营销的照片,为认识酒产品促销提供了宝贵的洞察。又如,自来水公司可能想要到顾客家中观察马桶漏水情况,同业主交谈并了解业主决定修理还是更换漏水马桶。民族志调研结果可用于开发指导性材料,这些材料将会对其他人从事这项活动有很大的帮助作用。

神秘顾客调研是调查员扮演成顾客对一系列问题进行评估。神秘顾客与机构的员工互动,观察并报告目标受众的所见、所闻、所感,以及员工如何回复目标受众的问题。例如,自来水公司经理可以给他们自己的顾客服务中心打电话,咨询检测漏水马桶的问题以及维修或更换马桶的问题。自来水公司经理还可以访问项目网站,提交评论或问题,看看多久才能收到回复。

(二) 实验法

实验法适用于收集因果关系的信息。调研人员选择匹配的对象组,施加不同的干预措施或者采用不同的营销策略,然后评估干预措施的效果。在类似的细分市场上测量、比较一个或多个策略的结果,被称为预实验。比如,自来水公司正在考虑是否需要向业主提供染料片剂来检测马桶漏水,或者仅仅向业主提供操作说明,指导业主使用家庭食品储藏室的食品着色剂来检测马桶漏水情况。如果使用染料片剂的业主检测出马桶漏水的发生率不高于只收到操作说明的业主检测出的马桶漏水的发生率,那么自来水公司就会决定推广使用食品着色剂检测马桶漏水的方案。

实验法可以用于测试被调查者对于社会营销广告、品牌和信息的身体、情感或心理反应。例如,实验法可以用来测量被调查者对于动物保护方案名人代言的影响,选择能够引起目标受众积极响应的代言人。实验法还可以用于社会营销方案预测活动。比如,应用实验法来测试被调查者对香烟、报纸、警告标签和普通包装的反应。

(三) 访谈法

访谈法可分为个人深度访谈和焦点小组访谈。个人深度访谈是一对一的,通常是面对面的、时间持续较长的(从 30 分钟到 1 小时)无结构访谈。个人深度访谈用以了解被调查者对某事物的看法,或者做出某项决定的原因。访谈人员有一个访谈清单,并根据被调查者的答案来跟进或探讨问题,访谈人员与被访者围绕某个主题或范围进行比较自由的交谈。对决策者、社区领导者、技术专家以及其他重要人员进行访谈可以获得关于目标受众、竞争者和潜在策略的洞察。关键知情人访谈有助于理解二手数据,解释目标受众的特征,阐明期望行为的障碍,并为接触和影响目标受众提供建议。例如,一家自来水公司想要说服业主修理漏水的马桶,就会先访谈工程师,了解马桶漏水的原因和用户修理漏水马桶的方法。然后,他们会访谈一些家居用品和五金店的零售经理,来了解通常顾客常常咨询哪些马桶漏水方面的问题,他们向顾客提供哪些建议。

焦点小组访谈是广泛应用的定性研究方法,用于探索目标受众的想法、感受,甚至对未来工作的潜在策略和想法提出建议。焦点小组访谈采用小组访谈的形式,每个小组通常包含 8~10 人,围坐在桌子周围或通过网络会议,开展数小时的讨论。对于开展焦点小组访谈的次数,只为那些将要选择的目标细分市场开展尽可能多次数的焦点小组访谈,对于每个目标细分市场至少进行三次焦点小组访谈,但是当开始听到重复的内容时,就可以停下了。焦点小组访谈样本很小,通常采用非概率抽样技术,比如方便抽样或滚雪球抽样,焦点小组访谈的目的在于产生假设。以漏水马桶项目为例,对业主进行焦点小组访谈有助于找到业主不检测马桶的原因(障碍),业主希望通过检测马桶获得什么(利益)以及采用什么方法能说服业主(动机)。市内目标区域的家庭可以由市场研究公司去联系,公司会筛选出潜在的访谈参与者,并邀请合适的人员组成访谈小组。比如,首先选择过去 5 年内都未进行漏水检查,担心家中马桶有漏水风险以及想知道该采取什么措施的业主,然后邀请业主家庭中负责家居维护与修理的成员参与访谈。

(四) 问卷法

问卷法是通过设计问卷,让被调查者填写调查表来收集信息的方法。问卷调查常用于测量或评估思想、观点、感受、态度和行为。问卷调查法通常采用入户访问、街头拦截、电话、邮件和网络等方法。问卷调研结果通常是定量的。问卷调研的目的在于从有代表性的群体得出结果,投射到更大的群体。问卷调研需要得到足够大的样本量以便进行一系列的统计检验。抽取样本首先确定调查对象(抽样单位),然后确定调查人数(样本量),最后确定怎样选择这些人(抽样过程)。回到马桶漏水项目上来,在焦点小组之后开展问卷调研以便对焦点小组访谈确定的障碍和利益进行排序和量化。问卷调研结果还可用于确定目标受众人口统计学特征和态度,测试潜在的营销策略。如果自来水公司举办关于如何修理漏水马桶(产品)的展示活动,对于更换节水马桶提供金钱激励(价格),提供旧马桶回收服务(渠道),业主参加节水马桶项目的兴趣会增加吗?

(五) 网络调研

社会营销人员可以利用互联网平台开展及时、高效的营销调研。目前广泛应用的网络调研是网络问卷调研,其次是网络讨论法和网络民族志调研,还有一些组织利用网络社区开展形成性调研、预测性调研和评估性调研。

网络问卷调研是在网上发布问卷,被调查者通过网络填写问卷完成调查。问卷可以通过网络发布,发布问卷后还可以利用社交媒体进行传播。网络问卷调研的不足之处是难以选择和控制被调查对象,有可能出现样本重复、数据不真实等情况。

网络讨论不需要面对面交流,有多种途径,比如电子公告牌系统、新闻组、网络会议等。网络讨论广泛应用于会议、投票和焦点小组访谈。开展网络焦点小组访谈,调研人员和被调查者一起参与网络会议,每个人在电脑屏幕上输入评论,与他人进行交流,自动生成访谈记录。网络的优势在于地域范围广泛,多个地方保持同步。

网络民族志用于分析被调查者在互联网上的行为,比如在论坛、公告栏、邮件讨论组、聊天室、网页以及社交媒体上的行为。社会营销采用网络民族志可以揭示隐蔽的想法、行为和实践。在线平台对于人们交流、互动甚至社交具有重要作用,了解平台上发生的事情有助于理解各种现象,比如,人们对于商业营销的反应,或者人们对于锻炼身体或控制饮食等行为的感受。

众包可用于调研,也就是利用在线社区开展形成性调研、预测性调研和评估性调研。例如,星巴克利用众包进行形成性调研。星巴克开发一个专门的网站用来分享、投票和讨论创意。例如,在网站上发布新产品、更舒适的皮椅和植树活动的信息。众包也可用于预测。比如,为了增加疫苗接种,社会营销人员在妈咪博客上发布不同的品牌代言宣传,征求对代言人可靠性的评分。众包还可用于评估,社会营销人员可以考虑邀请受众在线提交反馈,了解受众对服务的感受。

第四节　社会营销调研过程

营销调研是一个由不同阶段、不同步骤相互联系、相互衔接而构成的统一整体。营销调研的过程包括确定问题和调研目标、设计调研方案、实施调研、解释和汇报调研结果四个阶段。

一、确定问题和调研目标

营销调研的第一步是识别问题和确定调研目标。如果没有一个明确的问题陈述，营销调研将没有方向或目的。调研人员首先应该确定是否有足够的信息来明确界定问题，然后才能开始整个营销调研过程。

在确定调研问题之后，营销调研者需要进一步明确调研目标。营销调研目标包括三种情况：(1) 探索性调研的目标可能是收集初步信息，确定问题并提出假设。(2) 描述性调研的目标可能是描述社会问题现象和目标受众的特征和态度。(3) 因果性调研的目标可能是检验假设的因果关系。调研人员常常从探索性调研开始，再进行描述性调研和因果性调研。

在开展营销调研之前，调研人员需要判断市场调查的情境类型。在确定问题和调研目标阶段需要回答以下问题：营销调研需要收集哪些信息或者需要知道什么？营销调研有助于制定什么样的决策？营销调研是为谁进行的，研究结果提交给谁？

二、设计调研方案

在确定调研问题和目标之后，调研人员就要设计调研方案。调研方案说明如何着手回答调研问题和实现调研目标，调研方案需要确定调研方法、抽样计划以及调研工具。调研方案是实施调研的线路图。

1. 调研方法

探索性调研是一个非正式的过程，寻找关键关系和关键变量，比解决问题更重要。探索性调研有许多不同的方法：焦点小组访谈、专家访谈、文献检索和案例研究。描述性调研通常使用文献法、问卷法和观察法。因果性调研通常采用实验法和统计模型法。

调研人员使用探索性调研来界定问题及其结构，同时检查是否有现有的调研可用于确定关键变量。然后，调研者可以根据探索性调研的结果选择描述性调研或者因果性调研。

2. 抽样计划

抽样计划是确定采取何种方法抽取合适的样本来进行调查。一般来说，抽样本身要符合统计学规律以最大限度地确保抽样获得准确的数据。理想的样本要能代表并解释总体情况以便对总体的想法和行为做出准确的估计。设计样本需要确定调查对象、样本规模和抽样方式三个问题。抽样方式随研究目的的不同而有所不同，探索性研究仅用非概率抽样就可以了，但是为了对总体进行定量估计，必须使用随机抽样。如果使用概率抽样，总体中的每个个体都有机会进入样本。概率抽样包括简单随机抽样、分层随机抽样和分群抽样。非随机抽样是从总体中非随机地选择特定的个体,每个个体被选中的机会未知,也不能用概率表示。非概率抽样有任意抽样、判断抽样、配额抽样和滚雪球抽样。

3. 调研工具

在收集原始数据时,营销调研人员有两种调查工具可供选择:调查问卷和机械装置。调查问卷是收集一手资料最常用的调研工具。调查问卷由多个测量题项组成,需要被调查者给出回答。调查问卷的问题可以采用封闭式问题和开放式问题。封闭式问题需要被调查者从中选择答案。开放式问题允许被调查者用自己的话来回答问题,开放式问卷更能揭示被调查者的想法。有些观察法营销调研中还要使用机械装置记录和测量受众的行为。这些机械装置能够自动或半自动地收集数据,最大限度地减少人为误差,提高营销调研的精确性。

三、实施调研

在设计调研方案之后,关键任务是实施调研方案,这个步骤包括收集、整理和分析数据。分析数据的目的是从数据中得出结论。营销人员可以用一种或多种技术来组织和分析数据:单向频数表、交叉表或更复杂的统计分析。单向频数计数是最简单的。单向频数表只记录对问题的回答。单向频数表通常用于数据分析,提供调研结果的总体情况。交叉表用于显示一个问题的答案与一个或多个其他问题的答案之间的关系。调研人员也可以使用许多其他更强大的和更复杂的统计技术,使用哪种统计技术取决于调研目标和所收集数据的性质。

四、解释和汇报调研结果

数据分析完成后,调研人员应解释调研结果并向管理者汇报。调研人员通常需要提交书面报告和口头报告。首先应清楚、简明地说明调研问题、调研目标,并解释调研方法,包括样本的性质和抽样方法,然后总结调研的主要发现。调查结果可以采用图文结合的方式呈现,图表搭配文字有助于保持读者的注意力,还应该制作一份有吸引力的演示文稿。报告的结论还应向管理层提出建议。任何调研报告都应说明调研的局限性,提示这些局限性可能影响调研的可控性和有效性。

第六章 社会营销目标

在社会营销方案选择社会问题之后,需开展社会营销调研收集相关信息。在获得社会问题背景信息之后就要确定社会营销的目的和目标。社会营销方案的目的是目标受众实施期望行为产生的影响。社会营销目标包括行为目标、知识目标和信念目标。

第一节　目标理论

一、自我控制理论

自我控制理论认为个体在许多事情上自我控制能力有限。例如,在抵制诱惑或者摒弃恶习方面,人们的自我控制可能会消退甚至会耗竭,如果个体被要求同时完成多个并行或连续任务时往往表现较差。

在选择行为时,社会营销人员应当避免让目标受众同时实施两个或两个以上的具有挑战性的行为。对于多个目标行为,应当尝试让受众按先后顺序逐个实施行为,而不是让受众同时实施多个行为,这样干预成功的可能性更大。比如,内科医生嘱咐一位45岁男性心脏病患者戒烟并且拒绝食用快餐。按照自我控制理论,建议病人首先聚焦于一个行为上,比如先停止吸烟,直到戒烟成功,然后重点控制体重。

二、目标设置理论

目标设置理论认为目标本身具有激励作用,目标能把人的需要转变成动机,使人们的行为朝着一定的方向努力,并把自己的行为结果与既定的目标相对照,及时进行调整和修正,从而实现目标。设定有效的目标有五个主要原则:

(1)明确性:明确的目标有助于受众实施行为和评估行为是否完成。比如,每周锻炼5天,每天锻炼至少30分钟。又如,每天食用5种不同颜色的水果蔬菜。

(2)挑战性:目标应具有适当的挑战性,重要的是受众有能力实现行为目标才行。这些能力可以是认知能力或身体能力。

(3)承诺:承诺是受众被目标所吸引,认为目标重要,努力去实现目标。如果受众对目标没有承诺,受众很难投入实现目标的过程。

（4）反馈：在目标实现过程中，应当定期向受众提供反馈。缺乏信息反馈，受众不知道是否应该坚持或改变行为。

（5）任务复杂性：将解决社会问题的目标分解成更小的目标。社会营销方案选择有助于实现目标的焦点。

三、SMART 目标原则

制定 SMART 目标是社会营销规划过程的重要组成部分，社会营销以改变目标受众的行为为主要目标，为了改变目标受众的行为就要改变目标受众的知识和价值观。社会营销干预措施应当按照 SMART 原则制定知识目标、价值观目标和行为目标。SMART 原则可以追溯到 1954 年美国管理学家德鲁克提出的目标管理。德鲁克认为目标应当是具体的（Specific）、可测量的（Measurable）、可实现的（Attainable）、相关的（Relevant）、有时间限制的（Time-bound）[1]。

在接下来的几十年里，SMART 原则被广泛应用，还有学者修改了 SMART 目标原则的内容，例如，英国西英格兰大学教授艾伦·塔普（Alan Tapp）提出目标应当是简单的（Simple）、可测量的（Measurable）、有抱负的（Aspirational）、现实的（Realistic）、有时限的（Time-bound）[2]。

四、FAST 目标原则

美国麻省理工学院斯隆商学院高级讲师唐纳德·萨尔（Donald Sull）和美国管理咨询顾问查尔斯·萨尔（Charles Sull）发现四项核心原则是有效目标体系的基础，提出了 FAST 目标原则：经常讨论（Frequently discussed）、雄心勃勃的（Ambitious）、具体的（Specific）、透明的（Transparent）。[3] 为了执行战略，领导者应当设定雄心勃勃的目标，将其转化为具体的指标和里程碑，使其在整个组织中透明，并经常讨论进展情况。

表 6.1　FAST 目标原则

	定义	好处
经常讨论	目标应该嵌入正在进行的讨论中以审查进展情况、分配资源、确定举措的优先顺序并提供反馈	· 为关键决策提供指导 · 让人员专注于最重要的事情 · 将绩效反馈与具体目标联系起来 · 评估进度并纠偏扶正
雄心勃勃的	目标应该是困难的，但并非不可能实现	· 提高个人和团队的绩效 · 最大限度地减少伪弱的风险 · 推动更广泛地搜寻实现目标的创新方法

---

① Drucker P. The Practice of Management[M]. New York: Harper & Row, 1954.
② Tapp A. Principles of Direct and Database Marketing[M]. 3rd ed. Harlow: Prentice Hall, 2005.
③ Sull D, Sull C. With goals, FAST beats SMART[J]. MIT Sloan Management Review, 2018, 59（4）: 1-11.

	定义	好处
具体的	把目标转化为具体的指标和里程碑,强制澄清如何实现每个目标和衡量进展	• 明确希望人员提供哪些服务 • 帮助确定不起作用的内容,并快速纠正偏差 • 提高个人和团队的绩效
透明的	应该公开目标和当前业绩,让所有员工都能看到	• 利用同伴的压力来实现目标 • 向员工展示他们的活动如何支持公司目标 • 了解其他团队的议程 • 使冗余的或与战略不一致的活动浮出水面

资料来源:Sull D, Sull C. With goals, FAST beats SMART[J]. MIT Sloan Management Review,2018,59(4):1-11.

第二节　社会问题、目的与焦点

一、社会问题

制定社会营销计划的第一步就是确定社会问题,社会营销问题往往是一个棘手的问题,比如公共卫生问题、安全问题、环境问题或社区问题。然后,确定参与制定和实施社会营销计划所涉及的组织,描述导致组织制定营销计划的信息和事实依据。问题是什么? 问题有多严重? 发生了什么? 导致问题发生的因素是什么? 你是怎么知道的?这些描述可能来自可靠的科学研究的数据。营销计划可能因为意外事件而触发,也可能仅仅是完成组织任务的一种方式。在确定社会问题这个部分,需要解释清楚制定社会营销计划的缘由,还要吸引人们继续弄清楚怎样解决问题。

二、目的

有了背景知识后,就可以拟定目的陈述。目的陈述回答以下问题:成功的社会营销方案的潜在影响是什么? 这个社会营销方案有什么重要性吗? 要在社会营销中需要区分目的(Purpose)和目标(Objective)。目标是社会营销人员希望目标受众去做的事情(行为目标)以及目标受众需要知道的事情(知识目标)或相信的事情(信念目标)。目的是目标受众实施期望行为将会实现的最终影响或利益。例如,开展体育锻炼是行为目标,增强体质是目的。如果社会营销活动改变了受众的行为,那么目的也就达到了。目的陈述应该可以鼓励受众支持营销方案。目的陈述不需要很长,也不需要很详细。例如:

① 减少流感病毒传播;

② 减少社区流浪动物的数量;

③ 减少被电信诈骗的财产;

④ 减少森林火灾;

⑤ 消除精神疾病污名化。

社会营销方案可以有不同的目的。例如,在我国,电动自行车交通事故频发,2019年全国电动自行车发生交通事故导致人员死亡人数达 8 639 人,受伤人数达 44 677 人,伤亡人数接近非机动车伤亡人数的 70%,平均每小时就有 1 名电动自行车骑行者死于道路交通事故,平均每小时有 5 名电动自行车骑行者因道路交通事故受伤。

电动自行车道路交通伤害的危险因素主要是超速行驶和驶入机动车道。根据道路交通安全法规定,电动自行车在非机动车道内行驶时,最高时速不得超过 15 公里。实际上大量电动自行车骑行者的行驶速度超过每小时 30 公里,甚至超过每小时 40 公里。电动自行车交通事故发生在机动车道上的占 60%,发生在非机动车和机动车混合车道上的占 25%,发生在非机动车道上的仅占 9%。

从研究结果来看,安全头盔能够减少 63% 的头部受伤和 88% 的颅脑损伤,未佩戴安全头盔的电动自行车骑行人员受伤人数是佩戴安全头盔的 3 倍之多。如果每一个电动车骑行人员都能够正确佩戴安全头盔,一年可以挽救 2 500~3 500 个人的生命,全国道路交通事故死亡人数可以减少 5% 左右。2020 年公安部开展安全守护行动,要求骑行电动自行车佩戴安全头盔。

这个社会营销方案的目的是减轻和减少电动自行车交通事故伤亡。关于电动自行车的社会营销方案还可以有其他目的,比如通过限制电动自行车骑行速度减少交通事故发生。

三、焦点

焦点(Focus)是不可再分的行为。焦点不能进一步细分。不同的行为有显著不同的障碍和利益,因此选择焦点很重要。为了缩小社会营销方案的范围,需要选择一个有助于达到目的的焦点,比如,限制电动自行车的骑行速度。选择焦点之前需要找出几个有助于实现社会营销目的的潜在焦点。这些焦点可能是组织过去使用过的或者讨论过的,可能是其他组织使用过的,也可能是最近才发现的。表 6.2 列举了不同社会问题及其焦点。这些领域的焦点与行为有关,可能是基于人口的,也可能基于干预组合策略。有几个标准可以用来评价选择的焦点[1]:

(1) 行为改变潜力:在这个焦点领域是否有某个行为可以用于解决相应的社会问题?

(2) 市场供给:其他的组织或方案是否已经在这个焦点领域里开展过工作?

(3) 组织匹配:这个焦点领域与组织匹配吗? 与组织使命、文化是否相容? 组织基础设施是否能促进并适应行为改变? 组织是否具有开发和管理工作的专业知识?

(4) 资助来源与吸引力:哪一个焦点领域具有最大的融资潜力?

(5) 影响:哪一个焦点领域具有最大的解决社会问题的潜力?

---

① Lee N R, Kotler P, Colehour J. Social Marketing: Behavior Change for Social Good[M]. 7th ed. London: Sage,2023.

对于一个社会营销方案来说,最佳的焦点具有很大的行为改变能力,能够满足受众的重要需求,填补市场空白,与组织能力相匹配,有很大筹资能力并对缓解社会问题做出最大贡献。

表 6.2　不同的社会问题、活动目的和焦点

社会问题	活动目的	焦点
计划生育	降低青少年怀孕率	• 避孕套 • 避孕药 • 节欲 • 预防性侵犯 • 和孩子谈论性
老年人健康	增加社区老年人活动	• 在公园里教太极 • 社区的健走群 • 力量与平衡锻炼指导 • 跳广场舞
电动自行车交通事故	减少交通事故	• 按交通信号规定通行 • 在非机动车道内行驶 • 在限速规定范围内行驶 • 顺向行驶
空气污染	减少污染物排放	• 拼车上下班 • 选择公共交通 • 步行上班 • 远程办公 • 不要把油箱加满

资料来源:南希•R.李,菲利普•科特勒.社会营销:如何改变目标人群的行为[M].5 版.俞利军,译.上海:格致出版社,2018.
Lee N R, Kotler P, Colehour J. Social Marketing: Behavior Change for Social Good[M]. 7th ed. London: Sage, 2023.

第三节　社会营销目标

一、行为目标

社会营销方案需要确定行为目标、知识目标和信念目标。在开发和考虑潜在的行为目标时,可以采用以下五个标准对行为目标进行优先级排序,从而选择最有潜力的行为目标[①]。

（1）影响:如果受众实施这个行为是否有助于实现社会营销方案的目的? 这个行

---

① 南希•R.李,菲利普•科特勒.社会营销:如何改变目标人群的行为[M].5 版.俞利军,译.上海:格致出版社,2018

为与其他备选的行为相比怎么样？

（2）意愿：目标受众听说过这个行为吗？目标受众有没有兴趣或者愿意实施这个行为？受众是否认为这个行为会解决他们面临的问题或担忧，或者能满足他们未被满足的需要？

（3）可衡量性：这个行为是否可以通过观察、记录或自我报告的方式进行测量？社会营销人员应该能够描述出目标受众实施该行为的画面，目标受众应该能够确定他们是否实施了这个行为。

（4）市场机会：当前目标受众中有多少人没有实施该行为？也就是说，目前这种行为在目标群体中的渗透率是多少？一个只被少数人采纳的行为拥有较大的市场机会。

（5）市场供给：这个行为是否需要更多的支持？如果有些其他组织推广该行为，把能做的都做了，那么选择另一些行为也许更有利于解决社会问题。

例如，为了应对气候变化，人类必须立即采取行动减少温室气体排放。为了减少碳排放，需要采取某些具体行为。2022年5月4日，联合国环境规划署发布了应对气候危机的10种行为[①]。如果启动应对气候危机的社会营销方案，可以选择两个行为作为工作的重点。在选择具体行为时，可以采用上述五个评分标准进行评分，甚至还可以对每个标准赋予权重。采用这些标准对每个行为进行评分时，通常依据市民调查、科学研究等客观信息来确定。

表6.3 确定行为目标优先级打分表

行为方式	影响	意愿	可衡量性	市场机遇	市场供应	总分
宣传减少碳污染						
继续施加政治压力						
改变交通方式						
控制能源使用						
调整饮食结构						
购买当地可持续产品						
不要浪费食物						
穿着低碳装						
植树						
重视低碳领域投资						

资料来源：南希·R.李，菲利普·科特勒.社会营销：如何改变目标人群的行为[M].5版.俞利军，译.上海：格致出版社，2018.

10 ways you can help fight the climate crisis[EB/OL].2025-02-10. https://www.unep.org/news-and-stories/story/10-ways-you-can-help-fight-climate-crisis.

一项社会营销方案可能推广不止一种行为，每种行为可能采用不同的促进策略。表6.4列举了一些常见的社会营销方案及行为目标。

① https://www.unep.org/news-and-stories/story/10-ways-you-can-help-fight-climate-crisis

表 6.4　社会营销方案与行为目标

社会营销方案	行为目标
预防流行性感冒	接种流感疫苗
控烟	不要开始吸烟
预防糖尿病	每周五天,每天至少进行 30 分钟的中等强度锻炼,每天的运动量可以分次完成,一次运动至少 10 分钟
预防乳腺癌	学会检查乳房的正确程序
性传播疾病	使用安全套
多喝水	每天喝 8 杯水
安全带	在车辆启动前系好安全带
跌倒	在进行日常锻炼时加入一些力量训练项目
减少垃圾	购买散装或者无包装的产品
禁塑限塑	自带购物袋到菜场或超市购物
节约用水	更换节水马桶
节约用电	夏季室内空调温度设置不得低于 26℃

资料来源:南希·R.李,菲利普·科特勒.社会营销:如何改变目标人群的行为[M].5 版.俞利军,译.上海:格致出版社,2018.

Lee N R, Kotler P, Colehour J. Social Marketing: Behavior Change for Social Good[M]. 7th ed. London: Sage, 2023.(有改动)

二、知识目标

目标受众实施期望行为也许需要一些帮助,比如增加信息、事实或知识,改变价值观、观点、态度或者信念。例如,那些处于考虑前阶段的目标受众并不认为有什么问题需要注意;那些处于考虑阶段的目标受众也许还不确定付出的努力是值得的;即使处于行动阶段的目标受众也可能没有意识到所取得的成果,容易退回原来的行为。

知识目标是与目标受众的信息、事实或知识相关的目标。有些统计数据、事实、信息和技能对于目标受众采纳推荐行为具有激励作用或重要影响。通常情况下,目标受众没有得到或注意到这些信息。比如:

- 关于现有行为风险的统计数字,比如肥胖妇女罹患心脏病的概率;
- 关于推荐行为利益的统计数字,比如缴存个人储蓄性养老保险积累出的养老金;
- 关于有吸引力的备选项的事实,比如抗干旱与病虫害的本土开花植物名单;
- 用来纠正误解的事实,比如烟蒂不能被生物分解,需要 10—12 年才能降解;
- 具有激励作用的事实,比如一些已被证实的事实:适度的体育锻炼与高强度的体育锻炼一样可以获得一些显著的医疗效果;
- 关于如何实施目标行为的信息,比如高层住宅着火的逃生方法;
- 获得产品或者服务的地址,比如提供免费 HIV 检测服务的地点;
- 人们不知晓或者不理解的法律法规,比如在禁止吸烟场所(区域)吸烟的,可处以五十元以上五百元以下的罚款。

三、信念目标

信念目标是与目标受众的态度、观点、感觉或者价值观相关的目标。制定信念目标需要考虑文化和社会因素。社会营销人员也许会发现目标受众缺乏某种重要的信念。比如：

- 亲身体验到目标行为方式带来的好处，比如增加体育锻炼有助于睡得更好；
- 正面临着的危险，比如他们认为即使血液中酒精含量超过 0.08%，仍然有能力安全驾车；
- 有能力成功地实施目标行为，比如与青少年讨论关于自杀的想法；
- 个人行为可能很重要，比如乘坐公共交通上班；
- 实施某个行为的努力是值得的，比如花 30 分钟锻炼身体；
- 一些事情的负面影响其实很小，比如适量献血不会对身体造成伤害。

知识目标与信念目标为制定市场定位与营销策略提供方向。知识目标和信念目标对于开发品牌标识和关键信息至关重要。比如，在开发广告语、脚本和文案都会参考知识目标和信念目标。社会营销干预组合应当支持这些目标。比如，在免疫接种推广方案中，提供免费下载的手机应用程序以确保父母了解推荐的时间表。儿童医院赞助设立网站用于推广儿童座椅，证明儿童座椅是安全的。表 6.5 列举了一些社会营销方案的目的、受众和目标。

表 6.5　社会营销方案的目的、受众和目标

方案目的	目标受众	行为目标	知识目标	信念目标
减少老年人摔跤	75 岁及以上的老年人	每周锻炼 5 次，包括力量与平衡训练	每年 65 岁及以上的老年人发生摔跤的人数达到三分之一	增加肌肉力量和提高身体平衡能力可以减少摔跤的风险
减少儿童在机动车事故中受伤	4～8 岁儿童的父母	4～8 岁及体重低于 80 磅的儿童要使用儿童座椅	交通事故是造成 4～8 岁儿童死亡的首要原因	使用成人安全带来保护 4～8 岁及体重低于 80 磅的儿童是不够的
增加注册捐献器官的人数	换领驾照的人	在换领驾照时登记成为器官捐献者	在捐献器官之前，仍会要求捐献者的家属签订同意书	信息将被保护，只有被授权的行政人员才有权获取信息

资料来源：南希·R.李，菲利普·科特勒.社会营销：如何改变目标人群的行为[M].5 版.俞利军，译.上海：格致出版社，2018.
Lee N R, Kotler P, Colehour J. Social Marketing: Behavior Change for Social Good[M]. 7th ed. London: Sage, 2023.

四、量化目标

在制定年度营销计划时，商业营销人员需要制定产品销售计划，然后制定相应的策

略和资源分配计划。与商业营销的销售目标一致,社会营销也应该制定量化的行为目标。比如,在 12 个月内,骑电动自行车戴安全头盔的人数比例从现在的 10% 提高到 70%。社会营销制定的知识目标和信念目标也应该是具体的、可衡量的、有时限的。

对于许多社会营销方案来说,制定量化的行为目标是困难的或者不切实际的。由于时间和经济的原因,目标受众的当前行为水平的基线数据无法获得或者无法及时获得或者经济上不可行。拟定未来期望的行为变化水平,通常取决于多年来跟踪、分析相关营销方案的数据和经验。许多营销方案都是第一次开展,没有相关的历史数据。但是,在公共卫生领域,却有一些优秀的资源可以为设定基线与目标提供指导。

五、替代目标

如果无法取得基线数据或者设立行为变化的目标不切实际或不可行,就应该考虑替代性目标。

(1)设定营销方案的知晓和回忆目标。例如,一个全国性预防吸烟的方案为前 3 个月广告方案设定的目标为:在不提醒的情况下,有 75% 的目标受众(吸烟的成年人)能够正确回忆起宣传口号和 4 个电视广告中的 2 个。

(2)设定量化的知识目标。例如,一个改善低收入家庭营养的方案设立了这样的目标:所有参加试点项目的妇女中有 50% 能够正确识别和描述每天水果和蔬菜的推荐食用量。

(3)设定量化的信念目标。例如,连锁加油站正在开展一项社会营销试点项目,目的是让人们在加油时不要把油箱加得太满。目标是让 80% 的顾客认识到把油箱加满对于环境是有害的,方案启动前只有 25% 的顾客是这么认为的。

(4)为受众对社会营销方案的要素的反应制定目标。例如,如果 25% 的居民拨打免费电话或者登录网站获得抗旱植物清单,这项方案就被认为是成功的。

(5)为改变行为的意向建立目标。例如,有个社会营销方案推广中等强度体育锻炼,社会营销人员想知道项目能否增加人们对体育活动的兴趣。他们制定了一个目标:在未来六个月里,让有意向增加体育锻炼的人数从 20% 增加到 30%。

(6)为方案过程制定靶目标。例如,一项防范网络和电信诈骗的宣传方案,设立了这样的目标:在下一个年度,每个月在每个社区开展一次宣传活动。

(7)为受众影响其他受众的行为制定目标。已经参与方案的受众可以跟其他受众聊聊推荐行为的好处,甚至在其他受众实施推荐行为的过程中提供帮助。例如,受众与邻居分享在庭院草坪应用有机肥料的效果。

在上述情况中,替代性目标并非与行为改变紧密联系,社会营销方案应当根据情境制定行为目标以及与支持和促进期望行为的活动过程相关的替代目标。

第七章 目标市场营销战略

选择目标受众是社会营销的重要决策。不管是上游、中游还是下游社会营销,选择合适的目标受众都是至关重要的。社会营销方案需要弄清楚哪些受众群体对于改变当前状况的作用最大,需要确定试图影响哪些受众。确定社会营销方案的目标受众包括细分受众群体、评估细分市场和选择目标受众三个步骤。在受众细分的基础上选择目标受众,然后还要制定社会营销定位策略,以便吸引目标受众实施行为改变。定位策略决定营销组合策略,定位策略通过营销组合策略来实现。

第一节 市场细分

为了提高社会营销方案的针对性、反应性和有效性,社会营销计划人员需要进行市场细分[①]。社会营销人员需要选择市场细分变量,按照市场细分步骤进行市场细分,还要测量细分市场的有效性并评估细分市场。

一、市场细分变量与模型

(一) 传统的市场细分变量

传统市场细分变量包括地理细分、人口细分、心理细分和行为细分,其中每一个变量都适用于社会营销市场细分。

1. 地理细分

地理细分是按照地理区域(如洲、国家、州、省、地区、乡村、城市、街道)以及相关特征(如交通方式、工作地点、邻近的界标等)划分市场。由于地理条件不同,目标受众的行为也会有明显的差异。比如,一个组织倡导减少独自驾车上班的员工数量,最好以员工居住地离上班地点的距离、现在上下班使用的交通工具等因素作为细分目标受众的变量。

---

① French J. The Importance of Segmentation in Social Marketing Strategy. In: Dietrich T, Rundle-Thiele S, Kubacki K (eds) Segmentation in Social Marketing[M]. Singapore: Springer, 2017: 25 - 40.

2. 人口细分

人口细分是根据性别、年龄、婚姻状况、家庭规模、收入、职业、教育背景、宗教信仰、种族和国籍等人口统计学变量来划分市场。其中,年龄和性别是最常用的细分变量。

首先,人口特征信息最能说明需要、欲望、障碍、利益及行为。其次,与个性、态度等其他信息相比,人口特征信息更容易获得。最后,根据人口特征信息最容易找到目标市场。按照人口特征划分市场是最常用的市场细分方法。

公共部门往往使用年龄、性别、民族、种族等人口统计学变量细分市场。比如,在推广免疫接种计划中,使用人口细分目标市场是最合适的,因为不同年龄阶段的疫苗接种计划差异很大。

3. 心理细分

心理细分是根据社会等级、生活方式、价值观及性格特征来划分消费者市场。有些市场可能人口统计学特征相近但是心理特征差异巨大。比如,年龄相近的人,可能在关注环境方面存在很大差异。

在商业营销中,常常应用生活方式、价值观、态度、兴趣、信念等心理变量细分市场。在社会营销中,应用心理细分可以提高社会营销的效率和效果。

4. 行为细分

行为细分是根据对产品相关的知识、态度和行为来划分市场。行为细分的具体变量包括消费者决定购买或使用的时机、使用产品所追求的利益、使用频率、对产品的了解程度以及对待产品的态度。

在市场细分实践中,很少单独使用一种市场细分变量,往往组合使用不同种细分变量,划分出规模更小的目标市场。

(二) 公共卫生领域的市场细分变量

传统公共卫生领域的市场细分主要使用人口统计学变量、地理学变量和流行病学数据。近年来,加入态度和心理学数据可以提供一个更全面的细分市场图景,是开展更复杂的市场细分和开发更有针对性的干预措施的一个良好起点。心理变量描述个人的整体生活方式,包括个性特征、价值观、信念和偏好,对于开发干预措施非常有用(见表7.1)。在公共卫生领域通常采用可测量的数据(例如,调查、流行病学数据或医院患者数据)开展市场细分,也有开展深度访谈和焦点小组访谈产生特定群体的案例。对于定性细分的市场可以使用定量调查研究来确定规模。

表 7.1　公共卫生领域的常用细分变量

行为/目前状况	人口统计学	地理学	活动和生活方式	态度/心理学
・依赖性或成瘾性问题 ・这种行为持续了多久 ・行为的频率,如定期、偶尔、几乎没有、尝试阶段 ・场合,如社交吸烟者,饭后吸烟,工作时从不吸烟 ・变化阶段,如考虑改变或已经努力改变但又复发 ・健康状况 ・是否有严重的债务 ・是否刚刚经历了一件人生大事 ・使用服务的频率和目的 ・习惯 ・销售数据,人们购买什么(健康食品、酒精、香烟、安全套等)	・年龄、生命阶段 ・性别 ・家庭规模 ・收入 ・社会阶层、职业 ・教育 ・宗教 ・民族 ・种族	・城市、农村 ・地理人口统计学 ・接近服务的程度 ・区域剥夺指数 ・社会资本指数	・他们是如何花钱的 ・他们在哪里进行社交活动 ・他们经常做什么 ・他们喜欢读什么、看什么、听什么,以及什么最能吸引他们投入时间精力	・需求、欲望、抱负 ・信念和价值观 ・性格类型 ・自尊心、自我效能、控制点 ・他们生活中的主要影响因素(父母、同伴、伙伴、宗教、媒体、榜样) ・对有争议的问题、服务、产品、组织、政府、卫生专业人员的态度,例如,正在考虑或者尝试后退回原状 ・对卫生系统、地方市政服务的态度、满意度

资料来源:南希・R.李,菲利普・科特勒.社会营销:如何改变目标人群的行为[M].5 版.俞利军,译.上海:格致出版社,2018.

Lee N R, Kotler P, Colehour J. Social Marketing: Behavior Change for Social Good[M]. 7th ed. London: Sage, 2023.

1. 健康状况细分系统

1996 年,美国学者爱德华・梅巴克(Edward Maibach)、安德鲁・马克斯菲尔德(Andrew Maxfield)、凯利・拉丁(Kelly Ladin)和迈克尔・斯莱特(Michael Slater)主要根据社会认知理论开展健康生活方式细分,划分了七种健康生活方式受众[①](见表7.2),其中细分变量包括吸烟、饮酒、体育活动、营养和体重控制等五种健康行为,与健康行为相关的个人和社会环境变量以及健康价值观、感觉寻求、生活满意度和年龄。

健康方式细分为规划健康传播和社会营销方案提供了工具,在一系列方案规划中发挥作用:从广泛的人群中识别潜在的受众;详细地理解受众对健康行为的思想、感受和行为;从风险程度、对方案的可能反应、长期或短期时间框架等不同的视角选择潜在的受众群体;根据受众的兴趣和关注设计有吸引力的行为改变方案或提供物;识别促销渠道和实施方案的地点,包括媒体渠道、人际沟通渠道、受众购买地点、开展交叉促销的地点。

---

① Maibach E W, Maxfield A, Ladin K, Slater M. Translating health psychology into effective health communication: the american healthstyles audience segmentation project[J]. Journal of Health Psychology, 1996, 1(3): 261 - 277.

表 7.2 健康方式细分系统

细分市场类型	细分市场特点
体面的懒汉(占成年人口 24%)	他们是不太注重健康的群体之一。他们不太可能吸烟或饮酒,但是也不太可能锻炼、吃得有营养并努力保持理想体重。他们知道应该采纳这些行为来改善健康,但他们觉得自己没有这个能力。他们的朋友和家人也往往回避这些行为。他们把自己描述为"虔诚的""保守的""清洁的"。
活跃的魅力人士(13%)	他们非常注重外表和社交。他们相对年轻且适度注重健康。与其他群体相比,他们往往不吸烟,并限制脂肪摄入量。他们积极性很高,打算锻炼和减肥,但他们并不总能成功。饮酒是他们生活方式的一个重要组成部分,他们往往寻求刺激和冒险。他们把自己描述为"浪漫的""精力充沛的""年轻的"和"虚荣的"。
生活艰苦的享乐主义者(6%)	他们对健康不太感兴趣,与其他群体相比,吸烟和饮酒更多、更频繁。他们也喜欢吃高脂肪的食物,不在乎限制脂肪的摄入量。尽管如此,他们往往不会超重,而且适度健身。尽管他们是对自己的生活最不满意的群体,但他们不想做出任何与健康相关的改变。与其他群体相比,他们更有可能使用兴奋剂和非法药物。他们把自己描述为"大胆的""忧愠的""粗犷的""独立的"和"令人兴奋的"。
紧张而又努力的人(10%)	除了经常吸烟,他们与更注重健康的人群相似。他们适度锻炼并且努力控制脂肪摄入量和体重。他们也希望适度增加锻炼、吃得更好、更有效地控制体重。他们往往比其他群体更加焦虑,溃疡发生率最高,镇静剂使用率最高,去看心理健康顾问的次数也更多。他们把自己描述为"紧张的""容易兴奋的""敏感的"和"严肃的"。
什么都不关心的虚无主义者(7%)	他们最不注重健康,还认为人们不应该采取措施改善自己的健康。因此,他们大量吸烟,讨厌锻炼,吃高脂肪食物,并且不努力控制自己的体重。尽管如此,他们仅仅适量饮酒。在所有群体中,他们的身体障碍最严重,卧床天数最多,因病就诊次数最多。他们把自己描述为"沮丧的""忧愠的"和"恋家的"。
向往健康的人士(24%)	他们是最注重健康的群体,一直过着健康的生活方式。他们不吸烟、不喝酒,经常有规律地锻炼,吃得有营养并努力控制体重,在这些方面都超过普通人。他们往往处于中老年,常常患有慢性病。他们听从医生的建议来改变饮食,并定期与其他人讨论健康话题。
被动的健康人士(15%)	尽管对健康生活不太关心,他们的健康状况非常好。他们不大量吸烟饮酒,是最活跃的群体之一。尽管他们摄入大量脂肪,但是所有群体中最整洁的。他们不太重视健康和运动健身,也不打算改变自己的行为。

资料来源:南希·R.李,菲利普·科特勒.社会营销:如何改变目标人群的行为[M].5 版.俞利军,译.上海:格致出版社,2018.

Lee N R, Kotler P, Colehour J. Social Marketing: Behavior Change for Social Good[M]. 7th ed. London: Sage, 2023.

2. 环境细分系统

为了提高公众参与气候变化问题倡议的积极性,美国学者爱德华·梅巴克(Edward Maibach)、康妮·罗泽-雷诺夫(Connie Roser-Renouf)、安东尼·莱斯维茨(Anthony Leiserowitz)开展全国调查,应用市场细分技术把美国公众从动机上划分为六类不同的群体①。在 2008 年秋季,他们开展全国性网络调查以评估美国公众对于气候变化问题的看法、参与程度、政策偏好和采取的行为。在环境问题上,美国公众的每个群体的人口占比动态变化,2022 年各个群体的人口所占比例见图 7.1②。

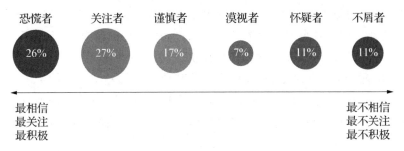

图 7.1　在气候变化问题上持不同观点的六类美国人群体占比

资料来源:南希·R.李,菲利普·科特勒.社会营销:如何改变目标人群的行为[M].5 版.俞利军,译.上海:格致出版社,2018.

Leiserowitz A, Maibach E, Rosenthal S, et al. Global Warming's Six Americas, December 2022 [R]. Yale University and George Mason University. New Haven, CT: Yale Program on Climate Change Communication, 2023.

恐慌者(26%)是最关注全球变暖问题的一类群体。他们完全相信全球变暖正在发生,是由人类活动造成的,并且是一种严重而紧迫的威胁。他们已经在自己的生活中做出改变,并支持国家采取积极的应对措施。

关注者(27%)还算相信全球变暖是一个严重的问题。尽管他们支持国家采取有力的应对措施,与恐慌群体相比,他们明显不太参与这个问题,也不大可能采取个人行动。

谨慎者(17%)也相信全球变暖是一个问题,但没有恐慌者和关注者那么确定。他们没有把这个问题看成对个人的威胁,也没有通过个人行动或社会行动解决这个问题的紧迫感。

漠视者(7%)没有过多地思考全球变暖问题。他们最有可能会轻易改变对这个问题的看法。如果全球变暖的调查问卷有"不清楚"选项,他们最可能对每一个问题选择"不清楚"选项。

怀疑者(11%)均匀地分布在那些认为全球变暖正在发生、没有发生和不清楚有没有发生的人群中。这个群体中很多人认为,如果全球变暖正在发生,也是由环境的自然变化引起的,在未来几十年里不会对人类造成伤害,即使对人类有不利影响,国家已经做好应对威胁的充分准备。

不屑者(11%)与恐慌群体都积极关注全球气候变暖问题,不过处于两个极端。这个群体的大多数人认为全球变暖没有发生,不会对人类构成威胁,也不是由人类活动造

① Maibach E, Roser-Renouf C, Leiserowitz A. Global warming's six Americas 2009: An audience segmentation analysis [R]. New Haven, CT: Yale Project on Climate Change, 2009. http://www.climatechangecommunication.org/all/climate-change-in-the-american-mind-global-warmings-six-americas/

② Leiserowitz A, Maibach E, Rosenthal S, et al. Global Warming's Six Americas, December 2022[R]. Yale University and George Mason University. New Haven, CT: Yale Program on Climate Change Communication, 2023.

成的,也不需要采取个人或社会措施。

3. 价值观与生活方式细分模型

价值观与生活方式系统(Value and Lifestyles System,简称 VALS)按照价值观和生活方式把美国成年人分为八个类别(见图 7.2)。价值观与生活方式系统框架图有两个维度,垂直维度代表各个群体的个人资源差异(包括收入、教育、精力水平和购物热情等因素),水平维度代表不同的动机:理想动机、成就动机和自我表达动机。① 理想动机的消费者根据其信念和原则做出决策,不受其他人意见左右。他们追求产品的功能和可靠性。② 成就动机的消费者为社会地位而奋斗,非常容易受到他人行为和认同以及其他人意见的影响。他们追求身份的象征。③ 自我表达动机的消费者通过选择来表现自己的个性,他们追求体验。

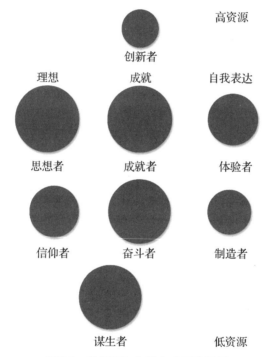

图 7.2 价值观与生活方式系统框架

价值观与生活方式系统应用主要动机和资源两个维度把成年消费者分为创新者、思想者、成就者、体验者、信仰者、奋斗者、制造者和谋生者八个类型,每个类型有不同的态度、行为和决策模式。不论在商业营销上还是社会营销上,VALS 系统都有很大用处。例如,美国非营利组织利用 VALS 系统增加投票率。首先,用 VALS 系统识别出增加投票率的最大机会的群体,然后设计能够激励目标群体的提供物,最后,利用地理VALS 系统找出目标群体比例较高的区域,针对性地开展直接邮寄宣传或其他动员活动。

4. 中上游市场细分

在社会营销中,需要做出行为改变的受众有时被称为下游受众。社会变革战略往往还需要影响中游受众和上游受众。

中游受众包括家人、朋友、邻居、医疗服务人员、教师、执法人员、零售店员、演艺人员、媒体人、网友以及其他与目标受众关系亲密的人，尤其是那些目标受众愿意听、愿意看、愿意信的人。

上游受众包括政策制定者、学校、企业、基金会和其他群体，这些群体拥有决策权或资源，可以通过建设基础设施、商业惯例和环境来支持行为改变。比如，专门的自行车道、食品标签上的每次食用量、酒吧里的呼气式酒精测量器、学校自助餐厅摆放的健康食品。

这些市场的细分过程是相同的，但是细分变量可能不同。比如说，家人可以分为配偶和孩子，医疗服务人员可以分为医师、药师、护士、康复师等，政府官员可以按照所工作的部门或所处的级别层次细分，企业市场可以按照行业类型划分，基金会可以按照所关注的领域划分。

社会营销人员很少采用单一变量细分市场。在细分市场时，社会营销人员常常以一种变量作为主要手段把市场分成不同细分市场，然后使用描述性变量进一步分析每个细分市场，或者使用其他重要的相关变量把细分市场划分为更小的细分市场。比如，在推广疫苗接种过程中，首先按照受众年龄细分，再根据受教育程度与收入水平进一步细分。最合适的细分变量是那些最能准确刻画目标受众行为差异的变量。在社会营销方案中，建议考虑使用与行为相关的变量作为主要细分变量，然后使用其他变量来描述市场。

二、市场细分步骤

1. 确定潜在的目标受众

首先要研究需要解决的行为问题或健康问题，收集整理关于该问题的发生率或者严重程度、风险因素、流行程度等数据，估计受影响群体的规模。例如，从流感疫苗接种的问题来看，科学证据表明流感对不同群体的影响不同。老年群体、慢性病患者、孕妇、儿童、边缘群体（无家可归者、旅行者、难民、药物滥用者）等，可能有着共同的驱动因素和障碍，综合考虑这些驱动因素和障碍可以形成整个人群的细分变量，再对每个亚群体进行细分可能对方案更有利。这些决策需要调研专家和项目专家参与，以确保市场细分有利于实施干预措施。

2. 查阅受众群体的相关信息

对于许多已经确定的健康问题，在一系列变量上都有现存的数据、报告和评论，这些信息有助于全面认识行为改变的驱动因素和障碍。其中一些变量可用于分析市场细分，比如，知识和态度、对个人风险或个人易感性的感知、对政府部门的总体看法、信念和信任、控制点或自尊、人口统计学因素和社会剥夺状况、偏爱的信息渠道和服务的使用情况。

在进行任何新的调查研究之前，从业人员应该查阅已经知道的东西。可能有一些现有的市场细分可以满足调查研究的需要，或者还有一些现有的市场细分可以调整后使用。

3. 收集可用于建立细分模型的数据

从现有的定量研究和定性研究中也许可以获得足够多的数据,这些信息来源可能包括对每个关键受众群体行为改变的驱动因素和障碍的测量指标。

根据现有的数据,包括目标群体的知识、态度和信念,可以用于初步确定一组宽泛的细分市场。如果有来自评估或调查的定量数据,采用更系统的分析方法将会提高界定和评估细分市场的准确性,从而提高干预措施的有效性。

有一些原始数据来源与问题行为的知识、态度、信念和实践有关,重新分析这些数据可以产生不同的细分市场。有许多数据分析方法可以用来分析数据产生细分市场,要选择能够达到细分市场目标的分析计划。例如,如果想从一个人口群体中识别出不同的子市场,有一种方法就是从数据中选出这个群体并界定这个群体。以流感疫苗接种率低的问题为例,来看看老年人这个特别脆弱的群体,其中至少有三个细分市场:那些觉得疫苗有风险而抵制接种疫苗的人、不能去诊所接种疫苗的人、接种过疫苗的老年人。也可以观察整个成年人群,并确定未接种疫苗者的一系列关键特征。

掌握受众的知识、态度、信念和实践的信息越多,就越能够详细地界定细分市场。然而,使用过多的变量来界定细分市场,可能也会导致细分过于复杂,反而不利于设计干预措施。只使用那些明显对行为意图或实际行为有强烈影响的变量,才能真正找到目标受众。

再看看流感疫苗的接种情况,对个人易感性的认识、对疾病严重性的信念、对副作用的恐惧、对政府信息的信任或者疫苗和抗病毒药物的可及性都对接种疫苗有重大影响,这些变量应优先纳入任何细分模型。

如果现有来源的数据不足,则应收集新数据,这些数据将成为细分市场的第一手资料。

如果组织规模小,预算非常有限,根本无法考虑从商业来源购买细分数据,可以利用已经掌握的数据做一个有效的细分分析,比如某项服务的轻度、中度或重度用户的数据。权衡市场细分与为每个人提供完全统一的服务的利弊。想一想组织中已经拥有哪些数据,如何使用这些数据,或者如何利用现有的员工和设施获取更多数据。还要阅读相关文献,并与在该领域有经验的其他组织交流。

4. 根据现有的数据确定可行的分析方法

在理想的情况下,如果能够获得包含部分或全部相关变量的数据集,就有可能进行一些不同的分析来建立一个细分模型。例如,双变量分析、因子分析、聚类分析、层次聚类分析等。有时可能只需要在每个群体内进行简单的双变量分析。以老年人接种疫苗为例,如果有一定比例的人不愿意接种疫苗,原因是不相信政府的信息,那么就足以确定一个关键的目标群体。

如果现有的数据是定性的,当涉及疫苗接种或采用非药物干预时,仍有可能根据态度识别细分市场。定性分析可以描述几个总体态度或行为群体,这些群体可以通过问卷调查加以量化。

5. 质疑细分市场的可行性和实用性

在分析阶段,应该产生一系列不同的市场细分方案,并根据一些标准选择最佳方案。

(1) 分析是否产生了适当数量的细分市场? 根据经验法则,3—8 个细分市场是合适的,超过这个数会导致细分模型过于复杂而无用。

(2) 细分市场界定是否明确? 这些细分市场对于社会营销人员是否有直观的意义?

(3) 是否有明确界定的传播渠道或者干预措施可以触达这些细分市场?

(4) 这些细分市场相互之间的差别对从业人员是否足够有用?

(5) 这些细分市场是否大到足以证明目标市场的选择和投资是合理的?

(6) 是否有些细分市场特别顽固以至于行为改变的可能性太小,不值得投资?

利用稳健的客观分析和团队的常识性判断,根据这些标准来评估细分。

6. 在随后的调查中复制这些细分市场

如果一个组织要采用某种市场细分,并用于制定地方和国家层面的干预策略,那么当地的从业者要能够将这种市场细分用于细分当地的人口。在通过广泛分析建立模型之后,可能会发现只有一小部分变量是有用的,并且应该包括在细分模型中。这些关键的人口统计学数据,社会剥削指数,知识、态度和行为变量可以整合到一个小的问卷模块中,用于调查当地人口并将被调查者划分到各个细分市场。

三、有效细分市场特征

有效的细分市场具有以下特征[①]:

(1) 可识别性(Identifiable):具有区别于其他细分市场的特征。

(2) 可测量性(Measurable):能够评估细分市场的态度、行为或其他特征。

(3) 可进入性(Accessible):通过传统的接触和沟通方式、新媒体途径或者非传统的方法可以接触细分市场。如果难以接触到细分市场或者接触细分市场的成本高,则可能面临着取舍。

(4) 重要性(Substantial):细分市场需要具备足够的规模,以保证针对细分市场开发材料是值得的。

(5) 稳定性(Stable):细分市场的规模、位置和其他特征需要稳定。

(6) 适当性(Appropriate):根据目标行为的重要特征来确定。

对于这几个特征可以采用李克特量表来确定对陈述的同意或不同意程度。对于小样本,可以使用简单的交叉表来分析数据从而确定共同特征。对于较大的样本,可以使用 SPSS 等软件进行详细的分析,特别是那些有关态度、行为和心理特征的因素。

每个细分市场的特征都会影响干预措施的开发。细分市场特征不同,相应的干预措施也显著不同。感觉到实施期望行为面临重大障碍的细分市场和已经想要实施期望

---

① Eagle L, Dahl S, Hill S, et al. Social marketing[M]. Pearson Education,2013.

行为的细分市场,需要采用不同的干预措施。比如,对于准备戒烟的成年人,以提供戒烟咨询与辅导等支持为主。在一个视吸烟为正常的环境中,重点在于采取措施改变人们的认识和信念。

要诚实地评估细分市场对干预措施的反应。在资源稀缺的情况下,需要决定将资源集中投向哪里。在不选择某个细分市场的时候,还要考虑一下道德问题,比如,一个细分市场有严重的健康问题,但是极力抵制行为改变,对先前的干预措施没有反应。

社会营销应当选择那些能够成为具体干预措施基础的信念,这些信念是干预措施初始主张的基础,初始主张促使目标细分市场从目前的行为转移到推荐行为。

从竞争的角度看待市场细分并分析以下问题是重要的。

① 每个细分市场面临哪些竞争?

② 每个细分市场对社会营销活动有什么影响?

③ 不同细分市场之间有什么差异?

④ 触达不同细分市场有什么能力要求?

⑤ 怎样才能将竞争活动的影响降到最低?

潜在合作伙伴服务不同细分市场的能力不同,在不同细分市场上的信誉也不同,必须注意确保与合作伙伴在确定细分市场、选择细分市场和提供干预措施方面达成一致。

四、细分市场评估

在细分市场之后,需要对每个市场进行评估,为选择目标受众做准备。美国社会营销学者阿伦·安德烈亚森(Alan Andreasen)列举了评估细分市场的九个要素[①]。

(1)细分市场规模:该细分市场有多少人? 他们占总人口的比例有多大?

(2)问题发生率:该细分市场中有多少人存在问题行为或者没有采纳期望行为?

(3)问题严重性:该细分市场中实施问题行为产生的后果有多严重?

(4)无防护性:该细分市场在多大程度上可以自己解决问题,而不用别人的帮助?

(5)可接触性:该受众群体是否能够被轻易识别或者接触到?

(6)总体响应性:该细分市场的受众在多大程度上准备、愿意并能够响应社会营销方案?

(7)增量成本:与其他细分市场相比,触达和影响该细分市场的成本估计是多少?

(8)对营销干预组合的反应性:该细分市场将怎样对营销组合策略(产品、价格、渠道、促销)做出反应?

(9)组织能力:在为该细分市场开发并实施营销活动方面,有哪些员工技能和可用的外部资源?

---

① Andreasen A R. Marketing Social Change:Changing Behavior to Promote Health,Social Development,and the Environment[M]. San Francisco:Jossey-Bass,1995.

第二节　目标市场选择

在理想的情况下,营销人员选择一个或几个细分市场作为社会营销的目标受众,深入了解每个细分群体的独特性,针对每个细分市场的特征开发行之有效的营销策略。如果选择不止一个目标受众,那么针对每一个目标群体很可能需要有不同的营销干预组合策略。

一、目标市场选择战略

市场细分已经确定并描述了相关的细分市场,细分市场评估提供了每个细分市场的信息,目标市场选择将确定社会营销方案的目标受众。南希·李和菲利普·科特勒将商业营销的目标市场选择战略应用于社会营销。

1. 无差异营销

对所有细分市场应用同样的营销策略,聚焦于消费者的共同需要而不是不同需要。这种营销方法也被称为大众营销,试图通过营销活动触达并影响绝大多数目标受众。无差异营销用来向大规模人口推广目标行为。比如,每天喝 8 杯水、系安全带、不酒后驾车、使用牙线清除牙垢、防晒、节约用水、学习心肺复苏操作、器官捐献和遗体捐献等。

2. 差异营销

对不同目标受众开发不同的营销战略。这种方法通常会对目标细分市场分配最多的资源。当细分市场拥有清晰而不同的欲望、需要和目标行为方式时,采用差异营销的社会营销方案能够获得更大的利益。差异营销往往用来推广以下行为方式:饮水安全、体育活动、乳腺癌检测、减少私家车出行等。

3. 集中营销

集中营销排除一些细分市场,把资源和工作集中于一个或少数几个目标市场,开发理想的营销策略。比如,推动孕期女性服用叶酸,针对吸毒者提供艾滋病预防方案,招募志愿者指导问题少年等。

在社会营销领域,特别是在公共卫生和计划生育领域,常常采用全面市场方法(Total Market Approach)来向所有人群提供服务。在某些方面,全面市场方法与差异营销类似。全面市场方法是一个相对较新的概念,但是在发展中国家广泛用于推广健康相关产品,如安全套、避孕药具和驱虫蚊帐。

全面市场方法的核心是公共部门、卫生服务部门、非营利组织、私营部门、商业供应商和零售商店等多部门利益相关者积极参与,将这些参与者聚集在一起向每个目标群体提供针对性的信使、媒体和分销渠道,以满足不同受众在不同服务点的不同需要。

二、细分市场选择

社会营销需要选择细分市场,把资源分配给效果最好和效率最高的细分市场,把某些细分市场从方案中删除。机会最大的市场是那些需求最大、行动准备最充分、触达最容易且成本最低以及与组织匹配最佳的目标受众。每一个指标的测量如下[①]:

① 最需要:从规模、发生率、严重程度、无防护性等方面衡量需求的大小。

② 最愿意:从准备程度、意愿、应对能力等方面衡量行动的准备程度。

③ 最容易:最容易找到传播渠道和分销渠道并且成本最低。

④ 最匹配:组织的使命、专长和资源与目标市场的匹配程度。

⑤ 最重要:实施社会变革方案应当重视中游和上游社会营销。

需求最大与行动准备最充分、触达最容易和成本最低等标准可能相互冲突。接触需求最大的受众往往更困难,成本也更大。在选择受众时需要权衡各种因素,有的受众群体更难接触并且需要花费更长时间才能接触,但是选择这样的目标受众可能更符合方案目的,更有利于实现方案的长期目标。

选择机会最大的受众可能违背社会营销方案的初心使命:① 社会营销应当确保接触并服务所有的受众群体,并对所有受众一视同仁。② 社会营销应当将资源集中于问题发生率和严重程度最大的细分市场。这种担忧是不必要的,因为选择机会最大的目标受众是利用稀缺资源的效率最高和效果最好的方式,市场细分是为了制定针对性的营销方案并在各个细分市场实现成功,其他细分市场的社会问题也会逐步得到解决。选择细分市场只是一种实现资源最大回报率的客观的和系统的方式。

美国社会营销学者克雷格·列斐伏尔(Craig Lefebvre)认为应当选择对方案成功最关键的群体。社会营销通常依赖其他人或群体(比如,同伴影响者、中介组织、媒体代表)来实施社会变革方案。在某些时候,政策制定者或高级管理人员可能是社会营销方案可持续性的关键决定因素。尽管这些人对于实现社会方案的目标往往发挥着关键作用,然而,很少有社会方案设计者将营销策略集中在这些群体上。社会变革推动者常常以为这些人总是可以参与进来,这种乐观的情况往往被证明是一种幻觉。

第三节　制定营销定位

20 世纪 70 年代初,美国营销学者艾尔·里斯(Al Ries)和杰克·特劳特(Jack Trout)开启一场营销革命,首次提出了定位理论[②]。定位始于产品,一件产品、一项服务、一家公司、一家机构,甚至是一个人,都需要定位。但是定位不是对产品本身做什

① Lefebvre R C. Social marketing and social change: Strategies and tools for improving health, well-being, and the environment[M]. Hoboken: John Wiley & Sons, 2013.

② Ries A, Trout J. Positioning: The Battle for Your Mind[M]. New York, NY: Warner Books, 1982.

么,而是对潜在顾客的心理采取行动。也就是说,把产品在潜在顾客的头脑中定下一个适当的位置。

在这个信息泛滥的时代,为了抵御海量信息,大脑会对信息进行过滤并拒绝大多数信息,只接受极简的信息。普通人的大脑已经被信息充满,要吸收更多的信息就会挤出更多的信息。如果继续向大脑灌输信息,将毫无成效。为了留下持久的印象,就要避免模糊不清,化繁为简,一简再简。

不同的市场有不同的需求,营销人员面临的挑战之一就是将自己的产品完美地定位在目标受众的脑海里。开发定位陈述先于制定营销组合策略,定位陈述指导营销组合策略的开发。

一、定位的含义

定位是指设计组织实际的和被感知的提供物,以便在目标受众的心目中占据一个独特位置。提供物包括产品、价格、渠道,预期的定位需要借助信息、信息传递者、创意元素和传播渠道等促销工具来实现。

在目标受众的心里,对不同的产品类别有不同的感知图。目标受众对于快餐、饮料、化妆品、航空公司等产品有相应产品类别的感知图。目标受众对于健身、资源循环利用、献血等也有相应服务类别的感知图。比如,关于航空公司的感知图,可以采用准点率、价格作为两个维度画出平面坐标图,不同航空公司的坐标位置不同。又如,对于羽绒服,可以采用时尚新颖、保暖和价格三个维度构建立体坐标,不同产品有不同的坐标位置。大多数产品或服务的感知图都是根据市场调查收集的数据绘制的,调查数据反映顾客对于产品具体属性的评价。

在调查研究受众的基础之上,对受众开展细分,选择目标受众,然后就要开展定位。先拟定定位,然后开发社会营销策略。目标受众不同,提供物的定位也不同。比如,青少年的运动和老年人的运动是不同的,所以先要选择目标受众。定位决定产品、价格、渠道和促销策略的内容和特色,定位通过产品、价格、渠道和促销策略来实现。

社会营销是一个运用市场营销原理与技术来创造、传播并交付价值的过程,目的在于改变目标受众的行为。定位是设计一个以目标受众为中心的价值主张,给目标受众一个实施行为改变的无可挑剔的理由。在社会营销领域应用定位理论,可以把价值主张跟利益、障碍和竞争等社会营销理论和模型联系起来。

1. 商业营销的定位

在商业营销领域应用定位概念已经有几十年的历史。很多品牌都有清晰的定位和价值主张。市场营销人员还会重新定位,把产品在目标受众心目中的现有定位改变成一个新的定位。

商业营销需要考虑产品间的差异点和共同点。差异点是消费者认为某品牌具有的,竞争品牌没有的利益或属性。比如,联邦快递的隔夜送达,开市客超市的价格更低,雷克萨斯的质量领先。相同点并不是某个品牌所独有的,往往是一类产品必须具备的利益或属性。比如,银行提供自动取款机、网上银行和开立账户服务,这是银行应当提供的基础服务,而不是某家银行的特色服务。

2. 社会营销的定位

社会营销定位涉及提炼并集成三类信息与数据:① 对目标群体的理解以及从中得到的最重要的观点和洞察。② 对组织优势和劣势的评估。③ 通过竞争分析获得的知识。制定定位战略的挑战在于根据组织的优势和能力为目标群体制定比竞争对手更有吸引力的价值主张。也就是说,我们必须理解顾客如何看待我们的提供物的利益,还要理解顾客如何看待竞争者的提供物,顾客是否会实施其他行为或者使用其他产品或服务。然后,从顾客的角度,判断我们的提供物是否以及如何比竞争品更有价值。在开发行为改变方案方面,定位的挑战可以归结为回答以下问题:

• 与目标受众当前的行为或其他人员、组织、社会文化习俗所建议的行为相比,我们要求目标受众实施什么样的行为?

• 与其他行为相比,我们如何能让目标受众实施行为时感到这种行为是吸引人的、重要的、有价值的?

如果说选择目标受众是制定社会营销计划的第一个关键决策,那么定位陈述就是第二个关键决策。如果做得好,定位就是营销计划的遗传密码——定位应该体现在后续的每一项活动中。不论提供物是行为、产品还是服务,定位都是建立在对竞争格局全面理解的基础之上。定位涉及准确地理解人们的需要、人们试图解决的问题、人们对自己或他人的确切愿望。理解并表达我们所提供的东西与人们已有的,满足人们愿望、需要或者解决人们问题的东西之间的差异点(Points of Difference),往往是一个挑战。这个差异点可能是有形的利益,也可能是情感上的利益,最好是积极的利益,以鼓励人们实施并坚持新的行为。

定位不是讲述我们的方案,也不是告诉顾客为什么应该实施新的行为或使用我们的产品或服务。当人们在头脑中确定了我们的提供物和价值主张时,定位就发生了。正确的定位策略是找到人们最可能产生共鸣和重视的事物的窗口,然后选择与我们的行为、产品或服务有关的最重要的话题。许多传播方案试图面面俱到,提供大量的利益和原因促使人们做出改变。但是,定位不同,定位是一种选择的艺术,如同选择目标市场一样,选择定位也是一项关键决策。

二、拟定定位陈述

商业营销的定位原理和流程同样可以用于社会营销。首先要深入了解目标受众的特点,包括人口统计学特点、地理学特征、心理学特征、文化因素和行为特征。其次,开展市场调研了解受众感知的障碍、利益、动机、竞争者和其他影响者。最后,制定定位陈述。一般来说,定位陈述可以采用下面的形式:

我们希望[目标受众]将[期望行为]视为[描述性短语],比[竞争行为或差异点]更重要、更有价值。

例如:

我们希望青少年把规律的体育锻炼看作是一件很酷、很有趣的事情,比整天闲坐着、看电视或者打电子游戏要好。

我们希望准妈妈们明白,在婴儿出生后的头 6 个月纯母乳喂养,能够拉近母婴关系,也有利于母婴健康,不必顾虑在公共场所哺乳。

我们希望想要购买小猫小狗作宠物的人,不妨先访问一下动物保护协会的官网,看看上面是否有自己中意的宠物,这样比在分类广告里挑选更经济,也更方便。

我们希望喜爱园艺的人意识到,用吃剩的有机食物堆肥,简单易行,不仅为花园制造了肥料,还保护了环境。

社会营销的定位陈述包括 4 个要素:

① 描述目标受众是谁。

② 描述产品、服务或者推荐行为是什么。

③ 解释为什么要实施推荐的行为。

④ 解释如何以不同于竞争者的方式满足受众的需要。

拟定定位陈述时,有四个因素对成功定位至关重要①:

① 竞争性(Competitiveness):提供其他产品或方案无法提供的利益。

② 可靠性(Credibility):目标群体认为产品、服务的属性是可信的。比如,核能发动机很难定位于环保的。

③ 清晰性(Clarity):定位陈述在受众心中创造一个明确的独特位置。

④ 一致性(Consistency):随着时间的推移,一致性的信息有助于争夺受众的心智份额。

三、社会营销定位策略

根据受众实施期望行为的感知障碍、期望收益、潜在动机和竞争分析,找到实施期望行为将实现的关键利益或者将会避免的重大损失,选择定位陈述的重点。社会营销定位重点有强调具体的行为、凸显利益、克服障碍、提高竞争力、重新定位,相应的定位策略包括行为定位、障碍定位、利益定位、竞争定位和重新定位等定位策略②。

1. 行为定位

有些社会营销方案涉及新的或者具体的行为,在这些情况下,可以通过描述行为进行定位。例如,2013 年华盛顿州的财产负债率为全国最高,2014 年华盛顿州默瑟岛探索减少住宅犯罪的新方法。因为 41% 的入室盗窃是由于门窗未上锁,其中三分之一的原因是因为市民离开家之前忘记检查门锁是否锁好。为了推广期望行为,团队开发了营销项目"锁上或者丢失"(Lock It or Lose It),向市民分发塑封门把手挂牌,提醒市民锁好门窗。

在有些情况下,确保目标受众了解期望行为的细节是方案取得成功的关键。例如,

---

① Drummond G, Ashford R, Ensor J. Strategic Marketing: Planning and Control[M]. 3rd ed. Oxford: Butterworth-Heinemann, 2008.

② Lee N R, Kotler P, Colehour J. Social Marketing: Behavior Change for Social Good 7th ed[M]. London: Sage, 2023.

1991 年,美国国家癌症研究所与美国农产品有益健康基金会合作,启动了"每日 5 份蔬果,健康好生活"(5 a Day for Better Health)的社会营销方案,向美国人传递一个简单的积极信息:"为了更加健康,每天至少吃 5 份果蔬。"多年来,这个营销活动整合多种策略,应用多种渠道反复传播这个信息。2006 年,方案增加了一个新的宣传口号"彩色生活"(The Color Way),倡议每天食用 5 种不同颜色的果蔬。

2. 障碍定位

受众采纳期望行为可能面临障碍,比如对自我效能的担忧、恐惧或感受到实施目标行为的成本较高。障碍定位旨在帮助受众克服障碍,或者让受众感知的障碍最小化。对于想要戒烟的人来说,戒烟热线可以给人希望和鼓励。有些女性不愿意做乳腺钼靶检查,因为害怕听到坏消息而一拖再拖。因此很多社会营销活动将乳腺钼靶检查定位为一项"早检查,早发现,早治疗"的项目,趁疾病还未扩散前进行治疗。

芝加哥太阳能快车方案的定位反映并解决了受众对时间、精力、成本和专业知识的担忧。2012 年,芝加哥市发起了支持太阳能安装的倡议,并将方案命名为"芝加哥太阳能快车"。为了降低成本,该市帮助独立屋业主组团购买,使业主获得了团购折扣,同时将许可证费用减少了 25%,还简化了审批流程并实现了流程标准化,居民获取安装许可的时间从 30 天缩短到 1 天。此外,该市重新制定了分区策略,为设计太阳能项目提供清晰指导。该市还分别为小型和大型屋顶系统制定了单独的步骤。该项目取得了成功,有 2 100 多人注册参与,新签约的太阳能发电量超过 600 千瓦。

3. 利益定位

从受众的角度考虑"这对我来说有什么用",感知利益就成了定位的重点。自然庭院打理做法,如采用人工拔草代替除草剂,被定位为保证孩子和宠物的健康。适度的体育活动,如耙落叶和走楼梯,被定位为可以融入日常生活的事情。每晚给孩子读 20 分钟书被定位为有助于孩子未来的学术表现。

收益定位聚焦目标受众想要得到的利益。一个好的营销定位首先要充分了解目标受众及其面临的选择。在开发定位陈述时,营销人员需要深入了解目标受众、当前的应用模式以及竞争品牌成功的原因。威斯康星州代驾服务(Road Crew)案例很好地说明了这一点。这个方案的任务是减少威斯康星州农村地区酒驾造成的车祸。调查研究表明:最有可能酒驾的人群是 21~34 岁单身男性,酒驾的原因主要有:① 回家;② 避免第二天回酒吧取车;③ 每个人都那么做;④ 凌晨 1 点,他们无所畏惧;⑤ 被抓到的风险很小。当询问受众愿意使用什么样的代驾服务时,他们提出:① 车辆至少跟他们自己的车辆一样好;② 提供全程代驾服务,从家到酒吧,从一个酒吧到另一个酒吧,最后从酒吧回家;③ 要能够在车里抽烟和喝酒。威斯康星的代驾服务满足了受众的上述要求。方案团队使用豪华车辆到家里、工作单位或酒店接人,送到酒吧,从一个酒吧送到另一个酒吧,然后把他们送回家。乘客可以在车内吸烟、饮酒。方案并不是告诉人们不要酒驾,而是告诉人们使用代驾服务比自己开车更有趣,玩得更尽兴。截至 2008 年,该方案已在威斯康星州的 32 个农村社区开展,提供了 97 000 多次乘车服务,据估计避免了 140 起酒驾相关的撞车事故和 6 起酒驾造成的死亡事故。在过去,人们往往只能自己开车去酒吧,谁要是自己不能开车回家,就会被人嘲笑为"懦夫"。但现在,选择代驾服务是酷的标志。

4. 竞争定位

竞争定位聚焦竞争,当目标受众认为他们自己的选择是有吸引力的,而社会营销方案的提供物令人心烦时,采用竞争定位就相当合适。例如,缩短淋浴时间可以节约用水,造福子孙后代,但是可能牺牲长时间热水淋浴带来的放松和享受。再如,吸烟摄入尼古丁让吸烟者感到愉悦和放松,但是吸烟的后果被定位为实实在在的、恶劣的、骇人听闻的危害。

由于消费者通常选择能为自己带来最大价值的服务和产品,营销人员致力于通过定位凸显提供物超越竞争品牌的关键利益。美国营销学者菲利普·科特勒和加里·阿姆斯特朗(Gary Armstrong)用五种可能的价值主张来说明这一点(见图 7.3)[①]。

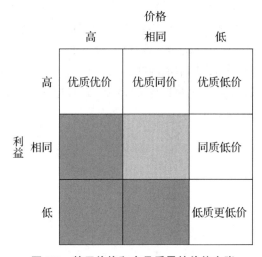

图 7.3　基于价格和产品质量的价值主张

优质优价(More for more)提供最高档的产品或服务,收取更高的价格。优质优价象征着地位和高端的生活方式。四季酒店、百达翡翠手表、星巴克咖啡、路易威登手提包都声称卓越的质量、工艺、耐用性、性能和风格,因此收取高昂的价格。

优质同价(More for the same)提供质量相同但是价格更低的品牌来与优质优价品牌进行竞争。雷克萨斯是日本丰田旗下的豪华汽车品牌,雷克萨斯针对奔驰和宝马的竞争采用优质同价策略。

优质低价(More for less)提供优质的产品收取较低的价格,企业可在在短期内实施这种定位。但是,从长期来看,公司很难同时实现优质和低价。

同质低价(Same for less)提供相同质量的产品或服务收取更低的价格来吸引消费者。比如,开市客(Costco)提供许多百货公司和专卖店相同的产品,但是凭借自身卓越

---

① Kotler P, Armstrong T. Principles of Marketing, 17e Global Edition[M]. Harlow: Pearson Education Limited, 2017.

的采购能力和低成本的运营能力,向顾客提供较大的价格折扣。

低质更低价(Less for much less)提供较低性能或质量的产品收取更低的价格。在很多情况下,消费者为了更低的价格愿意接受不太理想的性能或者放弃一些花哨的东西。例如,美国西南航空公司坚持低成本经营,不指定座位,不提供餐食,只提供零食和饮料,不提供免费的行李托运服务。

5. 重新定位

当社会营销方案的现有定位成为实现行为改变目标的障碍时,一些因素可能提示需要重新定位了。例如,社会营销方案也许需要吸引新的受众,而现有的定位不足以吸引新的细分市场。比如,平时不常运动的年过50的成年人也许很久以来对倡导运动的声音置若罔闻,因为他们只能听到剧烈有氧运动的建议,向这些人推荐适度的体育活动也许会取得成功。

社会营销还可能遇到品牌形象问题,改变品牌形象需要重新定位。最初向年轻人推广自行车头盔时,年轻人犹豫不决。美国教育发展研究院执行副总裁比尔·史密斯建议将佩戴自行车头盔定位为"有趣的、容易的、受欢迎的"。"有趣的"是向受众提供他们所关注的感知利益;"容易的"是指消除实施目标行为可能遇到的所有障碍,使这种行为尽量简单易行;"受欢迎的"是帮助目标受众感觉到其他人也这么做,尤其是那些目标受众认为对他们很重要的人。

第八章 产品策略

产品是社会营销组合中最重要的组成部分。社会营销人员向目标受众提供有形的产品或无形的服务以帮助目标受众实施期望行为。社会营销人员需要在核心产品、实际产品和延伸产品三个层次上设计产品和服务,还要制定产品组合策略。

许多社会营销方案坚持服务导向,利用服务思维为社会营销方案提供思想和理论。服务思维和中游方法是一致的,是上游方法和下游方法的互动界面。综合应用上游、中游和下游方法可以更好地解决社会问题。设计、实施社会营销方案应当遵循四个服务原则,还要采取策略应对实施服务思维的挑战。

许多社会营销活动重视品牌建设,品牌建设包括品牌名称、品牌层次、品牌数字呈现等内容。

第一节 产品与服务概述

一、产品与服务的概念

1. 产品的含义

产品是提供给市场满足顾客欲望或需要的任何东西①。产品可以是有形的,也可以是无形的。实际上,产品包括实体物品、服务、体验、活动、人员、地方、某种财物、组织、信息或者创意。社会营销的产品可能包括:服务(比如咨询服务)、创意(比如健康生活)、人员(比如家庭医生)、有形的建筑(比如卫生服务中心),甚至有形产品(比如安全头盔)。

2. 服务的含义

服务的英文单词 service 起源于拉丁语 servus(奴隶或仆人),最早的服务的含义是仆人为主人所做的一切。

芬兰汉肯经济学院教授克里斯琴·格鲁诺斯(Christian Grönroos)提出的服务定

---

① Kotler P, Keller K L. Marketing Management[M]. 12th ed. Upper Saddle River, NJ: Prentice Hall, 2005.

义是:服务是由一系列或多或少具有无形特性的活动构成的过程,这些活动通常发生在顾客与服务员工、物理资源、系统之间的互动之中,以便解决顾客的问题。

美国营销学者菲利普·科特勒给服务下的定义是:服务是一方向另一方提供的无形的活动或利益。服务不导致任何所有权的产生,服务的生产可能与有形产品有关,也可能无关。

服务是服务提供者提供技术、专业、知识、信息、系统、设施、时间或空间等给顾客,以期为顾客处理某些事情,解决某些问题,或者娱乐顾客,服侍顾客,让顾客心情愉悦、身体舒畅等[①]。对于服务过程中出现的任何有形要素,顾客通常都无法获得其所有权。

在社会营销中,支持期望行为改变的服务包括:① 教育服务,例如,学院召开研讨会教家长如何与孩子谈论性话题。② 个人服务,例如,晚上护送学生回宿舍。③ 咨询服务,例如,为有自杀倾向的人提供心理危机干预。④ 医疗服务,例如,免费提供疫苗接种服务。⑤ 社区服务,例如,前往社区收集有害垃圾。

3. 服务质量的维度

由于许多社会营销活动是以服务为导向的,SERVQUAL 模型可用于设计和评价社会营销的相关服务[②]。

（1）可靠性(Reliability):可靠而准确地提供所承诺的服务的能力。

（2）响应性(Responsiveness):乐于主动帮助顾客并及时提供服务。

（3）保证性(Assurance):员工的知识和礼貌以及传递出信任和信息的能力。

（4）移情性(Empathy):关心顾客并为顾客提供个性化服务。

（5）有形性(Tangible):各种设施、设备以及服务人员的形象。

二、服务的特性

相对于有形的产品,服务具有无形性、异质性、不可分割性和易逝性等四个方面的特性[③]。

1. 无形性(Intangibility)

服务是由一系列活动所组成的过程,不是实物,我们不能像感觉有形产品那样看到、感觉到或者触摸到服务。产品是有实体的,但是服务是无形的,服务是行动的结果,服务是对他人所做的工作。例如,第一次准备献血的人不知道献血是怎么样的,为了减少不确定性,他们会努力寻找关于献血的相关信息,这些信息有助于他们消除恐惧和做好献血准备工作。社会营销人员需要管理相关证据,通过这些证据来传递服务的相关信息。假如,献血中心希望传达献血的安全性和高效率,为了证明效率,那么献血中心

---

① 林灯灿.服务质量管理[M].五南图书出版股份有限公司,2023.

② Parasuraman A, Berry L L, Zeithaml V A. Refinement and reassessment of the SERVQUAL scale[J]. Journal of Retailing, 1991, 67(4): 420-450.

③ Parasuraman A, Zeithaml V, Berry L. SERVQUAL: A multiple-item scale for measuring consumer perceptions of service quality[J]. Journal of Retailing, 1988, 64: 12-40.

就要迅速接听电话,高效地安排预约,缩短等待时间。关键是向目标群体展示有形的品质或特征。

2. 异质性(Heterogeneity)

服务的异质性主要是由于员工和顾客之间的相互作用以及伴随这个过程的所有变化因素所导致的。服务是由人提供的,人的因素增加了服务的可变性。不是每个人都能从同一种服务中感知到相同的价值。服务的异质性是造成评估服务质量困难的重要因素。在献血中心,两名护士可能产生两种不同采血质量的印象。社会营销人员可以采取两个步骤进行质量控制。第一步是选择高素质的员工并进行高质量的培训。第二步是持续监控顾客满意度,通过建议与投诉系统、顾客调查、对比分析等方法来发现和纠正服务缺陷与服务瑕疵。

3. 不可分割性(Inseparability)

大部分的服务先于销售,然后同时进行生产和消费。在生产服务的时候,顾客是在现场的,而且会观察甚至参与生产过程中。服务的生产与消费是不可分离的。由于服务的无形性和可变性,很难将其分割成离散的和独立的元素。例如,在献血中心护士不友好或笨拙可能会影响受众对整个服务质量或社会营销方案的看法。

4. 易逝性(Perishability)

实体产品可以储存在仓库里,但是服务不能被储存、转售或者退回。由于服务的不可分割性,所以服务被享受之后就消失了。在需求稳定时,服务的易逝性不是问题,在需求波动时,服务组织面临困难。营销人员试图通过预订系统、随叫随到的兼职员工、差别定价和其他设备来调整服务能力。

社会营销比商业营销更重视员工之间、员工与目标受众之间的互动。为了社会营销方案取得成功,必须创造差异化的特色和利益,提供高质量的服务,找到提高服务人员生产力的方法。

三、产品层次

在商业营销中,产品是提供给顾客的有形产品(如电脑、手机、香水、软件)或无形服务(如理发、培训、砍树、报税)。在某些情况下,购买的是有形产品和无形服务的组合,比如景观设计师提供的树木、观赏性池塘和整体设计。产品整体概念由三个层次构成:核心产品(Core Product)、实际产品(Actual Product)、延伸产品(Augmented Product)[①]。产品层次理论有助社会营销人构思并设计产品策略。在社会营销领域,美国营销学者南希·李、菲利普·科特勒和朱莉·科尔霍尔将社会营销产品分为核心产品、实际产品和延伸产品,如图 8.1 所示[②]。

---

① Kotler P, Armstrong G M. Principles of Marketing[M]. 9th ed. Upper Saddle River, NJ: Prentice Hall, 2001.

② Lee N R, Kotler P, Colehour J. Social Marketing: Behavior Change for Social Good[M]. 7th ed. London: Sage, 2023.

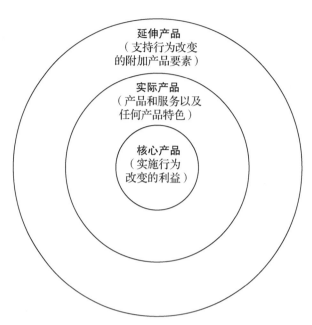

图 8.1　社会营销产品三个层次模型

核心产品是指目标受众在实施目标行为时所期望获得的利益。实际产品是指社会营销人员说服消费者去购买或得到的任何产品或服务。延伸产品包括社会营销人员开发、分销、销售或仅仅促销的任何附加产品要素。表 8.1 分析了一些社会营销产品的三个层次。

表 8.1　社会营销产品层次分析示例

行为目标	核心产品	实际产品	延伸产品
参加必要的聚会前做新冠病毒检测,比如庆祝祖母的生日	保护他人的健康,比如保护祖父、祖母的健康	新冠病毒检测	新冠病毒自检试剂盒
发生未采取保护措施的性行为后,6 个月内接受艾滋病毒检测	放心,早发现早治疗	快速艾滋病毒检测,30 分钟出结果	艾滋病咨询服务
在沙滩上给幼儿穿上救生衣	防止溺水	幼儿救生衣	在沙滩上提供救生衣租赁服务
减少家庭能源消耗	省钱,减少碳排放	家庭节能评估	根据评估的结果,推荐节能建议,估算节省费用
登记成为器官捐献者	挽救他人生命	器官捐献登记	登记册或在线登记表
培训残疾人职业技能	提升残疾人福祉	残疾人就业技能培训	联系用人单位,培训前评估,培训后辅导

资料来源:南希·R.李,菲利普·科特勒.社会营销:如何改变目标人群的行为[M].5 版.俞利军,译.上海:格致出版社,2018.

Lee N R, Kotler P, Colehour J. Social Marketing: Behavior Change for Social Good[M]. 7th ed. London: Sage, 2023. (有改动)

1. 核心产品

核心产品位于产品的中心。核心产品是目标受众实施期望行为的原因。核心产品是受众实施目标行为时想要得到的或期望体验的利益。核心产品并不是行为，也不是社会营销人员开发、提供或者推广的产品和服务。例如，对大多数人来说，骑自行车上班这个行为本身并不是一个好的价值主张，与定期的、适度的运动相关的好处，如减重、更健康的身体、更有活力、节省能源等，才是吸引目标受众骑自行车上班的原因。

产品在消费者使用过程中才有价值，这种价值不是由营销人员而是由消费者决定的。露华浓创始人查尔斯·雷夫森（Charles Revson）说，在工厂里我们生产化妆品，在商店里我们销售希望。哈佛商学院教授西奥多·莱维特（Theodore Levitt）指出，尽管人们可能购买一个四分之一英寸的电钻，但他们想要的是一个四分之一英寸的孔。

在制定核心产品决策时，应当重点考虑受众可以获得哪些潜在利益。这个过程包括评估受众对于期望行为的潜在利益的感知以及对实施期望行为可以避免的竞争性行为的成本的感知。在构思定位陈述的时候，也许已经确定了核心产品。社会营销需要强调受众实施目标行为后所感知的利益，而不是社会营销组织获得的利益。还要确定社会营销方案应该强调哪个或哪几个利益。

不同的目标受众可能从同一有形产品或行为中寻求不同的利益。例如，有些人参加运动是为了避免特定的健康问题，比如心脏病，而其他人可能是为了保持他们的心理健康或享受社会交往。同样地，对于健身行为，可以宣传健康以外的好处。例如，为了促进年轻人减重，宣传塑造完美体型比提高健康水平更能激励年轻人去减重。为了确定核心产品，需要根据受众洞察将行为与相关利益联系起来，确定目标受众最重视的期望利益。例如，对于一个高度重视环境保护的受众来说，将节省燃料和减少碳排放作为骑自行车上班的核心产品，比强调骑自行车上班可以减脂塑形更有说服力。

2. 实际产品

实际产品是社会营销人员期望目标受众获得、消费、使用的具体产品或服务，实际产品与期望行为密切相关。实际产品可能是由营利公司、非营利组织或者政府机构提供的现有产品，实际产品也可能是由社会营销组织开发或倡导开发的产品或服务。

例如，在2013年世界社会营销大会上，蜂鸟国际（Hummingbird International）首席执行官希拉兹·拉蒂夫（Shiraz Laliff）分享了斯里兰卡开发叉勺的故事。斯里兰卡是印度洋上的一个岛国，也是世界上最好、最大的红茶产地之一。斯里兰卡的糖尿病致死率非常高。当地人每天都要喝几杯茶，茶里通常会加两三勺糖。在2011年世界防治糖尿病日的庆典活动上，斯里兰卡糖尿病协会推出了一款旨在减少糖摄入的试验产品叉勺，叉勺是一个锯齿状的勺子，不论从外观上还是从功能上都更像一个叉子。当天在科伦坡地区的许多餐厅和茶馆发放这种叉勺，用以取代糖罐里的常规勺子。6小时之内，超过1 500名顾客使用了叉勺，糖摄入减少了65%。顾客告诉糖尿病协会代表，发明叉勺是一个好主意。其创新性的理念和成效也受到了政府和一些非政府机构的称赞，当地媒体争相报道。截至2013年，三个乡村地区的大型饭店都自费购买了叉勺，该产品于 2015 年在全国范围的中等规模和低端茶馆免费投放①。

3. 延伸产品

延伸产品包括与实际产品一起提供、推广的任何附加产品要素,包括所有有助于实施、推广期望行为的有形物体和无形服务。虽然延伸产品不是必需的,但是延伸产品可以提供激励、移除障碍或维持行为。延伸产品可能还提供社会营销活动品牌建设的机会,进而吸引更多受众关注活动并给受众留下深刻的印象。

在骑行上班的倡议中,自行车道将是骑车上班方案的一个延伸产品,显示两点之间最优骑行路线的网络服务也是一个延伸产品。例如,伦敦巴克莱自行车出租计划为短距离骑行提供了低成本的自行车出租服务。延伸产品还包括停车点、自行车高速公路和支持自行车租赁的相关服务。

产品的三个层次对于社会营销方案的成功至关重要。最重要的是受众实施目标行为期望得到的利益。社会营销往往鼓励目标受众增加消费或利用现有的产品,也会开发一些产品,然后鼓励目标受众使用。社会营销还要重视延伸产品的作用,有些延伸产品可以减少目标行为的障碍。

以增加动物领养为例,领养人的利益就是能够从救助站找到最合适的宠物。实际产品包括对宠物个性与行为特征的评估以及对领养人所想收养的宠物的个性和行为特征的调查。延伸产品是宠物救助站提供的个性化服务。

四、社会营销产品的特点

与商业营销产品相比,社会营销产品在许多方面有显著不同,这可能使社会营销人员制定产品策略比商业营销人员制定产品策略更加困难②。

1. 不灵活

商业营销人员通常可以选择重新设计产品来增加产品对消费者的吸引力。例如,商业营销人员可以改变产品颜色、形状、设计或增加额外的功能。社会营销产品的灵活性就很低。例如,"不要酒后驾车"的社会产品理念涉及饮酒的一个非常具体的限度。根据国家质量监督检验检疫局发布的《车辆驾驶人员血液、呼气酒精含量阈值与检验》规定,驾驶人员每 100 毫升血液酒精含量大于或等于 20 毫克,小于 80 毫克为饮酒后驾车,大于或等于 80 毫克为醉酒驾车。

2. 无形性

有形产品存在于空间和时间中。无形的服务存在于时间,但不存在于空间,尽管服务可能有可观察的结果,例如,一个新的发型、一笔银行存款等。许多社会营销产品是一种概念或想法,不存在于空间或时间,而是存在于我们的意识中。这一点特别适用于预防问题行为(与停止问题行为不同)。例如,"不吸烟"的实际产品包括对吸烟的消极态度。

---

① Lee N R, Kotler P, Colehour J. Social marketing: Behavior Chauge for Social Good[M]. 7th ed. London: Sage, 2023.

② Donovan R, Henley N. Principles and practice of social marketing: an international perspective[M]. Cambridge: Cambridge University Press, 2010.

3. 复杂性

社会营销产品往往比消费品和服务复杂得多,需要高水平的信息处理能力。商业营销人员可以只关注产品的一种好处,而社会营销人员可能需要传达多种好处,并对任何可能的负面影响保持诚实。例如,为孩子接种疫苗的决定可能比为孩子选择衣服或发型的决定复杂得多。复杂的信息可能需要传达给文化水平和受教育程度较低的目标受众。例如,一种口服补液产品在洪都拉斯被当作婴儿的滋补品出售,调查发现洪都拉斯的母亲并不了解脱水的概念[①]。即使目标受众识字水平很高,采用图片辅助也很有帮助。例如,在药物说明中加入图片,有助于回忆和理解说明书以及遵守治疗方案。

4. 争议性

社会营销产品往往具有相当大的争议,特别是对某些细分市场。例如,西澳大利亚州的"免于恐惧"(Freedom from Fear)运动以男性施暴者为目标,在男性和女性中都引起了争议:一些女性认为资金应该只用于暴力受害者,一些男性认为女性施暴者也应该成为目标。一些人认为一些社会营销信息侵犯了他们的个人自由,例如在新冠疫情期间很多美国人拒绝佩戴口罩,又如伦敦市民反对伦敦交通局安装摄像机监控进入低排放区的车牌号。

5. 微弱的个人利益

在商业营销中个人消费者通常会获得产品的利益。但是,对于某些社会营销产品,比如,资源回收利用、节能节水和垃圾分类,社会从中获得主要的利益,个人从中获得微弱的利益。营销这些个人利益微弱的社会营销产品,需要人们相信群体效能(collective efficacy)的概念:如果能说服大多数人采纳推荐行为,那么推荐行为将为所有人带来重要的利益。

6. 负面框架

社会产品经常建议停止某种行为,如吸烟,信息可能听起来很负面。社会营销人员已经认识到了这个问题,并建议采用积极陈述的信息框架,比如,用"保持环境美丽"代替"不要乱扔垃圾",用"爱惜身体"代替"停止过量饮酒"。然而,在许多情况下使用负面信息听起来更为合适,比如"减少脂肪摄入"。

第二节　产品策略

一、产品开发

社会营销人员需要开发、推广自己的产品,或者与其他组织合作开发、营销产品,或者鼓励、引导甚至要求企业改变产品,来促进受众改变行为,实现社会营销方案的目标。

---

① Chen P F. Social Marketing: Principles and Practices for Planned Social Change[J]. Media Asia, 1996, 23 (2): 79 - 85.

1. 新产品开发

为了支持目标受众的行为改变,需要开发一些新产品或提供新服务。例如,许多成年糖尿病患者进行指尖采血来化验血糖含量。如果有一种无痛、无针的设备能够提供可靠的化验结果,将会受到糖尿病患者的欢迎,有助于糖尿病患者更加规律地监测血糖。2021 年德康医疗 G6 持续血糖检测系统上市,不需要戳手指就可以在移动设备上快速显示血糖数值。又如,为了提高摩托车头盔的使用率,印度理工学院针对热气候设计出新型摩托车头盔,这款头盔具有通风散热的功能,强化了侧面防护,还配备了锁定装置。再如,为了防止怀孕期间胎儿出现神经管缺陷,英国在面粉中添加了叶酸。

社会营销还要开发替代品。替代品是一种以更健康的、更安全的方式满足受众欲望、需要或者解决受众问题的产品。开发替代品的关键是理解竞争行为的真正利益,然后开发或者推广可以提供相同利益或至少部分相同利益的产品。这些产品包括:食品与饮料,比如不含酒精的啤酒、素食汉堡、脱脂乳制品、不含尼古丁的香烟和无咖啡因的咖啡;天然肥料、天然杀虫剂、可以替代草坪的地被植物;送给感冒患者的礼盒,其中装有一罐鸡汤、一包纸巾、一盒退烧非处方药,以此减少患者过度使用抗生素。

有些替代性产品声称可以解决问题,但可能又带来了新的风险。电子烟声称是第一个健康的香烟。电子烟不含焦油和其他化学物质,只含有纯尼古丁,因此具有尼古丁贴片的功能。世界卫生组织却认为,电子烟危害公众健康且尚无充分证据证明电子烟可以作为戒烟工具。

含有碳水化合物和电解质的运动饮料被吹捧为年轻运动员补充水分和电解质的方式。然而,一些专家认为,只有当孩子们在高温下进行一段时间的剧烈运动时才是如此。

2. 产品改进

社会营销需要考虑产品或服务改进问题。例如,一般的堆肥容器需要园丁定期使用干草叉翻动庭院废弃物以完成堆肥过程。新改进的堆肥容器悬挂在支架上,只要翻转容器就可以完成堆肥过程。再如,很多人一直认为救生衣太笨重,穿起来不舒服,青少年还觉得橘黄色太丑。新的救生衣有了很大的改进,外观与吊带裤相似,拉一下拉环便可以自动充气。

如果消费者调查显示,约有 50% 拨打免费咨询热线询问资源回收利用问题的人因等待时间过长(至少 5 分钟)而中途挂断,社会营销人员应该怎么办?同样地,如果消费者反馈显示,居民除了对于玻璃、纸张和铝制品的回收感兴趣,还对庭院垃圾回收有兴趣并愿意付费,那么社会营销人员应该怎么办?是否需要改进现有的服务?

美国环境心理学者道格·麦肯兹-莫尔(Doug McKenzie-Mohr)专门从事可持续行为支持项目的设计活动,他鼓励社会营销者采用一种方法——让规范可见,用规范指导我们的行为。如果我们看到其他人采取一些不可持续的行为,我们自己也很可能采取类似的做法。相反,如果我们看到社区里的其他成员都在采取可持续的行动,我们也很可能采取同样的行动。

欧能(Opower)是一家能源方案系统提供商,欧能应用自己开发的软件分析用户的能源消耗数据,进而根据用户生活方式提供一整套节能建议。欧能公司向顾客提供家用能源报告,报告不仅显示顾客的能源使用信息和能源用量变化趋势,还有与周边邻居的能源使用情况进行对比,并用小笑脸作为标记。根据欧能提供的数据,全国领先的公用事业公司向全国近 100 万个家庭提供家庭能源报告,这些顾客在收到报告后,每年将天然气或电力使用量减少 1.5% ～ 3.5%。

二、产品组合

在商业营销中产品组合是产品策略的一个重要内容。产品组合是一家企业面向市场提供的全部产品,包括全部产品线和产品项目,这些产品之间往往相互补充。

在社会营销中,产品组合往往与不同的细分市场有关。比如,在推广戒烟的方案中,设计不同的戒烟方案提供给处于不同行为改变阶段的吸烟者。在促进体育锻炼的方案中,广告可以强调以不同的方式来实现每天走 10 000 步的目标,需要为不同的目标群体提供不同的方式来实现营销方案的目标。比如,向那些有时间限制(或认为有时间限制)的人推广附带活动,向学龄儿童的母亲和老年人群体推广步行俱乐部,向那些进行中等强度运动看不到短期效果的人推广累积收益的概念。

再如,在疟疾防治领域,蚊帐与青蒿素极大地降低了儿童疟疾致死率,埃塞俄比亚儿童疟疾致死率下降了 50%,卢旺达下降了 60%,赞比亚下降了 33%,加纳下降了 34%。在坦桑尼亚,对经过杀虫剂处理的蚊帐进行了为期两年的评估,结果表明这些蚊帐使 1 个月至 4 岁儿童的存活率提高了 27%。

三、面向中间商的产品

社会营销产品可以分为面向最终消费者开发的产品和面向中间商设计的产品。在道路安全方面,不仅要关注让机动车更安全地行驶的产品,还要考虑使执法更有效的产品,从而增强对不安全驾驶的威慑作用。例如,闯红灯摄像头、固定和可变位置的测速摄像头、便携式酒精检测设备都有助于加强道路安全。

对设计社会营销方案的工作人员来说,培训工作普遍得到认可,已经开发了许多工具包来帮助受众更有效地或者更容易地完成工作。例如,为护士提供适当的运动和营养工具包(Proper Exercise and Nutrition Kit,PEN)以及适当的筛查工具,增加了护士对超重和肥胖的理解,提高了护士的筛查和评估技能。在未来,工作劳累的咨询师可能还会有机器人助手。工程师已经设计出机器人来帮助人们做家务,这些机器人还可以模仿人类的行动,甚至提供治疗服务。社会辅助机器将用来指导和激励认知和肢体残障人士。

第三节　服务思维

政府部门和非营利组织越来越多地采用社会营销方法来促进自愿的行为改变。由于受到政策和流程的限制，公共部门或非营利组织往往采用生产导向开展服务，低估了顾客与服务人员、服务环境和服务流程之间的互动所创造的价值。服务营销文献认为这些因素在产生重复性行为中发挥着重要作用。在设计和管理社会营销服务中，社会营销人员应当注重利用服务营销理论，服务思维可为社会营销方案开发提供思想和理论①。

服务营销可以定位为中游社会营销方法。传统社会营销学术和实践注重上游和下游社会营销。综合应用上游、中游和下游方法可以更好地解决社会问题。服务营销通过让上游政策制定者和下游顾客参与进来，促进上游、中游和下游社会营销共同发展。

一、中游社会营销聚焦服务

在公共卫生领域，上游和下游是两种预防和处理健康问题的方法。上游社会营销聚焦对目标市场有影响的决策群体，包括政治家、媒体、社区活动家、企业、学校和基金会。上游社会营销采用宣传和游说的方法影响烟酒、食品和赌博等问题的政策。下游社会营销关注个人，并将改变的责任交给消费者。中游社会营销可以提高社会营销实践的效果。

加拿大社会营销学者弗朗索瓦·拉加德（François Lagarde）把中游社会营销定义为与有影响的人士开展合作，比如合作伙伴组织和社区群体②。澳大利亚社会营销学者丽贝卡·拉塞尔-贝内特（Rebekah Russell-Bennett）、英国市场营销学者马修·伍德（Matthew Wood）、澳大利亚社会营销学者乔·普雷维特（Jo Previte）扩展了中游社会营销的观点，将创造行为改变的参与者区分为：影响者和执行者。影响者是指通过说服和意见领袖间接影响行为改变的实体或个人。执行者则是直接参与行为改变过程的实体或个人。执行者与政策制定者、服务组织和消费者在服务接触点开展互动（表8.2）。服务思维和中游方法是一致的，是上游方法和下游方法的互动界面。

表8.2　社会营销下游、中游、上游参与者

	下游	中游	上游
执行者	顾客个人或顾客群体	服务组织	政策制定者
影响者	与顾客密切相关的人，如同伴、家人、社区	影响服务提供组织的人或群体，如社区、专家、营销机构	对政策制定者有影响的人或群体，如媒体、游说团体、行业协会

资料来源：Russell-Bennett R, Wood M, Previte J. Fresh ideas: services thinking for social marketing[J]. Journal of Social Marketing, 2013, 3(3)：223-238.

---

① Russell-Bennett R，Wood M，Previte J. Fresh ideas：services thinking for social marketing[J]. Journal of Social Marketing, 2013, 3(3)：223-238.

② Lagarde F. Insightful Social Marketing Leadership[J]. Social Marketing Quarterly, 2012, 18(1)：77-81.

二、服务思维

服务是一方向另一方提供的任何活动或利益,其中涉及顾客、员工与服务系统之间的互动过程。服务组合在传统的以产品为导向的 4P 营销组合基础上增加了人员(People)、过程(Process)和有形展示(Physical Evidence),扩展为 7P 营销组合。

服务主导逻辑(Service Dominant Logic)认为所有市场营销提供物都是服务,价值是创造出来的,而不是交付的,顾客是价值的共同创造者。当有人使用产品时,产品以某种方式提升使用者的状态或者幸福感,这样产品才有价值。这个价值由顾客而非营销人员决定,因此应该让顾客参与产品的设计与交付。在社会营销里,这个价值相当于目标受众参与活动实施目标行为想获得的利益,也就是社会营销的核心产品。

以服务为中心有助于社会营销人员从生产导向转向顾客导向。服务思维可以并且应该应用于商业营销环境之外,首先应该应用于社会营销,通过倡导变革服务(Transformative Service)来改善消费者和社会福利。随着变革服务研究兴起,学者已经开始使用变革社会营销(Transformative Social Marketing)概念[①]。服务营销与社会营销的目标都是通过更好的服务和减少社会不平等来改善人们的生活。因此,挑战在于如何消除服务营销与社会营销之间的学科界限,将服务思维融入社会营销模型。

三、服务营销原则

社会营销方案应当遵循四个服务营销原则:

1. 以服务体验为中心

服务体验由服务人员、服务环境、顾客和服务流程四个部分组成,每一个部分在顾客持续使用服务、积极评价服务或者向他人推荐服务方面都发挥着重要作用。服务人员在共同创造价值、信任、希望并最终帮助顾客做出积极的和可持续的行为改变方面发挥着关键作用。人们更可能因为与另一个人或社区的情感联系而改变。与服务人员建立支持性的关系可以在一系列问题上产生积极的结果。

伦敦巴金和达格纳姆行政区的地方政府应用这个原则提升社区凝聚力[②]。地方政府通过培训一线员工,使他们能够更有同情心、更有效地与居民沟通和联系,从而促进了地方政府与居民之间的信任和理解。地方政府还与社区意见领袖建立了关系和沟通渠道。这些机制促进了价值的共同创造,使地方政府能够更好地响应居民的需求,最终提供更好的服务。

2. 以服务人员作为关键接触点

长期以来,营销人员一直强调服务人员在顾客评价服务体验中发挥着关键作用。从社会营销的角度来看,服务通常是由没有接受过培训的员工提供的,他们甚至可能不

---

①　Lefebvre R C. Transformative social marketing: co-creating the social marketing discipline and brand[J]. Journal of Social Marketing, 2012, 2(2): 118-129.

②　Wood M, Fowlie J. Community cohesion in the London borough of Barking and Dagenham[J]. Local Economy, 2010, 25(4): 293-304.

认为自己的角色是服务人员。尤其是在公共卫生领域，一线服务提供者不是营销人员，而是医疗技术人员，比如医生、护士或技术人员。许多临床一线服务提供者反感营销的术语和理念，没有意识到他们实际上是社会营销项目有效性的关键因素。

为了充分利用员工的技能和知识，参与社会营销项目的卫生和社会机构需要支持和培训员工在提供服务期间开展营销活动。昆士兰乳腺癌筛查中心是一家提供免费乳腺癌筛查的政府卫生服务机构，在向行政和服务人员引入社会营销培训时，鼓励卫生专业人员在营销活动中发挥作用。然而，卫生技术人员和临床医生拒绝开展营销活动。员工担心资金投向无关紧要的服务功能，服务营销流程会损害他们的专业地位，增加完成顾客咨询的时间。

3. 将服务质量和顾客价值作为行为的关键驱动因素

商业文献甚至医疗卫生文献表明，服务质量是顾客行为的重要预测指标。有研究表明，行政、技术和人际关系质量与女性乳腺癌筛查服务的功能价值和情感价值有着密切而显著的关系，这反过来影响他们对服务的满意度以及继续预防性健康行为的意图[1]。对 Y 世代献血忠诚度较低的原因进行的定性研究表明，物理环境和人际关系质量是决定他们价值感知和未来献血行为的关键因素[2]。在澳大利亚红十字会血液服务中心的献血案例中，曾经的献血者和非献血者认为，献血车和献血中心的设计和舒适度、医务人员的态度和行为以及预约等服务流程是继续参与献血的主要障碍。

4. 将顾客作为积极参与者

根据服务主导逻辑，社会营销的重点是促进和支持服务、技能和知识的共同创造过程。顾客是采纳新行为或者放弃其他行为的共同生产者或合作者，而不是我们试图开展交易的对手。顾客必须发现改变行为的实际价值，社会营销人员只是提出这种可能性。

顾客、员工和组织参与交换过程，共同创造价值。正是这些参与者之间的互动产生了服务价值，各方参与者都是价值的创造者和受益者。在医疗服务领域，人们越来越认识到，通过自我护理，顾客可以与服务人员合作创造服务价值。预防性健康服务往往认为技术因素、临床因素是顾客行为的关键驱动因素。例如，提供技术可靠的乳腺癌筛查服务将确保女性在未来接受筛查。这种技术思维导致服务战略和资源分配侧重于技术服务方面，而不是全面考虑所有的影响因素。然而，想要实现满意的和持续的行为改变的服务结果，不仅仅取决于以技术为重点的组织资源。变革社会营销理论将具体的顾客投入（例如，顾客为乳腺检查做准备，比如选择合适的衣服）作为决定价值和服务结果的必要因素。顾客不是服务的被动接受者而是共同创造价值的积极参与者。

四、实施服务思维面临的挑战

在社会营销中实施服务思维时面临着许多特有的挑战，这些挑战使实施服务思维

① Zainuddin N, Russell-Bennett R, Previte J. The value of health and wellbeing: an empirical model of value creation in social marketing[J]. European Journal of Marketing, 2013, 47(9): 1504-1524.
② Russell-Bennett R, Hartel C, Russell K, et al. It's all about me! Emotional ambivalence Gen-Y blood-donors[C]//Proceedings from the AMA SERVSIG International Service Research Conference 2012. 2012: 43-43.

变得更加复杂。在社会营销中应用服务原则时,必须考虑多方面挑战。例如,对卫生组织内部的研究表明,患者和医务人员对于服务质量标准有不同的认识。与医疗专业人员的互动可能是患者评价医疗服务的主要决定因素,患者也会根据接待人员、护士和技术人员的行为以及建筑的装饰和外观来评价服务[①]。这些服务元素和技术能力决定了顾客服务质量感知。

关于妇女对预防性乳腺癌筛查服务的反应的研究表明,卫生服务提供者认为技术因素、临床因素是顾客行为的关键驱动因素。这种观点导致医疗服务和资源分配向技术服务方面倾斜,例如增加对数字钼靶技术等医疗技术的投资。但是,实现满意和可持续行为的服务结果不仅仅取决于以技术为中心的组织资源,还取决于通过顾客服务体验形成的价值构建。

在私营部门,顾客的服务活动体验对他们的价值感知是至关重要,这是因为价值是为顾客创造的,也是由顾客体验的。顾客的价值感知包括功能价值和情感价值两个维度。以令人满意的人际关系为中心的积极服务体验将在一系列问题上产生积极结果。对社会营销人员来说,如果我们希望人们真正使用社会服务,那么社会营销人员需要超越技术、认知和组织目标,否则将导致生产导向,服务无法满足受众的需要。表8.3 显示了实施服务思维的挑战和潜在策略。

表 8.3　社会营销实施服务思维的挑战与推荐策略

问题	挑战	建议策略/准则
语言和术语	把服务接受者作为顾客和积极的参与者	开展培训和多方利益相关者研讨会,包括目标受众代表,以实现相互理解并使用共同语言
监管和制度框架	识别对顾客行为产生负面影响的环境力量,确定改变环境因素所需的合适的制度和治理水平	进行市场扫描和调查研究,以确定适当的服务制度和服务过程,鼓励目标受众的自愿行为,支持实现社会营销成果
工作规则与个人身份	有些工作人员认为营销实践会削弱专业人员的地位和专长,应当挑战这种信念和态度	引入员工培训方案,鼓励公开讨论在引入标准化服务流程时需要解决的问题和挑战 支持员工奖励方案,表彰全部服务领域(从行政、接待到专业、临床服务)员工所做的服务贡献
超越促销定义社会营销	教育那些可能将社会营销仅仅等同于促销和传播的公共服务专业人士	社会营销培训有助于拓展社会营销观点
权力与控制	为了鼓励顾客参与、投入服务和其他营销活动,支持顾客参与	政策变革、员工发展过程以及使用角色扮演和戏剧技巧可以促进思维模式的转变 应该向专业人员推销顾客参与的好处,如顾客更满意,工作更有成就感

资料来源:Russell-Bennett R, Wood M, Previte J. Fresh ideas: services thinking for social marketing[J]. Journal of Social Marketing, 2013, 3(3): 223 - 238.

---

① Bendapudi N M, Berry L L, Frey K A, et al. Patients' perspectives on ideal physician behaviors[C]// Mayo Clinic Proceedings. Elsevier, 2006, 81(3): 338 - 344.

1. 语言和术语

考虑到任社会问题的利益相关者的多样性,不可避免地会有各种各样的术语和参考文献。例如,在卫生领域,往往使用优先群体而不是细分市场。在英国,亚群体可能被称为集群,在医疗领域个人顾客可能被称为患者或客户,地方当局则称居民和公民。然而,如果市政和卫生部门使用地理人口统计学分类系统,就有机会在市场细分和目标市场选择方面达成共识。

2. 监管和制度框架

监管框架的类型可能会影响组织实施社会营销方案的有效性和能力。如果政府部门提供自愿的预防性健康计划,比如乳腺筛查,就没有"大棒"来惩罚不参与的女性,因此激励和提供价值是当务之急。相反,家庭、社区或儿童安全等部门对不参与的消费者有很大的惩罚权力,而这种权力可能是一些人使用该服务的障碍。2013 年 1 月,英国一名儿童死亡事件受到了当地儿童安全部门的调查,引起了社会工作者的关注,社会工作者声称民众隐瞒了真相,阻碍了他们提供帮助。民众之所以隐瞒,可能是因为考虑到政府具有监管权和法定处罚权,不认为政府是最合适的求助对象。一个更有效的策略是让更多的非营利组织参与提供服务和支持,因为非营利组织没有惩罚权力。

3. 工作角色与身份

从内部市场导向的理论视角来看,工作角色和个人身份对实施营销至关重要。将这种思维应用于社会营销方案,营销人员需要扩展人员导向,专注于满足外部顾客(例如使用医疗服务的顾客)和内部顾客(例如临床工作人员和卫生工作者)的需要。为了更好地利用员工的资源、技能和知识来实现社会营销结果,方案应纳入内部社会营销方法。内部社会营销思维的贡献不仅仅是简单地改善社会营销服务中的人力资源功能。将内部社会营销思维引入社会营销服务组织,将鼓励组织内部关注社会价值,员工的内在和外在奖励可以用来鼓励服务人员和目标受众之间开展更丰富的经济和非经济交换。因此,内部社会营销思想也要求采用积极的营销策略激励员工树立服务意识和顾客导向,并为服务人员提供积极的功能价值和情感价值。

4. 超越促销定义社会营销

人们越来越需要理解社会营销不仅仅是促销,这对于社会营销组合中服务设计、规划和交付的功能整合至关重要。例如,社会营销培训在促使医疗卫生和其他专业人员了解完整营销组合方面具有重要的价值。然而,产品和价格概念可能会让公共服务人员感到困惑,因此应该相应地调整社会营销理论。

5. 权力与控制

最后,在理解顾客控制水平方面,共同创造的服务主导逻辑原则发挥着重要作用。社会营销需要将顾客视为社会营销方案的积极参与者,而不是被动目标市场。在某种程度上,社会营销方案总是利用目标受众的资源和技能投入行为改变方案之中,在社区教育或营销方案中充当改变推动者或榜样。服务主导逻辑原则体现为授权顾客,还强调社会营销实践致力于与顾客、合作伙伴和员工的合作过程,还要求各级管理者为所有利益相关者服务。

服务思维是社会营销的中游方法,利用服务思维促进决策者和顾客之间的互动有助于实现可持续的行为。服务理论的核心原则为开发社会营销方案和发展社会营销理论提供思想和理论,有助于政府组织和非营利组织提高社会营销效果。中游方法扩大预防机构和目标受众之间的资源交换,将鼓励和支持自愿的社会行为。

第四节　品牌建设

在商业部门品牌建设极为普遍,品牌有助于顾客理解和辨别产品,日益成为企业生存和成功的核心要素之一。在日常生活中,人们无时无刻不与品牌打交道。越来越多的社会营销活动也在进行品牌建设,品牌建设有助于提高品牌知名度,建立持久的形象。

一、品牌的概念

品牌是一个名字、术语、标识、符号、设计或者以上各种要素的组合,用于识别一个销售者或一群销售者的产品或服务,并将其与竞争对手的产品或服务区分开来。

英国营销学者莱斯利·德·彻纳东尼(Leslie de Chernatony)和马尔科姆·麦克唐纳(Malcolm McDonald)这样定义品牌:一个成功的品牌是一个可辨认的产品、服务、个人或场所,以某种方式增加自身的意义,使得买方或用户察觉到重要的、独特的、可持续的附加价值,这些附加价值最可能满足他们的需要[1]。

品牌的冰山理论把品牌分成两部分,浮在水面上15%的部分是名称、标志或包装,位于水面下85%的部分是品牌的核心竞争力、定位策略、文化和个性策略[2]。

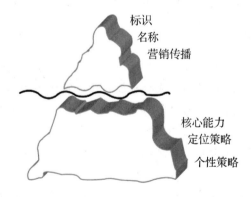

图 8.2　品牌的冰山

资料来源:de Chernatony L. From Brand Vision to Brand Evaluation: The strategic process of growing and strengthening brands[M].3rd ed. Butterworth-Heinemann,2010.

---

① [英]莱斯利·德·彻纳东尼.品牌制胜:从品牌展望到品牌评估[M].蔡晓煦,等译.北京:中信出版社,2002.
② Davidson H. Even More Offensive Marketing[M]. London: Penguin, 1997.

在当前竞争激烈的商业营销中,品牌定义的关键要素是差异化。差异化可以是产品属性上的差异化,比如这款牙膏含有氟泰,有助于防止蛀牙;也可以是情感上或生活方式上的差异化,比如这款牙膏适合年轻、忙碌的专业人士。在当今消费社会,同类产品和服务过剩,很多产品和服务的差异化都是情感上或生活方式上的差异化。还可以用故事塑造品牌,而这种故事可能是不同品牌的同类产品之间的唯一区别。

品牌名称的主要特征是令人难忘、易于识别、易于发音、与众不同,并能够传达产品的利益和诉求。品牌标识尤其重要,它能在视觉上吸引人们的注意力,并塑造出一个合适的形象。品牌标识往往是人们与品牌接触最频繁的部分。

二、品牌的属性

消费者对品牌的反应在很大程度上取决于他们所拥有的对品牌与品牌属性的有利或不利的知识。品牌属性有品牌认知(Brand Awareness)和品牌形象(Brand Image)构成。

品牌认知通过品牌识别(Brand Recognition)、品牌回忆(Brand Recall)和品牌优势(Brand Dominance)来测量品牌的显著程度。换句话说,消费者会认出一个熟悉的品牌吗?消费者能在有帮助还是无帮助的情况下说出品牌?在某个品类中哪个品牌在消费者心目中处于最重要的位置?哪些属性与特定的品牌有关?没有品牌认知,消费者不可能识别该品牌,该品牌是没有意义的。许多社会营销活动的危险在于,由于预算有限,往往无法获得足够的品牌认知,从而无法与其他品牌(通常是商业品牌)开展竞争。

品牌形象或品牌身份(Brand Identity)代表了消费者对品牌整体感知的各种联想。包括与竞争品牌相比的感知质量、感知价值、品牌的个性以及消费者对主办组织的任何联想。这些都是有助于消费者与品牌建立情感联系的重要构念。对于社会营销方案来说,特别是在面临强烈不利联想的情况下,开发品牌形象尤其重要。

三、品牌的维度

在商业环境中人们选择品牌时,少数关键特征对结果起着重要作用。很少有人会根据单一的特征做出选择,也很少有人会根据众多的特色、特征或价值做出选择。总的来说,人们的选择是基于理性思考(例如,我很渴,因此需要一些水)和感性思考(例如,我是一个喜欢运动的人,因此喜欢和代表这些价值的品牌一起出现)的结合。最终的选择是试图调和理性和感性的考虑。例如,选择一个与运动型生活方式相关的饮用水品牌。

德·切尔纳托尼-麦克威廉矩阵(de Chernatony-McWilliam matrix)概括了消费者的关键选择,并使规划者能够集中于两个独立的维度:功能性(Functionality) 和象征性(Representationality)(见图8.3)。消费者通过平衡这两个维度与他们自己的需求和愿望来选择品牌。

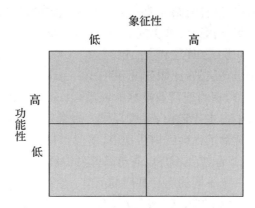

图8.3　德·切尔纳托尼-麦克威廉矩阵

资料来源：de Chernatony L. Categorizing brands：evolutionary processes underpinned by two key dimensions [J]. Journal of Marketing Management，1993，9(2)：173-188.

de Chernatony L, Mcwilliam G. The strategic implications of clarifying how marketers interpret brands[J]. Journal of Marketing Management，1989，5(2)：153-171.

四、社会营销品牌

尽管许多社会营销活动一直都有很强的品牌效应。例如,美国的"动起来,这就是你要做的"(VERB, It's What You Do)体育锻炼方案。又如,在美国、英国、澳大利亚和日本等许多国家使用的全球公认的"减少使用、重复使用、循环使用"(3Rs-Reduce, Reuse, Recycle)口号。近年来,社会营销文献和实践都更加重视品牌建设。在某些情况下,有品牌的、包装精美的产品比没有品牌的简装产品更有吸引力:在抗击艾滋病的方案中,纽约市卫生部门每月免费发放150万个简装安全套,但打算使用一种独特的"纽约市"(New York City)包装纸(地铁主题)重新包装,并打上品牌,上面写着"我们保护你"(We've got you covered)的口号,以吸引更多的人领取和使用安全套。华盛顿特区紧随其后,推出了自己品牌的安全套,并打出了"携手起来,抗击华盛顿艾滋病毒"(Coming together to stop HIV in DC)的口号。

在开发社会营销品牌时,建议遵循商业品牌的做法,用品牌名称表明品牌的用途、利益或优势。人们偏爱那些包含总体方案的目标或最终利益、信息、产品或期望行为的品牌。例如,"系好安全带"(Buckle Up)、"戒烟"(Quit)和"别惹德州"(Don't Mess with Texas)。只要人们在某个地方看到了品牌或标识,就知道方案的主要信息。

例如,一家丹麦公司生产用于世界各地难民营和灾区的产品,其品牌名称如下:零飞(ZeroFly)——一种可杀死蚊蝇的帐篷布;长效网(PermaNet)——一种浸渍杀虫剂的蚊帐;生命吸管(LifeStraw)一种戴在脖子上的过滤器,可去除细菌和某些病毒,把污水变成干净的饮用水。

五、品牌建设层次

许多社会营销组织有不同的合作伙伴与受众,所以有不同的,甚至相互矛盾的任务。例如,一个推广戒烟方案的社会营销组织的合作伙伴与受众有政府、其他资助者、员工、志愿者和服务用户。这种复杂性使社会营销环境中的品牌建设比许多商业公司的品牌建设更加复杂。传统营销力求实现品牌一致性,但是品牌有不同的层次。社会营销品牌层次通常有组织层、家族层和产品层。

组织层次的品牌是最高层的,比如英国卫生部(Department of Health)的许多倡议使用"卫生部"(DoH)品牌,相当于商业世界的雀巢(Nestlé)品牌。组织层次的品牌通常不在单个产品或倡议中占主导地位,但经常作为质量保证的标签。因此,DoH 标志出现在一些英国卫生部资助的社会营销活动中,就像雀巢标志出现在雀巢公司的大多数产品上一样,即使这些产品主要不是以雀巢品牌名销售。

家族层次的品牌是一个不同的产品共用的品牌,这个品牌可能与组织层次的品牌不同。例如,玛氏品牌一直用在巧克力棒、饮料和冰激凌等不同产品上。同样,为"生命而改变"(Change4Life)活动在一系列产品和服务中使用"4life"品牌,甚至用在那些针对不同行为的产品上,比如"为生命而游泳"(Swim4Life)、"为生命而骑行"(Bike4Life)、"为生命而步行"(Walk4Life)。这种方法的主要优点在于一个组织可以为一些目标受众开发不同的信息,然后利用同一家族品牌下的几种产品之间的协同效应。

英国道路安全方案采用总品牌"想一想"(Think!),在道路安全的各个领域开发了子品牌"想一想! 不要酒驾"(Think! Don't Drink and Drive)、"想一想! 30 公里/小时是有原因的"(Think! It's 30 for a Reason)、"想一想! 始终系好安全带"(Think! Always wear a seat belt)、"想一想! 不要疲劳驾驶"(Think! Don't Drive Tired)。看起来能够整合总体宣传理念加强所有组成部分。

产品层面的品牌建设为单个产品或服务开发品牌。这种方法提供了一种更加个性化的品牌建设方式,允许组织针对特定人群开发独特的品牌和信息。例如,英国切尔西和威斯敏斯特英国国家医疗服务体系基金会信托以"迪恩街 56 号诊所"(56 Dean Street)的品牌名称为同性恋群体提供性传播感染筛查服务。

六、数字品牌创建

谈论品牌策略时,不可能不谈论品牌的数字呈现。在网络空间朋友或敌人可以支持或批评一个品牌,因此必须考虑数字品牌的独特背景。线下接触品牌的人数每天都在减少,如果一个组织或项目不在数字空间呈现,这样的品牌可能不会存在下去。数字品牌咨询公司睿域(Razorfish)从消费者的角度提出了数字品牌遗传密码的七个属性[①]:

新鲜的(Fresh):它是否激发了一种感觉或情感? 品牌的数字页面是新的、流行的、美丽的、智能的、无畏的、有影响的吗?

适应性(Adaptive):它对你的参与有反应吗? 品牌的行为是可变的、直观的、快速的、互动的、网络原生的、数据敏感的吗?

相关性(Relevant):它对你有用或有吸引力吗? 网站或活动是量身定制的、有意义

① Friedman D. (2007,December 20). Digital brand DNA:Who controls your brand? Chief Marketer[EB/OL]. 2025 - 02 - 10. https://www.chiefmarketer.com/digital-brand-dna-who-controls-your-brand

的、有用的、有针对性的吗？

变革性(Transformative)：它是否提高了你对品牌或网络的期望？数字体验是颠覆性的、创新性的、令人惊讶的、令人难忘的、开拓性的吗？

社交性(Social)：值得引用、分享或投稿吗？这个品牌的设计是模块化的、便携的、有趣的、社区的、可共享的、值得关注的、具有话题性的、民主的吗？

沉浸式(Immersive)：你会忘记时间吗？这种体验是无缝的、涉入的、娱乐的、可用的、方便的、多感官的吗？

真实性(Authentic)：看起来真实吗？这个品牌是否让人觉得透明、连贯、一致、人性化？

数字品牌需要有更多的活力和功能。如今品牌必须具有吸引力和互动性，理解这些需求是许多参与社会变革活动的组织向前迈出的重要一步。建设数字品牌是社会营销组织的必要战略。

七、品牌策略文件纲要

品牌策略文件纲要是将所有品牌策略的信息组织成一份简短的品牌策略文件。如果你不能只用几页纸来表达你的品牌定位和品牌策略，那么品牌传播将十分困难。品牌策略文件纲要可以用于组织的品牌建设，也可以用于方案、行为、产品或服务的品牌建设[①]。

使命：对组织目的或方案、产品或服务的目标的清晰简洁的陈述。

目标：品牌的具体目标或目的。

竞争：确定在受众心目中竞争资金、知名度或心智位置的关键组织。

目标群体：品牌成功所依赖的核心用户或潜在用户。品牌是建立在满足这个群体的需要和期望之上的。

定位陈述：一个简短的、描述性陈述，阐明品牌所代表的含义以及它与竞争对手的区别。

定位平台：作为品牌定位基础的理想宣言。我们在为什么而奋斗？

品牌本质陈述：唤起品牌和用户关系的陈述。它回答这样一个问题：这个品牌在其核心用户的生活中有何意义？

品牌特征：对品牌的外观、基调和感觉特质的总结。它描述了这个品牌今天是什么，它正在努力成为什么。

---

① Lefebvre R C. Social marketing and social change: strategies and tools for improving health, well-being, and the environment[M]. Hoboken: John Wiley & Sons, 2013.

第九章 价格策略

在商业营销里,顾客购买产品和服务需要付出货币成本和非货币成本。大部分社会营销项目不提供有形产品,在社会营销中价格是目标受众实施期望行为时所需付出的成本和所需克服的障碍。社会营销定价要考虑定价目标和定价方法,还要选择定价策略。社会营销的定价策略包括增加期望行为的利益、减少期望行为的成本、增加竞争行为的成本等。

第一节 价格概述

目标受众实施期望行为需要付出货币成本并克服多种障碍。社会营销定价首先需要确定定价目标,然后选择定价方法。社会营销价格矩阵给社会营销价格策略设计提供了新视角。

一、价格的含义

在商业营销里,价格通常是指顾客为了获得、拥有和使用产品或者服务的利益而支付的货币总额。在购买有形产品的过程中,也会涉及非货币成本。例如,试驾一辆新车或前往一个特定的商店需要时间成本,转换到一个新银行需要精力成本,试穿一个新品牌的运动鞋可能需要心理成本。

大多数社会营销项目不提供具有经济价格的有形产品。在社会营销里价格通常是从一个更广泛的角度来考虑的,价格是目标受众实施期望行为时所付出的成本。这些成本可能涉及实施期望行为必须付出的费用和必须克服的障碍。

成本可分为货币成本和非货币成本两种。在社会营销里货币成本经常与采取某种行为相关的产品和服务联系在一起。例如,购买救生衣或者给婴儿游泳课付费,为保护性健康或促进计划生育而购买避孕套,参加健身运动购买运动服和办理健身会员卡。

对社会营销来说,非货币成本可能是主要成本,非货币成本包括实施期望行为要花费的时间、精力,可能要承担的心理风险和损失以及可能还要承担的身体上的不适。例如,去垃圾回收点占用宝贵的时间;健身需要消耗精力和体力,还会感到身体酸痛,缺乏节奏感的人去跳有氧运动减脂舞蹈会感到社交上的尴尬;让年轻男性饮用酒精度数低的啤酒可能会遭到他人的嘲笑,还失去了微醺的感觉。表 9.1 列出了一些期望行为的货币成本和非货币成本。

表 9.1　实施期望行为的潜在成本

货币成本:产品	安全头盔、救生衣、儿童安全座椅 血压计 避孕套 吹气式酒精测试仪 节水马桶
货币成本:服务	计划生育课程 戒烟课程 健身房会员卡 代驾服务
非货币成本:时间、精力	烹饪营养均衡的膳食 把废弃药物带到专门回收药店 靠路边停车后使用手机
非货币成本:心理	查出肿块是否癌变 抵制吸烟的冲动 乘坐班车上下班听他人喋喋不休的聊天
非货币成本:身体不适	锻炼身体 佩戴口罩 扎手指测血糖 钼靶检查 缩短淋浴时间

资料来源:南希・R.李,菲利普・科特勒.社会营销:如何改变目标人群的行为[M].5 版.俞利军,译.上海:格致出版社,2018.
Lee N R, Kotler P, Colehour J. Social Marketing:Behavior Change for Social Good[M].7th ed.London:Sage,2023.

二、定价目标

社会营销涉及的有形产品和无形服务的价格通常是由制造商、零售商和服务提供者来制定的。社会营销人员需要决定哪些有形产品和无形服务有助于改变行为,还要考虑向受众提供产品或服务的折扣券,以及其他相关的激励措施。当社会营销人员参与价格制定时,首要任务就是在定价目标上达成一致。社会营销人员可能采用的定价目标有实现最大利润、回收部分成本、实现最大用户数量、实现社会公平和开展逆营销[①]。

1. 实现最大利润

社会营销人员需考查在不同价格水平上的行为和成本,选择可以实现最大利润的价格。例如,在非洲,游戏水泵(Play Pump)用来减少从井里取水的时间,设计者通过

[①] Kotler P, Roberto E L. Social Marketing:Strategies for Changing Public Behavior[M]. New York:Free Press,1989.

在游戏水泵的高处水箱的四面安装广告牌为游戏水泵创造收入。

2. 收回部分成本

收回部分成本是指把从公共渠道或私人渠道募集的资金作为收入,用于抵消产品的部分成本,其余部分通过产品价格来收回。因此,社会营销产品的价格往往低于其成本。例如,雨水收集桶的成本为 45 美元,只向顾客收取 32 美元。

3. 实现最大用户数量

在某些社会营销项目中,比如传染病防控,社会营销的目标是为每一位有需要的人提供产品,宜采用低定价或免费提供。主要目的是影响尽可能多的人来使用服务、购买产品。例如,免费接种疫苗。

4. 实现社会公平

为实现社会公平的社会营销项目的首要目标是接触贫困人群和高危人群,需依据支付能力来制定不同的价格。例如,自行车安全头盔采用浮动收费。

5. 开展逆营销

逆营销的目标是减少社会需求。社会营销通过定价来阻止人们消费某种产品或采纳某种行为。例如,社会营销人员游说政府部门提高烟酒税率,增加交通违章处罚力度,就是利用价格手段来减少不良需求。

三、定价方法

在确定社会营销定价目标之后就要选择定价方法。在制定价格时需要考虑成本、竞争者和目标受众三个因素。在社会营销中有成本定价法、竞争定价法和价值定价法。

1. 成本定价法

在成本定价法中,价格取决于产品成本以及期望的或者已经确定的利润率或投资回报率。最常见的成本定价法包括成本加成定价法和目标利润定价法。例如,药店以超过采购成本的价格来销售避孕套。

2. 竞争定价法

价格受到竞争者的产品和服务的价格影响。例如,一家救生衣生产商联合防溺水活动方案向人们发放折扣券,以使自己的救生衣价格与未经海岸警卫队认可的廉价救生衣价格相差不多。

3. 价值定价法

价值定价法是指评估不同价格水平的用户需求,根据用户的价格敏感程度来制定价格。例如,仅需要简单旋转的食物垃圾堆肥器的价格高于需要手动翻拌的食物垃圾堆肥器。

四、价格敏感度的影响因素

在制定价格时,需要了解目标受众对于产品的价格敏感度,预测目标受众对于不同价格的反应。为了分析目标受众的价格敏感度,需要了解价格敏感度的影响因素。美国营销学者托马斯·纳格尔(Thomas Nagle)和格奥尔格·缪勒(Georg Müller)提出了价格敏感度的九个影响因素[①]。

1. 竞争参考效应(Competitive Reference Effect)

受众往往采用启发法或者其他心理捷径来辅助指导决策过程。在传统商业环境下,旅游景区餐馆的价格竞争压力较小,因为顾客不知道是否有更好的替代选择。顾客往往根据方便的地点、良好的标识以及相关人员推荐等来选择餐馆。当地居民将景区附近的餐馆视为游客陷阱,处于显眼位置餐厅的菜品价格更高。顾客最常用的捷径是找一个知名度高、成本也高的参考产品,然后评估产品的相对价值。通过管理顾客对竞争性选择的理解,组织可以显著地影响顾客的支付意愿。

2. 转换成本效应(Switching Cost Effect)

随着转换供应商的成本增加,顾客对产品价格的敏感性降低。许多产品需要买家进行特定的投资才能使用产品。例如,航空公司可能不愿意更换供应商,因为重新培训机械师和采购零配件会增加成本。又如,忙碌的高管会投入大量时间与会计师事务所、律师事务所和托儿所建立融洽关系,不会轻易更换服务机构。在这些情况下,买家对于替代品的价格敏感性很低。

3. 比较困难效应(Difficult Comparison Effect)

在购买前顾客通常很难判定产品或服务的属性。顾客往往会继续支付更高的价格购买原来的产品,因为从过去的经验中积累了信心,而其他产品只是承诺具有某些效果。有些包装精美的品牌食品很难与便宜的品牌相比较。当买家难以比较不同产品时,他们对已知的或者信誉好的供应商的价格不敏感。许多购买者不是试图找到最佳价值,而是选择信任的、令人满意的产品。

4. 最终利益效应(End Benefit Effect)

顾客的价格敏感性受到顾客从购买中获得的最终利益的重要性的影响。如果购买造成失败的成本越高,风险越大,最终利益效应就越显著。例如,波音 787 喷气式飞机采用比铝更轻、更坚固的复合材料制成,不再使用铆钉等机械紧固件,而是使用胶水连接零部件。波音公司购买的胶水需要更严格的质量控制、额外的认证,成本也高得多。

5. 价格质量效应(Price Quality Effect)

一般来说价格是买方付给卖方的钱,对于少数产品来说价格还是一种价值信号。顾客的支付意愿受到价格质量效应的影响,买家受到更高价格的积极影响,更高的价格可能意味着更好的质量。买家购买价格更高的产品,也许是为了传达他们买得起的信息。除了直接利益,有些声望品牌能够彰显消费者的身份地位,这些声望产品能够而且必须要求更高的价格。

---

① Nagle T T, Müller G. The strategy and tactics of pricing: A guide to growing more profitably[M]. London: Routledge, 2017.

许多医生、律师和理发师制定高昂的价格来限制顾客数量以便在约定的时间服务好顾客。一些商务人士选择头等舱是为了在航班上处理必须做的事,避免受到吵闹的孩子或健谈的度假者的影响。

当潜在顾客无法判断产品的客观质量并且缺乏品牌名称、来源国或者可以信赖的背书等信息时,也会认为高价格意味着高质量。价格还会影响产品的实际效果。在一项实验中,同一种能量饮料以常规价格和折扣价格销售给即将参加考试的学生,那些支付全价的学生在考试中表现更好,那些支付折扣价格的同学的考试成绩更差。

6. 支出效应(Expenditure Effect)

当支出金额较大或者支出占预算比例较大,购买者对价格更敏感。随着支出的增加,货比三家的潜在回报也会增加。成功的高端产品营销人员会在不同的情境下重新设计高端价格来降低购买者的价格敏感度。例如,对于年轻的家庭来说,人寿保险是一种特别有用的产品,通过提供不同的保额,并把每年的费用分解为季度付款,让资金紧张的年轻家庭也能负担得起。

7. 分摊成本效应(Shared Cost Effect)

由产品价格带来的部分收益是价格敏感度的重要决定因素,购买者实际支付的部分价格也是价格敏感度的重要决定因素。人们购买的许多产品实际上是全部或部分由他人支付的。医疗保险承担了部分诊疗费、检查费、治疗费和药品费用。税收减免旨在降低从事有益行为的价格敏感度,比如投资教育、投资技术创新或慈善捐赠。购买者自己需要支付的比例越小,对价格就越不敏感。部分或全部补偿对于价格敏感度的影响称为分摊成本效应。

8. 交易价值效应(Transaction Value Effect)

交易价值包括经济价值和心理价值。交易价值表明购买者的动机不仅与获得效用(Acquisition Utility)有关,还与交易效用(Transaction Utility)有关。获得效用是购买者获得和使用产品的效用。交易效益是实际支付的价格与参考价格之间的差额,参考价格是购买者认为合理的或公平的价格。

9. 公平效应(Fairness Effect)

怎样才算公平还没有确切的界定。公平是一种不受盈利能力、绝对价值或供应量影响的社会规范。公平概念随着时间的推移而改变。一家汽车经销商以超过制造商明确标示的价格出售一款受欢迎的新车,即使调整后的价格是市场出清价格,也可能受到欺诈指控。相比之下,数十年来,航空业和酒店业一直实行基于需求的定价法。市场通常认为把投入成本增加转嫁给购买者是公平的,面对成本上升,商家可以保持盈利。

五、价格收益矩阵

美国营销学者卡斯图里·兰根(Kasturi Rangan)、雪莉·桑德伯格(Sheryl Sandberg)和索赫尔·卡里姆(Sohel Karim)为理解社会营销中的价格和可能使用的策略提供了一个有用的矩阵①(见图 9.1)。当成本低且对参与者个人有好处时,改变行为会更容易,比如系安全带。社会营销方案的成本或高或低,社会营销方案的收益主要是个人利益或者社会利益。社会营销方案的收益还可以分为近期的和远期的,有的利益是确定的,有的利益有一定发生概率。例如,戒烟的身体戒断症状的成本是直接的和确定的,戒烟对健康的好处,如减少肺癌和喉癌的风险,是长期的,还有一个概率问题。

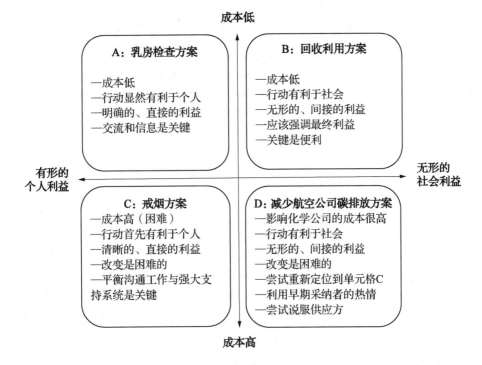

图 9.1　价格收益矩阵

资料来源:French J, Gordon R. Strategic Social Marketing: For Behaviour and Social Change[M]. 2nd ed. London: SAGE Publications Ltd, 2019.

第二节　定价策略

在制定价格策略时,一个需要考虑的关键因素是交换,目标受众将根据社会营销方案所展示的内容和他们以往的经验来权衡成本和收益。当目标受众进行成本收益分析时,社会营销方案需要让目标受众清楚地看到"这对我有什么好处"(What's in it for

---

① Crompton J L. The Role of Pricing in the Delivery of Community Services[M]. Community Development Journal, 1981, 16(1): 44-54.

me,WIIFM)。有三种方法可以帮助人们识别 WIIFM①:① 最大限度地增加期望行为的利益。在身体锻炼方案中,注重宣传乐趣、活力、社交利益以及某些健康利益。② 最大限度地减少期望行为的成本。大部分社会营销方案的重点往往放在试图减少或减轻成本和感知到的障碍上。大部分促进身体锻炼的方案向人们展示每天锻炼 30 分钟是一件轻而易举的事情。③ 最大限度地增加竞争行为的成本。这是一种威胁性的诉求策略,表明不采取期望行为的消极后果。

社会营销通过增加期望行为的利益,减少期望行为的成本,增加竞争行为的成本来促使目标受众改变行为。产品策略和渠道策略也可以用来增加期望行为的利益或减少期望行为的成本。但是价格策略中的货币激励和非货币激励对于促使目标受众改变行为特别有用。在社会营销的六种价格策略中,其中四种策略侧重期望行为,两种策略侧重竞争行为②。

一、增加期望行为的利益

1. 增加期望行为的货币利益

货币回报和激励包括多种形式,比如减免、礼品卡、津贴、现金优惠和价格调整。消费者因采纳推荐行为而受到奖励时,有些奖励比较微薄,有些奖励比较丰厚。例如,2020 年 9 月沈阳市发改委、沈阳市财政局下发《关于完善我市养犬管理收费标准的通知》,该通知规定养犬管理费第一年每只收费 500 元;从第二年起,每年按规定时间连续缴费的每只收费 200 元;未能每年按规定时间连续缴费的,按第一年收费标准执行,此后再连续缴费的仍然按每只 200 元执行。对养犬人在办理犬只登记或按年度交纳养犬管理费时,能够提供依法设立的动物诊疗机构出具的犬只绝育手术证明的,当年减半收取养犬管理费。

再如,世界上很多国家采用货币激励措施增加饮料瓶回收。截至 2023 年,全球已经有超过 40 个国家实施押金制,平均回收率达 85%,民众支持率达 79.68%。

1971 年,美国俄勒冈州首先立法施行空瓶回收法案(Bottle Bill)。截至 2002 年,美国有十一个州通过了玻璃瓶押金制度,容器回收率为 75%~95%。没有实行的州的回收率仅为 22%,差距显著。

1972 年,挪威采用货币激励措施让回收饮料瓶成为大多数人日常生活的一部分。每个可回收容器上都标有当你将其放回反向自动售货机时可以收回的金额,反向自动售货机位于杂货店和学校等地方。消费者将饮料瓶投入反向售货机可以得到现金或代金券。2020 年挪威的塑料瓶回收率达到 97%。

2003 年德国实施塑料瓶和易拉罐回收押金制,许多饮料瓶标签上都有一个 0.25 欧元的标识,当消费者喝完饮料,带着空瓶回到商场或回收点时,可以返还 0.25 欧元的押

---

① Donovan R, Henley N. Principles and practice of social marketing: an international perspective[M]. Cambridge: Cambridge University Press, 2010.
② Lee N R, Kotler P, Colehour J. Social Marketing: Behavior Change for Social Good[M]. 7th ed. London: Sage, 2023.

金。德国的易拉罐回收率达到96％，饮料瓶的回收率达到98.5％，这个成果的取得与德国法律规定一次性饮料包装物必须实施押金制直接相关。

2012年，北京盈创再生资源回收有限公司在北京物美超市联想桥旗舰店试行环保押金制。超市的饮料瓶贴上了虚拟押金制的标识。消费者将空瓶投入自动回收机，即可获得每瓶0.2元押金的返还。试点期间，回收机退回押金30多万次，这些饮料瓶的回收率高达70％。总体而言，要大范围推行环保押金制仍需很多努力。

2. 增加期望行为的非货币利益

有一些方法同样能够鼓励人们改变行为，这些方法不涉及现金或免费、打折的产品和服务，没有很大的货币价值，但是提供了另一种类型的价值。大多数社会营销方案向实施期望行为的受众提供承诺、认可、赞赏等激励措施。大多数情况下这些利益都是心理的、个人的。通过签署和履行承诺可以增强参与者的自尊。如果承诺被公开，承诺的价值就会增加，公众会进一步增加感知价值。许多简单的事情都可以表达认可或赞赏。比如，向骑自行车上班的员工发电子邮件表示感谢，对过去一年坚持环保行为的干洗店进行表彰。这种非货币利益不同于产品和服务，也不同于销售促进策略。

二、减少期望行为的成本

1. 减少期望行为的货币成本

大多数消费者熟悉的减少货币成本的方法包括打折券、礼品卡、免费试用、现金折扣、数量折扣、季节性折扣、促销定价以及细分市场定价。这些定价策略同样适用于社会营销。例如，2013年7月，在美国西雅图的一次大型宠物领养活动中，免除了一岁及以上猫咪的领养费，还降低了不足一岁的小猫崽的领养费。一个周末就有203只小猫被领养，打破了过去116年的领养记录。公共卫生促进者常常试图通过提供补贴或免费服务来降低遵守规定的货币成本。例如，向吸烟者提供戒烟门诊和戒烟热线等免费服务降低戒烟的货币成本。社会营销组织还可以资助激励措施，分发优惠券，帮助商家宣传等。

2000年2月，港景伤害预防和研究中心（Harborview Injury Prevention and Research Center）的网站报道称，在美国西雅图，法律规定需要戴头盔，在西雅图骑自行车戴头盔的人超过其他主要城市。1986年，西雅图港景医疗中心的医生们发起华盛顿儿童自行车头盔方案，医生们对每年治疗200名左右的骑自行车头部受伤的儿童感到震惊。尽管1985年就有儿童戴自行车头盔了，但每100个儿童中只有一个孩子会戴头盔。港景伤害预防和研究中心的医生进行了一项研究，以了解父母为什么不给孩子买自行车头盔，以及哪些因素影响孩子戴头盔。

对2 500多名四年级学生及其家长的调查结果显示，超过三分之二的家长表示他们从未想过给孩子买头盔，另外三分之一的家长表示费用是一个因素。

儿童自行车头盔方案的设计围绕四个关键目标：提高公众对头盔重要性的认识；对家长进行使用头盔的教育；解决儿童受到同龄人反对戴头盔的压力问题；降低头盔价格。

港景伤害预防和研究中心成立了一个由健康、骑行、头盔产业和社区组织组成的联盟,负责设计和管理各种促销活动。因此,家长和儿童可以在电视、广播、报纸、诊所、学校和青年团体中了解到有关头盔的消息。广告中的折扣优惠券将头盔价格减半,降至20美元。他们还向贫困家庭免费或低价分发了近5 000顶头盔。

到1993年9月,西雅图地区儿童的自行车头盔使用率从1‰上升到57%,成年人的自行车头盔使用率上升到70%。这场运动五年后,港景伤害预防和研究中心开展评估并公布了这场运动的最终影响:在西雅图地区五家医院入院治疗的因骑行自行车造成头部受伤的5~14岁儿童下降了约三分之二。

2. 减少期望行为的非货币成本

实施期望行为可能会涉及时间、精力、体力或心理成本。例如,吸烟者停止吸烟往往承受着尼古丁戒断症状造成的恶心、呕吐、烦躁、焦虑、心慌等身体不适。在早期的戒烟运动中很少重视这些非货币成本。

有一些策略可以用来减少时间、精力、体力或心理成本。例如,在开展资源回收利用活动时,配备不同的袋子或箱子用于盛放纸、瓶子、罐子等不同的物品以便减少分类和储存可回收资源的时间和精力成本。在路边收集可回收资源,可以减轻居民把可回收物送往回收站的时间和精力。居民每周一次把可回收资源送到生活垃圾回收点,也可以减少遗忘。

还可以把新的行为嵌入现有的活动用来减少所需要消耗的时间,或者把新的行为锚定在一个已经建立的习惯上[①]。例如,在看电视的时候用牙线清洁牙齿,采用爬楼梯而不是坐电梯到办公室。

德国柏林科技大学技术与创新管理教授汉斯·格奥尔格·吉芒登(Hans Georg Gemünden)提出了减少实施新行为的非货币成本的一些策略[②]:

(1)应对感知到的心理风险,提供社会产品,比如提供公众认可等精神奖励。

(2)应对感知到的社会风险,从可靠的来源获得支持,从而减少采用某产品可能会产生的羞耻或尴尬。

(3)应对感知到的使用风险,向目标顾客提供关于产品的令人放心的信息,或者向顾客提供免费试用产品的机会让顾客体验产品的功能。

(4)应对感知到的身体风险,征求医师协会、医学会等权威机构或其他受人尊重的组织的认证。

三、增加竞争行为的成本

1. 增加竞争行为的货币成本

社会营销可以利用增加不良行为的货币成本来促进行为改变。这种策略往往需要影响政策制定者,因为对抗竞争最有效的货币策略常常需要增加税收(如对耗油量大的

---

① Fox K F. Time as a Component of Price in Social Marketing[C]//Bagozzi R P, et al. Marketing in the '80s. Chicago:American Marketing Association,1980:464-467.

② Gemünden H G. Perceived risk and information search. A systematic meta-analysis of the empirical evidence[J]. International Journal of Research in Marketing,1985,2(2):79-100.

汽车)、实施罚款(如对不进行回收的人)、或者减少资金支持(如对没有开设足够一小时体育课的学校)。有关控烟的研究表明,香烟价格上涨导致大学生吸烟人数和大学生吸烟者的每日香烟消费量大幅度下降,因此,通过提高香烟消费税来提高烟草价格有助于降低大学生吸烟人数和香烟消费量[①]。2003 年 2 月,伦敦开始在市中心地区对行驶车辆征收拥堵费。伦敦交通局数据显示,2002 年至 2006 年,伦敦市中心地区交通车辆减少 21%,每天出现在伦敦街头的汽车数量比征收拥堵费之前减少 70 000 辆,伦敦市中心地区车辆行驶速度也明显提高。

改变政策对于重大的社会变革至关重要,社会营销人员在推动政策变革中可以发挥重要作用[②]。社会营销的理论和框架可以用来指导上游社会营销行为。利用变化阶段模型对目标受众进行细分,在立法问题上可以把目标受众分为反对者、犹豫不决者和支持者。然后,找出并理解目标受众的利益、成本和其他因素。

2. 增加竞争行为的非货币成本

社会营销还可以通过增加竞争行为的实际的或感知的非货币成本来阻止竞争行为。在这种情况下,可能要创造或者强调负面的公众形象。以大屏幕曝光行人违法为例,为了增强市民文明出行的交通意识,提升城市交通文明程度,很多城市交通管理部门开展行人交通违法行为曝光行动。交管部门利用城市主干道上的显示屏对行人闯红灯、不走斑马线、翻越护栏等交通违法行为予以曝光。这种曝光措施准确地把握违法行人的心理,形成强烈的心理威慑和道德压力。

再比如,治理宠物狗粪便的例子。2013 年春天,在马德里附近一个村庄里,宠物狗的主人需要清理自家宠物在街上留下的粪便,不然就会收到令人不愉快的包裹。志愿者们在街上等待那些不清理狗粪便的主人,一些志愿者偷偷地抓起狗的粪便,另一些志愿者走近狗主人,找出狗的名字和品种。然后,志愿者就会搜索当地宠物登记数据库,找出狗主人的地址,把狗的粪便装进标有失物招领的盒子里,寄给狗主人。一份报告表明,在布鲁内特街道上宠物狗的粪便减少了 70%。

四、应用承诺

承诺是一种非货币激励,可以为实施期望行为增加价值,能够增加自尊和公众声誉。承诺可以成为帮助受众从意图转变为行为的关键策略。美国环境心理学者道格·麦肯兹-莫尔(Doug McKenzie-Mohr)[③]研究了社会营销中承诺对于改变受众行为的作用,还区分了四种承诺形式:口头的、书面的、公开的和持久的承诺,公开的和持久的承诺最有可能激励个人遵守自己的承诺并且有助于社会扩散。

来看看应用承诺的社会营销方案。例如,社会营销人员打电话给印第安纳州布卢明顿市的居民,询问他们是否愿意花三个小时作为志愿者为美国癌症协会募捐。三天

---

① Chaloupka F J, Wechsler H. Price, tobacco control policies and smoking among young adults[J]. Journal of Health Economics, 1997, 16(3): 359-373.

② Andreasen A R. Social Marketing in the 21st Century[M]. Thousand Oaks, CA: SAGE, 2006.

③ McKenzie-Mohr D. Fostering Sustainable Behavior: An Introduction to Community-Based Social Marketing[M]. 3rd ed. Gabriola Island, BC: New Society Publisher, 2011.

后,再次给这些人打电话,他们比之前没有接到询问电话的人更有可能成为志愿者。又如,被要求佩戴一枚领针宣传加拿大癌症协会的人,随后为癌症协会捐赠的可能性几乎是未被要求佩戴领针的人的两倍。再如,当一所大学社区的居民被要求签署承诺卡,承诺通过路口时走人行横道,驾驶通过人行横道时礼让行人,人行横道的使用量增加了10％,礼让行人的行为增加了21％。

为什么同意一个小请求会导致人们随后同意一个更大的请求?当人们同意一个小请求时,往往会改变他们对自己的看法。例如,当人们在倡议书上签名,支持为残疾人建造新设施时,签名这个行为改变了他们对这个问题的态度,他们把自己视为支持这个倡议的人。当后来被请求捐款捐物时,有一种要做到前后一致的内部压力。同样,如果你说你会自愿参加癌症协会、献血或戴领针,这将改变你的态度,也增加你以后按照新的态度做事的可能性。前后一致是一种重要的性格特征,那些做不到前后一致的人往往被认为是不可信和不可靠的。相比之下,前后一致的人被视为诚实正直的。

有研究已经阐明了承诺何时可能最有效。书面承诺似乎比口头承诺更有效。在一项调查口头承诺与书面承诺影响的研究中,被试家庭被分为三组。第一组家庭只收到一本小册子,强调回收报纸的重要性。第二组家庭口头承诺回收报纸。第三组家庭签署了一份声明,承诺回收报纸。最初,做出口头或书面承诺的家庭比只收到小册子的家庭回收更多的报纸。然而,在后续调查中,只有签署声明的家庭仍在回收报纸。

如果有可能,社会营销方案要请求受众作出公开承诺。一项关于节约电力和天然气的私下承诺和公开承诺研究表明,公共承诺具有更大的影响。那些同意公开承诺的人比私下承诺的人节省了更多的能源。受众作出公开承诺,但是研究人员并未公布他们的姓名,他们仍然继续节约能源。虽然从未公开他们的名字,但是他们同意公开承诺,就可以减少了15％天然气使用量和20％电力使用量。重要的是,在12个月之后仍然可以观察到这些减少。公共承诺之所以如此有效,可能是因为人们希望言行一致。简言之,承诺越公开,就越有可能兑现承诺。

第十章 渠道策略

时间是最宝贵的稀缺资源,便利成为人们选择工作、购物和消费的重要考虑因素。在过去的几十年里,商场、超市、餐馆、健身馆、医院等销售产品或提供服务的组织都选择接近顾客的地方。进入 21 世纪,网络购物、外卖、快递给顾客提供了快速便捷的服务。对于社会营销来说,渠道或地点同样重要,很多社会营销方案得益于目标受众能够方便地实施期望行为。社会营销也需要选择合适的渠道策略和渠道成员。

第一节　渠道概述

社会营销有四种不同类型的分销渠道,社会营销人员需要根据社会营销的项目特点与目标受众特点设计分销渠道和选择中间商。分销渠道决策需要考虑增加便利性、减少障碍以及超越竞争。

一、分销渠道的含义

分销渠道是促进、支持和鼓励目标受众实施期望行为或者目标受众获取相关产品、接受相关服务的场所。社会营销的分销渠道包括线下渠道和线上渠道,其中线下渠道是社会营销的主要分销渠道,比如工作场所、学校、家庭、社区和卫生服务中心等物理场所。利用分销渠道可以扩大服务目标受众的范围,减少目标受众实施期望行为的物理障碍和心理障碍。此外,利用分销渠道可以让目标受众感到实施竞争行为的不方便、不愉快。设计分销渠道要考虑地点、成本、时间、覆盖面和物流等因素。例如,昆士兰乳腺癌筛查服务通过在不同时间提供移动筛查车来降低目标人群参加筛查的成本和障碍。

二、分销渠道的类型

如果社会营销方案包含有形产品和服务,可能需要通过分销渠道来接触目标受众。美国营销学者菲利普·科特勒和爱德华多·罗伯托描绘了社会营销的四种不同类型的分销渠道[①](见图 10.1)。在零级渠道中,社会营销人员直接向目标受众开展分销。社

---

① Kotler P, Robert E L. Social Marketing：Strategies for Changing Public Behavior[M]. New York：Free Press，1989.

会营销组织通过邮件、互联网、上门或门店将有形产品提供给目标受众。例如卫生部门利用社区卫生服务中心提供疫苗接种服务。在一级渠道中有一个层次中间商,通常都是零售商,例如,卫生部门在药店提供疫苗接种服务。在二级渠道中,有经销商和零售商两个层次中间商,比如,与救生衣的经销商合作将安全提示附在产品上。在三级渠道中,还要与经销商、批发商以及零售商联系。

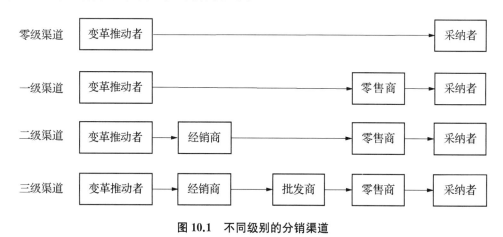

图 10.1 不同级别的分销渠道

资料来源:Kotler P,Robert E L. Social Marketing:Strategies for Changing Public Behavior[M]. New York:Free Press, 1989.

分销渠道决策需要考虑潜在采纳者的数量、储藏设施、零售店分布、运输成本等因素,选择能够触达目标受众,实现社会营销目标的效率高且效果好的方式。

三、选择分销渠道的原则

根据顾客导向,商业营销中的地点或分销决策要确保顾客和潜在顾客方便地获得产品。渠道决策涉及物流、门店数量和类型、营业时间、附近公交、停车便利性、门店氛围和清洁等问题。例如,美国的医生通过延长营业时间和提供更有男子气概的医疗环境来吸引男性顾客进行整容手术。

对于快速消费品来说,分销点越多,销量就越大。同样,附近是否有超市或菜场销售新鲜水果和蔬菜,也会极大地影响居民对水果和蔬菜的食用量。自动售货机可以 24 小时供应香烟、零食和饮料,充分利用冲动购买,增加了商家接触目标群体的能力。在美国,自动售货机扩大了产品范围,还销售防晒霜、止痛药和数据线。在日本,自动售货机还销售品牌服装。

商业和医疗机构不断地在大型百货公司、购物中心和机场等人流量大的地方开设网点。例如,英国政府希望通过在超市提供医生诊疗服务来增加贫困地区居民的就医机会,美国机场也开始出现药房和免预约诊所。

对于社会营销来说,便利原则也同样适用。来看看"10000 步"方案,自 2001 年以来,澳大利亚中央昆士兰大学的一个团队运营这个方案,这个方案鼓励澳大利亚人增加体育活动。"10000 步"方案使用路标指示道路各点之间的距离促使步行者实现活动的目标。

促进安全性行为方案不仅要确保药店、超市、便利店和加油站的小超市出售安全套,还要确保在俱乐部和酒吧的自动售货机里也有安全套出售。这样目标受众在需要的时候随时可以买到安全套,还能避免购买时的尴尬。

地点因素还要考虑可用的设施和物理环境的氛围。如果我们希望人们更多地使用公共交通,需要确保地铁车厢、公共汽车内部清洁、明亮,座位舒适,如果乘客是站着的话,可以很容易地抓到扶手。还需要确保乘客的安全,无论是在车上还是在站点。如果还能优化公交路线与服务时间,那么公共交通就更有吸引力。

对于许多政府和非政府组织的福利服务来说,保护隐私的考虑很重要,确保安全的考虑总是必要的。例如,鼓励人们为了健康而步行,就需要有平坦的道路,晚上有良好的照明,避免被机动车撞到或遇到歹徒。

社会营销人员还要考虑让人们在各种环境中继续实施不良行为更加困难或者更加麻烦。例如,越来越多场所开展禁烟让戒烟更容易,让继续吸烟更困难。世界卫生组织敦促全世界学校禁止吸烟和吸电子烟。

渠道的问题往往与合作伙伴关系问题相互重叠,合作伙伴可以提供接触目标市场的通道,比如在体育场所、娱乐场所、工作场所、社区等地方接触目标群体或者通过信函、电子邮件即时通信软件或其他在线途径接触合作伙伴的会员。

在某些情况下,中间机构是合作者,在其他情况下,中间机构只是被用作流通渠道。例如,学校可能只是同意将健康饮食的内容引入课程,学校也可能是一个积极的合作伙伴,促进健康饮食作为学校自身政策或使命的一部分。英国"正确零食"(Snack Right)儿童营养项目以 3~5 岁儿童的父母和照顾者为目标,利用儿童中心和托儿所举办免费的趣味和娱乐活动,宣传健康食品。

第二节　渠道策略

商业营销人员应精心设计分销策略,以便顾客能够方便地获得产品和服务。社会营销也要考虑地点或渠道问题,特别是那些延伸产品涉及服务或产品的社会营销方案。为了减少目标受众实施期望行为的障碍,需要考虑六个渠道策略:接近受众、延长时间、决策现场、线上渠道、让期望行为更容易和让竞争行为更困难[1][2]。

一、接近受众

地理距离是目标受众实施期望行为的重要障碍之一,渠道策略需要减少实施期望行为的距离障碍。接近受众就是在受众居住、工作、购物、社交、休闲娱乐或者其他经常

---

① Lee N R, Kotler P, Colehour J. Social Marketing: Behavior Change for Social Good[M]. 7th ed. London: Sage, 2023.

② Eagle L, Dahl S, Hill S, et al. Social marketing[M]. Pearson Education, 2013.

出现的地方提供相关产品或服务,促进、支持和鼓励受众实施期望行为。通常,地点包括社区、购物中心、俱乐部、酒吧、发廊、美容院和公共浴室等场所。例如,将健身房设在社区或工作场所附近以减少会员往返健身房的距离和时间,在购物商业区域停放流动献血车可以减少献血的交通障碍。

"微笑汽车诊所"是由华盛顿牙科服务公司、华盛顿州牙科协会和华盛顿牙科服务基金会共同发起的车轮上的牙科诊所。移动牙科诊所前往华盛顿州的各个社区为 13 岁及以下的儿童及其家人提供牙医服务。参与医疗补助计划的孩子无需支付费用,没有加入医疗补助计划的孩子按照浮动费用表付费。家庭也可以在微笑汽车诊所申请加入医疗补助计划。移动牙科诊所与当地卫生部门、社区、慈善机构和商业组织密切合作,协调安排华盛顿州城镇服务,尽一切努力帮助最需要帮助的儿童,还向不懂英语的患者及其家人提供翻译。移动牙科诊所于 1995 年首次投入使用,到 2023 年已经向华盛顿州 50 000 人提供了牙科服务。

节省目标受众时间精力的渠道策略还有很多例子:① 在工作场所配置运动设施。② 在社区提供流感疫苗接种服务。③ 在办公用品商店回收打印墨盒。④ 在社区放置旧衣服回收箱。

1999 年 4 月 28 日《底特律自由新闻报》提供了一个在购物中心开展乳腺钼靶检查的例子。芭芭拉·安·卡尔马诺斯癌症研究所(Barbara Ann Karmanos Cancer Institute)于 1999 年 9 月份在特洛伊南萨默塞特购物中心(Somerset Collection South)开设一个癌症预防中心。卡尔马诺斯癌症预防中心从水疗休闲中心获得灵感,为患者提供私密的、宁静的和温馨的环境。这个预防中心在初期重点关注乳腺癌,提供临床乳腺检查和乳腺钼靶检查,后期还提供前列腺癌、肺癌和胃肠道癌症筛查和骨密度测量。

在目标受众购物的地方提供服务和物品的例子还有:① 在鱼类市场的卖鱼柜台分发可持续海鲜指南。② 在加油站提供垃圾袋,在公园里提供宠物粪便袋。③ 在运动用品商店演示如何选择合适的救生衣。④ 在美容院向顾客提供塑封卡片,让顾客挂在淋浴喷头上,提醒顾客每月进行一次乳房自检。

公共卫生人员经常在目标受众休闲娱乐的地方提供病毒检测和疾病预防服务。迪恩街 56 号诊所是隶属于英国国家医疗服务系统的艾滋病和性健康诊所。迪恩街 56 号诊所位于伦敦 SOHO 区,距离同性恋酒吧和俱乐部只有几分钟路程。同性恋者在参加社交活动的时候可以很方便地访问诊所。

2004 年 1 月 2 日,《芝加哥论坛报》报道了在高危人群聚集的地方提供快速病毒检测的例子。西雅图卫生专业人员进入公共浴室和同性恋俱乐部,采一滴血,在 20 分钟内提供检测结果。在 2003 年 7 月至 2007 年 2 月之间,在公共浴室对男同性恋顾客进行了 1 559 次快速艾滋病毒检测,发现了 33 例艾滋病毒感染者,比率为 2.1%。一般来说,如果发现新病例大于或等于 1% 在成本上就是合算的。在公共浴室的艾滋病毒筛查结果远远超过这个比例。

二、延长时间

在目标受众方便的时候提供服务是另一个增加社会营销服务便利性的渠道策略。

例如,英国国民医疗服务体系通过延长英国全科医生的服务开放时间,鼓励更多人去看全科医生。一般来说,在目标受众有空的时候开放和提供服务是重要的。但是,如同其他渠道策略一样,延长服务时间也不是灵丹妙药。在美国总统大选中俄勒冈州是全国投票率最高的州之一。自1998年,俄勒冈州居民就可以通过邮寄进行投票,登记的选民收到选票后有两周的时间寄回选票或者到官方指定地点投票。延长选民的投票时间能够适度增加投票人数,但想要激励年轻人去投票则是一件特别困难的事。

给目标受众提供更多时间和日程选择的例子还有:① 在收容所安放自动售货机,接收超市捐赠的杂货,无家可归者凭钥匙卡领取少量物品。② 开通24小时咨询求助热线。③ 在工作日晚上提供自然庭院护理讲座和指导服务。

三、决策现场

在目标受众选择期望行为还是竞争行为或者决定使用产品、服务的时候就是干预目标受众的最佳时机。在目标受众的决策现场提出建议、提供产品或服务往往很有效。这也是影响目标受众的最后机会。例如,英国国民医疗服务体系的性健康诊所免费提供安全套,但是发生性行为的时候可能无法得到安全套,这可能造成安全性行为的障碍。泰伦斯希金斯信托(Terrence Higgins Trust)发起了一项分发安全套的计划,并把发生性行为的场所或酒吧命名为"游戏区"(Play Zones),顾客在酒吧可以免费获得安全套,减少了安全性行为的障碍。

其他在决策现场及时影响目标受众决策的例子还有:① 将盛放水果和蔬菜的玻璃碗放在冰箱里与眼睛相同高度的位置,而不是放在冰箱底层的封闭抽屉里。② 将天然肥料放置在货架走道开头的显眼位置。③ 使用"选择退出"与"选择加入"策略。例如,当一个人申请驾照时自动登记遗体捐献,除非他选择"选择退出"。

四、线上渠道

根据美国防止虐待动物协会2023年统计数据,在美国每年大约有630万只猫和狗进入动物收容所,每年大约有410万只收容所宠物被收养。一些想养宠物的人不愿意去动物收容所主要考虑到去动物收容所需要花费的时间,还担心不好意思拒绝,把不是自己真正喜欢的宠物带回家。在网上查看、收养宠物可以减少这些障碍。

很多动物保护协会创建网站,在网站上展示可供收养的宠物。在网页上用照片展现宠物的形象,配合文字介绍宠物的个性。网站坚持先到先得原则,有些网站每日更新,提供收养宠物的机会,分享挑选宠物的信息,表明宠物被遗弃的原因。一些全国性网站还提供宠物搜索功能,可以根据品种、性别、年龄、体型和地理位置等信息来搜索宠物。

采用线上渠道减少期望行为的障碍的例子还有:① 登录施予受器官捐献志愿者服务网,志愿者可以完成捐献登记。在支付宝APP搜索栏中输入"器官捐献",就可以进入"施予受"平台,最快10秒钟实现一键完成捐献登记。② 一个帮助年轻人戒烟的网站,向吸烟者提供给顾问发邮件咨询的服务。③ 健身博主根据学员的需求和身体状况设计训练方案,提供视频演示和训练指导。

五、让期望行为更容易

为了促进目标受众实施期望行为,需要让目标受众实施期望行为变得更容易。例如,公共卫生专家建议在学校自动售货机里放入更健康的食品。康奈尔大学营销学教授布莱恩·万辛克(Brian Wansink)认为理想的餐厅不是不提供甜品的餐厅,而是让学生自愿选择苹果的餐厅。在鼓励学生健康饮食方面,康奈尔大学万辛克行为经济学和儿童营养中心为学校提供指导。

2010 年 10 月,《纽约时报》刊登一篇文章,布莱恩·万辛克与大卫·贾斯特(David Just)介绍了 12 种助推策略,这些策略通过改变食物的呈现方法来促使学生做出更好的选择。与渠道相关的策略有:① 把营养丰富的食物摆放在起始处。② 把冰激凌等食物放到视线之外的冰箱里,采用不透明的冰箱门。③ 把摆放沙拉的长条桌拉开远离墙。④ 把巧克力牛奶放置在纯牛奶后面。⑤ 把水果放在玻璃碗中而不是不锈钢盘子里。⑥ 为那些不取薯片或甜点的人提供快速结账通道。

把期望行为变得比竞争行为更容易的例子还有:① 设立家庭友好结账通道,在收银台上移除糖果、口香糖和成人杂志。② 设立专门车道供多乘客的车辆通行,以减少交通拥堵。

六、让竞争行为更困难

让竞争行为更困难有助于目标受众采纳期望行为。2005 年 12 月 8 日,华盛顿州成为美国第五个在全州范围内实施全面禁烟的州,在所有室内公共场所和工作场所禁止吸烟,包括餐馆、酒吧、酒馆、保龄球馆、溜冰场等。大多数其他州的禁烟排除了一些经营场所,如酒吧、私人俱乐部、纸牌室和雪茄吧。华盛顿州"25 英尺规则"规定,在室内公共场所或工作场所的入口、出口、打开的窗户口、通风口的 25 英尺范围内禁止吸烟。

其他增加竞争行为困难的例子还有:① 晚间学校要求学生把手机放到专门的柜子里锁上,减少应用手机影响睡眠。② 提供酒柜挂锁,把酒柜锁上,减少未成年人饮酒。

第三节 中间机构

一、中间机构的特点

大多数企业利用中间商来销售产品和服务而不是直接向最终消费者销售产品和服务。商业营销的中间商主要包括代理商、零售商、特许经营商、物流企业和广告公司等。社会营销的中间机构可能包括诊所、药店、非营利组织和政府部门,社会营销的中间人员可能包括教师、家长、政府工作人员、卫生从业人员以及社工人员,这些中间机构或中间人员往往承担着传递信息、交付产品、提供服务、帮助受众改变行为的职责。

社会营销的中间机构或中间人员往往比商业营销的中间商更难控制。社会营销的中间机构或中间人员通常不会因为合作而得到补偿，而且对于如何传达信息、怎样开展服务，他们也可能有自己的想法。

此外，社会营销的中间机构或中间人员可能需要接受一些培训才能提供产品或服务，即使那些训练有素的专业人士可能也需要培训。例如，全科医生往往缺乏生活方式咨询技能，在戒烟、限酒、饮食调整和体育锻炼等方面难以提供科学有效的指导。早期让全科医生参与帮助病人戒烟的尝试并不成功，许多医生自己吸烟，也不知道如何才能成功戒烟。

然而，全科医生和其他专业人员具有很高的可靠性，他们是传播卫生信息、提供医疗服务的重要中间人员。在使用中间机构或中间人员时，要记住营销的理念和交换的思想，要向这些中间机构或中间人员提供相应的回报，还要让他们参与的工作尽可能简单易行。

来看看废弃药品回收的例子。1999年秋天，为了响应不列颠哥伦比亚省环境部部长的要求，制药行业协会自愿创办了一个组织来管理废弃药品回收项目。这个项目免费回收未使用的或者过期的药品，包括处方药、非处方药和草药产品以及维生素和矿物质补剂。在制药行业协会网站上能很容易找到参与药店的链接，以及年度回收日历、宣传册、传单、书签、海报等信息。到2018年，95%的药店都参加这个项目，为人们提供了1 284个废弃药品回收点。很多药店延长营业时间，大部分药店还为有特殊需要的人提供更便捷的服务。从药店回收的废弃药物被运往安全的存储地点，最后被运往专门的工厂进行销毁。该协会的年度报告显示，2018年共回收了86 632千克药物。

二、新型中间机构

近年来，在商业和社会营销中，越来越多地使用非传统的中间机构（如出租车司机、发廊经营者、店主）来向特定的目标群体传递信息。以下是一些新型中间机构和中间人员的例子：

在阿根廷，布宜诺斯艾利斯省旅游秘书处和拉普拉塔市启动了一项计划，培训出租车司机和小商贩提供旅游信息服务。

底特律旅游委员会征用机场出租车司机，对出租车司机进行接待培训，让出租车司机穿上制服，给游客一个更好的城市形象。

西雅图"智慧生活的力量方案"（Power to Live Smart Programme）培训理发店和发廊老板传播有关心脏病和中风的信息，并在每个店内放置一台数字血压计（由美国心脏协会购买），方便顾客测量血压。

"生命预防艾滋方案"（Life Guard HIV Programme）在华盛顿州东南部利用自助洗衣店和临近的合作企业提供安全套。

虽然对于非传统中间机构的评估很少，但是有研究表明，经过培训的美容师能有效地向顾客宣传健康信息，同时改善他们自己的健康行为。

《纽约客》杂志专职作家马尔科姆·格拉德威尔（Malcom Gladwell）在《引爆点》一书中提供了一个完美的分销商的案例①。

---

① ［美］马尔科姆·格拉德威尔.引爆点：如何制造流行[M].钱清，覃爱冬，译.北京：中信出版社，2009.

在美国巴尔的摩市有很多吸毒人员,在每个星期的特定时间该市派出一辆装有数千支干净注射器的面包车发往城区的某些街头。吸毒人员每上交一个使用过的注射器,就能免费得到一个干净的注射器。

为了分析针头交换方案的效果,20 世纪 90 年代中期,约翰·霍普金斯大学研究人员进行了一项调查,调查人员乘坐面包车来到街头与那些交换针头的人交谈。研究人员发现了一个令人震惊的结果。研究人员本来以为,吸毒人员自己拿脏的针头来换新的针头,每次来换够一周的量。事实上,只有少数吸毒人员每次带着一背包脏的针头来换新的针头,每周都来,大约有三四百支,这个数量远远超过他们自己的用量。然后,这些人又回到街上以一支一美元的价格出售干净的针头。换句话说,这辆面包车是一种注射器批发商。真正的零售商是那些少数前来交换针头的人,他们在街道上徘徊,在吸毒场所穿梭,捡起脏的针头,然后去交换干净的针头,他们靠这个勉强谋生。这些交换针头的人似乎有能力把医学界与大多数吸毒人员联系起来。那些吸毒人员却接触不到医疗机构和医疗信息。

三、社会特许经营

社会特许经营就是将起源于商业部门的特许经营原则应用于非政府组织和公共部门以实现社会公益。从根本上来讲,社会特许经营是一种增加社会营销产品或服务的分销渠道的方式,社会特许经营提高了顾客获取产品或服务的便利性,并向用户提供了一种质量保证。这是一种实现社会营销方案规模化的方式,通常建立在现有的私营部门基础设施的基础之上,这些基础设施包括私人诊所、药店和社区服务提供者。

20 世纪 90 年代,美国国际人口服务组织(Population Services International)首次开展社会特许经营,当时在巴基斯坦创立了"绿星特许经营机构"(Greenstar Social Franchise),提供计划生育、性健康与生殖健康服务、妇幼保健服务以及肺结核诊断服务。2022 年,绿星特许经营机构发展成了一个由 7 000 余家特许经营诊所、75 000 家零售店和社区销售点组成的全国范围服务网络。

在过去 20 年间,世界各地特许经营迅速发展,主要是在卫生部门,解决了低收入国家的服务获取和提高服务质量的问题。特许经营网络主要提供计划生育、性与生殖健康服务、妇幼保健服务、艾滋病诊断与治疗、肺结核诊断与治疗、腹泻治疗、疟疾治疗以及呼吸道感染等方面相关的服务与产品。

第十一章 促销策略

促销是设计并传播劝说性信息以激发目标受众改变行为。促销组合包括广告、销售促进、公共关系和人员推销等工具。在促销过程中需要强调实施目标行为的利益以及有形的产品和无形的服务，宣传各种金钱或非金钱的激励因素，让目标受众知道何时何地能够接触到产品与服务，何处实施目标行为。促销策略主要包括 6 个方面内容：促销组合、信息内容、信息框架、信使策略、创意策略和传播渠道。

第一节 促销组合

在商业营销中促销是应用广告、公共关系、人员推销和销售促进等促销手段向消费者传递信息，引起消费者的注意和兴趣，激发消费者的购买欲望和购买行为以达到增加销售和建立关系的目的。在社会营销中促销是通过广告、销售促进、公共关系和人员推销等手段来实现目标群体改变行为的目的。促销是对社会营销方案的有力支持，但不是社会营销方案的核心支柱，仅仅靠促销工具是不可能改变行为的。社会营销人员需要有选择地使用广告、销售促进、公共关系和人员促销等工具。

一、广告

1. 广告的含义

广告是由赞助商付费，以非人员的方式传播一种理念、产品或服务。广告通常采用一种或者多种流行的大众传播渠道，例如互联网、户外媒体、电视、广播、报纸、期刊等渠道。社会营销也可以采用付费的方式，通过网络媒体、户外媒体、电视、广播、报纸、期刊传播信息以改变受众的认知、态度和行为。

1990 年，美国广告研究基金会（Advertising Research Foundation）对四个城市的结肠癌宣传广告的效果进行了调查，结果发现，在看到广告的男性中，在广告播出前，只有 6% 的人与医生谈过结肠癌的风险，看到广告后，35% 的人与医生谈过结肠癌的风险。研究人员给出了如下结论：如果在美国各地播放有关的电视广告，将会有超过 270 万名男子与医生讨论患结肠癌的风险。显然，广告是一个非常有效的健康促进工具。

社会营销人员还可以利用公益广告（Public Service Announcements）。公益广告的主要优势是免费或者费用很低。在采用付费广告之前,要探索通过免费或低费用的途径来达到相同或类似的效果。大部分互联网平台会免费发布一定数量的视频、音频或者图文广告。大多数广播电视台会定期播出一定数量的公益广告,广播电视台可能愿意帮助制作广告。也许能找到广告公司或图文设计公司帮助制作印刷品广告。公益广告的劣势是不能控制公益广告被投放到哪个时段播出或者在哪个版面发表。

2. 投放广告的原因

社会营销项目使用广告的原因与开展其他类型宣传的原因相同。例如,提高受众对社会营销项目的认识或者增加信息触达的人数。由于广告可能比其他类型的宣传更昂贵,使用广告宣传的具体原因包括:

(1)让人们在网络、广播、电视或者期刊中看到和听到社会营销项目和组织的名称,进一步提高社会营销项目和组织的知名度。

(2)当无法通过更低成本的手段触达足够多的受众人数,可能要考虑在广告上投入一些资金。

(3)在公益广告和其他类型的公益宣传中,社会营销人员很少有决策权。采用广告可以对传播的信息实施控制,可以用自己的方式讲述社会营销项目的故事。

(4)如果免费发布信息,对于广告播出时段或广告刊登版面几乎没有发言权。当采用广告时,可以决定信息的长度,以及信息发布的时段和位置。比如,可以在报纸的健康生活栏目为营养宣传方案做广告。

(5)广告可反驳商业竞争对手及其某些有害的主张。例如,对于烟酒企业或其他忽视消费者健康和安全的企业,采用广告可以重塑问题,有助于揭露企业的虚伪和谎言。

3. 投放广告的时机

有一些步骤可以用来确定投放广告的时机。

第一,考虑要用广告达到什么目的,根据目的确定是采用广告还是其他促销方式。例如,请求捐款的广告筹集到的资金甚至不足以弥补广告的成本,与其依靠广告来筹集资金,不如进行邮件或者电话宣传,或者开展公关活动邀请顾客前来参加筹款活动。

第二,考虑能否承担广告的成本。如果预算有限,使用印刷广告也许更合适,如果广告文案写得好、引人注目,也可以产生很好的宣传效果。

第三,考虑是否可以利用广告来回应对手的批评或纠正人们对社会营销方案的误解。应考虑是否可以用广告来回应当前的事件,将社会问题与最新的事件联系起来。

第四,考虑是否可以利用广告,以一种更有趣的方式来展示沉闷、无聊的事实。广告可采用比较、对照等方式,将那些枯燥的、令人费解的、难以留下印象的统计数据改写成引人注目的、发人深省的信息。例如,罗西奥·蒙多斯(Rocio Mundoz)负责撰写一个印刷广告,强调每年与吸烟有关的死亡人数。根据相关数据她写下这句话:"每年烟草造成的死亡人数比艾滋病、可卡因、海洛因、酒精、火灾、车祸、谋杀和自杀的总和还要多。"

第五,考虑一下是否可以利用广告公开感谢支持者。这样做不仅给组织带来了信誉,也给支持者带来了声望,还有助于组织吸引更多的支持者。

二、公共关系

1. 公共关系的含义

公共关系是指个人或组织与社会公众之间的沟通与信息管理。美国公共关系协会给出了以下定义:公共关系是一个在组织及公众之间建立互利关系的战略性沟通过程。从这个定义可以看出,公共关系与社会营销密切相关,组织与社会公众参与社会营销项目时,都需要参与沟通和价值创造过程。事实上,公共关系和社会营销之间有很强的协同作用,社会营销项目经常严重依赖公共关系。

一个组织或个人可以利用社会公益的主题或新闻来获得相关受众的关注。与商业广告甚至社会广告不同,公共关系通常不需要直接付费。公共关系的目标是吸引和说服公众、潜在顾客、投资者、合作伙伴、雇员和其他利益相关者接受或保持某个观点。公共关系需要符合战略规划和道德规范,还要对社会营销方案进行批判性反思。

公共关系的常见形式是在广播电视上播出的新闻和特别节目,在报纸和杂志上发表的故事、文章和社论。此外,公共关系还包括其他典型的活动,如危机公关、游说、媒体宣传以及公共事件管理。这些公共关系活动通常有助于获得公众、政治人物和利益相关者对某些问题的关注。例如,绿色和平组织利用公共关系来吸引人们关注气候变化带来的威胁。公共关系中经常使用的其他策略还包括会议发言和内部员工沟通。

2. 公共关系的类型

社会营销的公共关系主要包括政府关系、媒体关系和内部沟通。政府关系是指与政府部门和公共机构接触合作以影响公共政策。社会营销人员需要建立和维护与政府部门和当地社区的关系。政府部门的支持、政治上的认同以及对社会变革、社会公益的支持性政策环境对于社会营销项目的成功是至关重要的。

媒体关系是指利益相关者组织与记者发展的关系和互动。组织必须持续培养与媒体的关系。社会营销人员通过与媒体合作提高公民对社会问题的认识。在社会营销领域,有效的媒体关系有助于获得公众支持和动员公众舆论。与媒体的合作必须谨慎,要防范媒体报道时可能引起的误解。因此,社会营销人员需要同媒体开展良好的沟通,与媒体建立信任和伙伴关系。

组织内部沟通也是社会营销人员需要考虑的一个重要因素。社会营销项目的管理人员和一线员工高度认同并投入项目是项目成功的关键因素。社会营销人员要建立一个评论、反馈和批判性反思的沟通平台,定期开展高标准的、共同参与的、有吸引力的互动交流。内部沟通的过程可以与内部社会营销联系起来,确保管理者和一线员工参与社会变革的过程。利用内部社会营销来吸引、授权和促进组织内部员工参与社会变革之中是非常重要的。以促进公司的环境友好行为为例,运用社会营销原理向员工宣传对环境负责的行为,创造激励机制,并消除亲环境行为的障碍,可以达到很好的效果。

三、销售促进

1. 销售促进的含义

在商业营销中,销售促进通过提供免费的样品、折扣或礼物,让顾客感受到价值大于成本,来促进提前购买,鼓励购买更多数量,诱导原来抵制的顾客使用产品。销售促进也是社会营销人员可以重点考虑的领域。广告、公共关系和人员推销等促销方式主要是影响受众的信念和态度,而销售促进则是直接影响受众的行为。

在社会营销中,各种常见的销售促进活动,在劝导人们停止不良行为方面并非特别有效。但是,免费提供的咨询服务、医疗筛查或技术指导有助于吸引人们参与社会营销项目。比如,为参加社区会议提供免费接送服务,提供健身房免费锻炼一周,提供免费育儿课程,都属于销售促进的范畴。

2. 决策点干预

决策点干预是指在受众即将选择行为的时候,选择不良行为或者期望行为,对受众进行干预。比如,1989 年澳大利亚心脏基金会推出心脏健康认证计划(Tick Program),使用认证标志的产品符合心脏基金会对饱和脂肪和反式脂肪、钠、卡路里和纤维等营养素的严格营养标准。例如,一个准备点餐的人看到菜单上的认证标志,或者一个顾客在超市看到食品上的认证标准,可能就会做出健康的选择。再如,为了鼓励那些希望戒烟的人,可以在香烟包装盒下面放上孩子的照片。社会营销人员需要创新在决策点上接触目标受众的方式。

决策点干预还可以在决策实际发生的地点提醒消极后果。在公路边经常看到"事故多发路段"的警示牌,有的警示牌还标注交通事故死亡人数。在英国,自行车团体将"幽灵自行车"(涂成白色的自行车)放置在自行车手死亡的地方来提醒驾驶员注意观察自行车手。关于这种警示对实际行为的影响的研究还很少,司机们的自我报告从"分散注意力"到"没有影响",再到有"积极影响"。

四、人员推销

无论是营利性组织、非营利性组织还是政府部门,人员都是很重要的因素。不论人们在组织中扮演什么角色,与顾客打交道的员工通常是影响顾客态度的最重要因素。例如,一个友好的、愉快的并乐于助人的接待人员可以对一个组织的形象和业务做出重大贡献。如果公交车司机粗鲁、不友好,不愿意或者不能向人们提供有关服务的信息,那么花费大量资金开展鼓励人们乘坐公交车的社会营销项目就没有意义。

人员配备的目标是为工作选择合适的人,然后进行培训,以确保人员正确地完成工作。所有人员的任务与人际交往能力、产品知识以及过程技能三个因素相关。不同的工作对于每项技能的要求不同。例如,超市收银员只要具备最低限度的人际交往能力,几乎没有产品知识技能要求,但要具备使用条形码、收银机、刷卡机等能力。其他工作往往需要这三个领域的广泛技能,特别是零售和工业企业的产品知识、服务领域的人际关系技能、政府福利部门的过程技能。在社会营销中,特别是当社会营销人员与贫困和弱势人群打交道时,工作人员需要有耐心去理解顾客的需求。如果一个人已经陷入自卑,感到很无助,一个无辜的手势也可能被误解并造成困扰。

许多社会营销项目有志愿者和非专业人员参与。然而,针对他们的培训内容往往局限于所做的活动内容,而不是如何与目标受众打交道。人际交往技能的培训也同样重要。社会营销人员需要面向目标群众宣传项目,需要接听咨询电话。这些面向受众的工作人员必须特别善于获得受众的信任,争取足够长的时间来传递信息。

面对面推销是最古老的推销方式。人员推销对于促成交易最有效,人员推销有助于顾客产生偏好、建立信念和采取行动。人员推销至少有三个优点:(1)面对面推销可以实现即时互动;(2)互动有助于培养关系;(3)顾客有做出反应的压力。

第二节　信息内容

促销策略归根到底要传播信息。传播者通过各种媒体将信息传递给接收者,而接收者通过获取和处理这些信息来实现传播。传播者通过选择信息内容和形式来影响受众对信息的处理和接受。信息传播会潜移默化地改变接收者的知识、态度和行为。促销策略要根据社会营销目的和目标确定信息内容,还要根据目标受众的特点选择、调整信息内容。社会营销传播的信息可分为与知识、信念和行为目标相关的信息、单面信息与双面信息、与改变阶段相关的信息。

一、与目标相关的信息

与行为目标相关的信息涉及想让目标受众做什么,社会营销项目重点关注哪些期望行为。例如,在发生无保护性行为后三到六个月内进行艾滋病病毒检测,还包括立即拨打当地免费咨询电话,参加免费快速的艾滋病病毒检测。如果行为目标比较宽泛,比如开展自然庭院养护活动,那么就应该把整个项目分解成一些单个的、简单的、可行的信息,比如把剪下的草留在草坪上。

与知识目标相关的信息涉及想要目标受众知道什么。社会营销项目应该提供一些关键事实和信息。如果社会项目提供有形的产品或者服务,就需要告诉目标受众获取产品或服务的时间和地点,还要提供实施目标行为的关键要点。为了强调社会营销方案提供物的利益,还要告知目标受众期望行为的利益和竞争行为的风险等关键信息。

与信念目标相关的信息涉及需要目标受众相信什么,即社会营销人员想让目标受众知道一些信息之后相信什么和感受到什么。这些信息来自对行为障碍、利益和动机的研究。例如,为什么社区居民不打算把家庭过期药品送到专门的回收点?为什么饮酒的人觉得少量饮酒后开车是安全的?为什么家长在跟孩子讨论性安全问题上犹豫不决?社会营销需要反驳这些人的观点。又如,哪些因素激励人们每周锻炼五天?哪些因素促使人们乘坐公交车上班？哪些因素驱使人们开展垃圾分类工作？社会营销重点传播这些人的观点。

二、单面信息与双面信息

单面信息通常只陈述产品的优点，而双面信息也提及产品的缺点。从直观上来讲，单面的陈述可能更有效。但是，单面的信息更适合那些本来就倾向于认同产品的受众。如果受众持反对的观点、怀疑的态度或负面的联想，那么双面的观点更好。如果一个组织推出的产品受到欢迎，那么推出新产品时可以考虑提及现有的产品，然后继续赞扬新产品。对于受过良好教育的受众、可能接触到反面宣传的受众，双面信息更有效。通过提及产品的一个小缺点有助于抵御竞争对手的不利宣传。但是对小缺点的宣传要适度，避免目标受众产生抵触心理。

1961 年美国社会心理学家威廉·麦奎尔（William McGuire）提出的接种理论（Inoculation Theory）可以很好地解释这个问题。在生物学上疫苗接种通常是把减毒的病毒注入人体来建立对疾病的抵抗力。类似地，在传播学上应用类似的程序对个人"接种疫苗"，使其信念免受攻击。根据免疫接种理论，一种较弱的或者少量的接种信息传递给受众，这些受众接收到较弱的观点，然后发展出防御系统，即使遇到更强有力的劝说，也倾向于坚持自己的信念。

正如接种疫苗，疫苗的致病性要适当，致病性过弱，被接种者不能产生免疫抗体，致病性过强可能致病。预先的说服信息过弱，则不能使受众保持防御状态。预先的说服信息过强，又可能造成受众改变原来的观点。

三、与改变阶段相关的信息

信息决策还要考虑目标受众所处的变化阶段。根据变化阶段理论，社会营销人员的作用就是让目标受众进入下一个阶段，让未考虑者成为考虑者，让考虑者采取行动，让行动者保持习惯。每个阶段都需要采用不同的信息策略。

对未考虑者来说，社会营销的重点是确保目标受众能够意识到不良行为的后果和新行为的利益。通常用数据和事实来说明这些后果与利益。当这些事实成为重大信息时，就能够促使目标群体进入下一个阶段，甚至进入维持阶段。例如，1963 年澳大利亚小儿病理学家雷耶首次发现儿童服用阿司匹林会导致雷耶综合征，雷耶综合征会影响身体的所有器官，且对肝脏和大脑带来的危害最大。如果不及时治疗，会很快导致肝肾衰竭、脑损伤，甚至死亡。

对考虑者来说，信息应该鼓励受众尝试新的行为或营造环境让受众实施行为更容易。应该消除神秘感（比如，安全气囊与安全带一样有用），还应消除各种障碍，比如，受众对于能否成功实施和保持一种行为有所顾虑，应当消除受众的担忧。

对行动者来说，应该让受众看到行动起来的利益。需要认可受众已经取得的成功，或者劝说受众使用一些提示来保持习惯，或者签署承诺来持续行为。社会营销信息应当防止受众重返旧习，同时帮助受众养成新习惯。

对保持习惯的人，仍然需要采取行动。行为改变在本质上是呈螺旋式的，很容易退回到之前的任何步骤。对这些保持习惯的人,应该对其行为给予认可、祝贺、宣传和奖励,确保他们实现短期利益,并不时提醒他们将获得长期利益。

第三节　信息框架

一、框架类型

信息框架(Message framing)通过设计信息的表现形式来影响受众的决策。在社会营销中,对一个客观上相同问题的不同描述会导致不同的决策判断。收益框架强调采取某种行动的积极结果。例如,经常锻炼可以减轻体重。损失框架强调不采取某种行动的消极后果。例如,不经常锻炼导致患心血管疾病的可能性更大。再如,1991 年美国首次推出"每日 5 种果蔬"方案(5 A Day campaign)促进了水果和蔬菜的消费,因为它们有助于减少癌症、心脏病和肥胖症等疾病的风险。相反,1987 年英国发起"不要死于无知"运动(Don't Die of Ignorance),强调了不采取行动(更安全的性行为)所带来的负面后果(疾病甚至死亡)。

对于积极信息框架和消极信息框架效果的研究产生了相互矛盾的结果。现在通常认为,没有一种单一的框架方法适用于所有干预类型,社会干预的有效性取决于许多因素。这些因素包括与行为有关的个人动机水平、采取该行动会导致预期结果的确定性程度以及信息的表述方式。

信息框架和信息源的可靠性之间也存在着相互作用。信息源可靠性包括信使的专业知识、可信性和声誉。推敲可能性模型表明,信息处理有两种路径:一种是中心路径,当信息对个人重要时,就需要关注和思考。另一种是外周路径,即关注度较低,根据广告中人物的吸引力等线索来形成印象。因此,在外周路径,代言人的可靠性可能是一个重要影响因素。

对风险信息的反应并不总是理性的,而且受到一些因素的影响。比如,人们不关心或者回避不愉快的信息。人们倾向于低估他们的个人风险水平,这种现象被称为自我积极偏差,会影响人们处理信息的动机。此外,不同人群对同一信息的反应可能不同。例如,青少年自我中心主义以及对冒险和寻求刺激的态度是影响他们信息处理方式的重要因素。尽管有这些复杂的因素,仍然可以确定在哪些情况下积极框架或消极框架可能更有效。

二、积极框架

积极框架强调某一行动的积极结果,例如,运动可以减肥,通过科学饮食变得更健康。积极框架的信息对于预防行为和传播已经确认没有风险的信息是有效的。但是,积极框架不可能适用于所有情况。事实上,20 世纪 80 年代备受赞誉和普遍成功的安全性行为运动,尽管宣传预防信息,但基本上采用消极框架。

这可能是因为,如果接受者对行为规范不确定,那么积极框架的信息就不会有效。例如,如果使用安全套不被认为是一种行为规范,那么一个积极框架的预防性健康信息可能会令人困惑,因为接受者可能会质疑,如果问题的解决方案很简单,为什么不一直这样做。

学者们采用不同的方法来研究积极框架还是消极框架更有效,有学者认为在低涉入条件下,积极框架的信息更有效,在高涉入条件下,则相反。例如,积极框架在过去对防晒霜的使用是有效的,比如积极框架的信息"如果使用 SPF15 或更高的防晒霜,就会增加保持皮肤健康和长寿的机会"就比消极框架的信息"如果不使用 SPF15 或更高的防晒霜,就会增加损害皮肤和早逝的几率"更有效。积极框架对使用防晒霜有效的另一个原因是,这些干预措施往往特别针对年轻的目标受众,他们不可能对癌症的影响和后果有很多经验。

如果信息与原有的知识、态度和信仰或者行为规范相冲突,积极框架的信息可能会产生适得其反的效果。例如,一些禁烟的干预措施不仅没有效果,还明显增强了年轻吸烟者继续吸烟的决心。有时信息的框架效应在不同性别之间也是不同的,比如反对超速干预措施在年轻男性中产生了适得其反的效应,这是由于抗拒效应在起作用发,但在女性中则没有出现类似效应。

三、消极框架

相对于积极框架信息,消极框架信息对于促使人们进行疾病检测更有效,在这种情况下,检测的结果虽不确定,但消极框架的信息能够提示不及早发现问题的危险,激励人们进行疾病检测。例如,在日常诊疗服务中,医务人员提醒老年女性定期进行钼靶检测,从而防止乳腺癌等严重后果发生。然而,在青少年和年轻人中,这种消极框架有很大的障碍,信息不仅被拒绝,而且如果问题行为符合渴望群体的规范,还会导致问题行为被强化。

通常情况下,消极框架在很大程度上依赖于恐惧诉求的使用,比如对死于某个特定原因的恐惧。如果在高涉入情况下,例如在一个近亲死于高血压引起中风的病例中,对死于同一病因的恐惧和高度涉入可能会产生高度的激励和行为改变的效果。在有许多艾滋病受害者的社区,如同性恋人群,特别是在大城市,消极框架的安全性行为信息非常成功。在 20 世纪 80 年代许多男同性恋者看到朋友和伴侣死于艾滋病的个人经历会增加涉入度,因此,消极框架的信息是有效的。

测试所使用的信息框架的适当性和有效性对于一个成功的社会营销方案至关重要。在低动机环境下,当与高水平的自我效能感以及某些(积极的)结果相联系时,积极框架更有效。相反,如果期望行为的动机很高,但与不确定的结果、低水平的自我效能感相联系,消极框架就更有效。此外,积极框架对促进预防的信息最有效,而消极框架对检测和早期诊断相关的信息更有效。表 11.1 总结了积极框架和消极框架的信息最有效的情境。文化、背景和情境因素也是影响信息框架选择和效果的因素。例如,消极框架在集体主义文化中比在个人主义文化中更有效。

表 11.1　积极框架与消极框架适用情境

框架类型	适用情境
积极框架	低动机 高效能感知 没有风险的行为 确定的结果 可接受的行为规范感知 预防焦点（保持良好的健康、外貌）
消极框架	高动机 低或不确定效能感知 不确定的结果 检测或早期诊断

资料来源：Eagle L, Dahl S, Hill S, et al. Social marketing[M]. Pearson Education, 2013.

四、恐惧诉求

恐惧诉求是消极框架的一个子集。调节焦点理论可能有助于解释恐惧诉求的影响，尽管这些诉求并不总能够实现其目标。早期的研究表明，恐惧诉求有可能影响态度改变和后续的行为。然而，最近的研究显示了一个不太乐观的前景。大多数研究表明这些恐惧诉求有效的研究是基于实验室的，通常存在方法上的缺陷，并注重短期效应。在现实世界里恐惧诉求的效应较弱，对于自我效能感低的人，恐惧诉求的效应最差，自我效能感低的人不太可能受到消极框架信息的积极影响。

许多健康宣传活动的意外效果可直接归因于恐惧诉求，但又不能完全归因于恐惧诉求。此外，如果目标人群不相信他们可以轻易地实施推荐行为，或者不相信该行为可以有效地减少感知的威胁，那么强烈的恐惧诉求就可能被视为不道德的。

扩展平行过程模型（Extended Parallel Process Model）可以解释一些恐惧诉求有效而另一些无效的事实。

只有在解决关键问题相对容易的情况下，恐惧诉求才是合适的。例如，在性传播感染衣原体病的情况下，解决方案通常相当简单，使用安全套、定期检查或感染后简单治疗，在这种情况下，恐惧诉求可能是合适的。

然而，当恐惧诉求与低效能信息一起使用时，即没有提供简单和令人信服的解决方案的信息，恐惧诉求往往会产生防御性反应，因此可能是无效的。这可以解释为什么那些涉及复杂的、不太明确的和长期的行为变化的社会营销方案，如体育活动方案或健康饮食方案，当依靠恐惧诉求而不是支持性和积极信息时，会有更多的负面结果。

随着时间的推移，使用恐惧诉求的效果可能会减弱。事实上持续使用恐惧诉求可能会导致冷漠，人们对社会营销方案的反应不再是恐惧，而是漠不关心。

恐惧诉求有可能唤起受众的自我保护和不作为，而不是期望的行为改变。相反，使用恐惧诉求很可能导致一些人更加焦虑，反过来又会增加医疗卫生系统的负担。一个著名的例子是"忧心忡忡"的患者，他们认为自己感染了艾滋病毒，尽管没有被感染，但反复检测,有的甚至一年检测了 50 多次,给医疗系统带来了相当大的压力。

五、理性诉求和感性诉求

许多社会营销方案都倾向于使用理性诉求,而不是情感诉求(恐惧诉求除外)。然而,事实上使用各种(积极的)情感诉求可以显著提高社会营销传播的效果,特别是可以吸引那些自以为已经熟悉该项活动的人的注意,还可以鼓励那些认为活动的信息与自己无关的人参与其中。最近的研究表明,从传统的理性诉求和恐吓策略转向更积极的情感诉求,能够促进社会营销目标的实现。

六、个人相关性

目标群体的相关性感知是社会营销方案的一个关键因素,因为增加相关性能使人们更多地参与社会营销活动。然而,目标受众的相关性并不是由单一因素,而是由众多不同的因素创造。

经常被提及的影响目标受众相关性的因素包括信息内容本身、目标群体感知到的自我认同、信息源和传播渠道以及目标群体成员对日常生活的感知。信息个性化有可能创造更大的个人相关性,这意味着社会营销人员应该根据目标受众个人的沟通偏好而定制干预措施,而不是向大量目标受众传播标准化的信息。

七、抗拒效应

1966 年美国心理学家杰克·布瑞姆(Jack Brehm)提出心理抗拒理论(Psychological Reactance)。心理抗拒理论指出,每个人都试图维护自己的行动自由,一旦感知到个人的自由受到直接的或潜在的威胁,就会拒绝遵从,或者做相反的事,以保护自己的行动自由。此外,人们可能会被感知到的威胁本身,而不是威胁的实际后果所驱使,重新获得对自己决策的控制。实施受到威胁的行为是重新建立这种自由的一种手段。当个人感到重要的自由受到威胁,并且认为个人的反击努力将实现个人控制时,抗拒效应似乎是最强的。相反,如果一个人认为他们的行动不能有效地应对威胁,抗拒就会很小。

在说服性传播方面,如大众传媒的公共卫生干预方案,抗拒效应可能产生抵制社会营销倡导的行为,也可能产生与期望行为相反的行为。抗拒效应不仅解释了为什么某些干预措施可能无效,还解释了为什么他们可能产生与预期相反的效果。

第四节　信使策略

在营销传播中信息、受众、信使和传播途径必须协同起来才能产生很好的效果。不管信息有多好,都要找到一个合适的信使。可靠的信使是人们决定信息是否值得注意和信任的心理捷径。目标受众认为应该选择谁来传递信息,目标受众如何看待信使,决定着社会营销方案的成败。信使还影响创意策略的开发和传播渠道的选择。

一、信使的类型

通常,有六种信使可供选择:赞助商、合作伙伴、发言人、代言人、中间媒介人和吉祥物。

1. 赞助商

社会营销方案的赞助商可以是公共部门(例如,国家能源局倡导绿色低碳生产生活方式)或非营利组织(例如,中国抗癌协会推广癌症早筛早诊早治理念)。在个别情况下,赞助商也可能是一个营利组织。在社会营销传播过程中常常突显赞助组织的名字。

2. 合作伙伴

在许多情况下,一个方案在策划、执行和资助方面都有合作伙伴。这样一来,目标受众可能不确定主要或者实际的合作伙伴。这些合作伙伴可能结成一个联盟,或组建一个项目组。例如,一个水质量联盟包括公共事业单位、卫生部门、环境保护组织等。

3. 发言人

一些组织或社会营销项目有效地利用发言人来传递自己的信息,通常会获得更多的关注和印象,还能增加受众的信赖。比如,2006 年美国总统奥巴马到肯尼亚旅行时接受了一次公开的艾滋病病毒检测,然后他谈到了世界艾滋病日的旅行:我们需要向人们展示做一个艾滋病病毒检测没什么丢人的,就像验血、做 CT 扫描或乳腺钼靶检查一样。艾滋病病毒检测只需要 15 分钟就可以得出结果。早检测早知道,如果检测阳性就可以早治疗。

4. 代言人

一些社会营销方案利用演艺人员来吸引人们注意,比如,威利·尼尔森(Willie Nelson)为"别惹得州"防止乱扔垃圾方案做宣传。在选择代言人时,最好是找到认可度高的合适人选。在利用代言人传播时可以仅仅涉及组织的名字或标志,也可以展示正式的材料来支持社会项目相关的事实和建议。例如,经美国医学会验证,公共卫生部门关于二手烟危害的数据是有科学依据的。

5. 中间媒介人

选择中间媒介人作为信使也许是一个好办法,因为这类受众与目标受众之间关系密切。2001 年,美国国家癌症研究所(National Cancer Institute)资助亚瑟·阿什城市健康研究所(Arthur Ashe Institute for Urban Health)开展"灵魂之美"(A Soul Sense of Beauty)运动。该项目以非裔美国妇女为目标受众,通过培训理发师,让理发师同顾客沟通健康问题,比如乳腺癌的危害与防治。理发师向顾客提供精心护理服务,很可能与顾客之间有多年的交情,可以近距离站在顾客身边,很适合在顾客耳边交谈乳腺健康话题。

6. 吉祥物

社会营销项目还可以选出一个吉祥物来代表品牌。有些方案选择使用当下流行的卡通角色,如芝麻街的埃尔默,他出现在《准备,开始,刷牙:立体书》(*Ready,Set,Brush Pop-Up Book*)中,以拥有良好口腔卫生习惯的有趣形象示人。1944 年,美国"护林熊野火预防"运动(Smokey Bear Wildfire Prevention)推出斯莫基熊卡通形象,提醒人们防范森林火灾。2020 年 6 月 5 日中国生态环境部发布中国生态环境保护吉祥物,小山和小水的卡通形象,以青山绿水为设计原型,表达"绿水青山就是金山银山"的理念,倡导绿色生产生活方式,共同守护地球家园。

二、改变知识的信使与改变价值观的信使

萨曼莎·赖特(Samantha Wright)、安妮·内曼德(Annie Neimand)和马克斯·斯坦曼(Max Steinman)[1]把信使分为改变知识的信使和改变价值观的信使。典型的改变知识的信使有专家、证人和受影响的人。典型的改变价值观的信使有指导者、转变者、先驱者、潮流引领者和朋友。

(一) 改变知识的信使

1. 专家

专家是在某个问题上值得信赖的权威人士,通常具有专业知识和经验。例如,医生或护士分享乙肝疫苗的信息。

2. 证人

证人是具有相关问题的直接知识或经验的人。在分享他们所目睹的事情时承担一定的风险可以提高他们的可靠性,从而提高他们改变受众知识的能力。

3. 受影响的人

受到某个问题影响最大的人,比如经历交通事故的幸存者宣传安全驾驶,他们是特别有力的信使,他们的经历有助于改变受众的知识和价值观。

(二) 改变价值观的信使

1. 指导者

指导者是几十年来代表着目标受众的核心价值观的人。比如,在新冠疫情期间,美国退役将军敦促人们戴口罩。他们影响并捍卫目标受众的传统观念,有助于树立项目信息的道德权威形象,从而赢得受众的信任。

2. 转变者

那些曾经的怀疑论者与目标受众具有类似的价值观和特点,但是一些个人经历促使他们改变信念。比如,一位气候变化怀疑论者改变了对气候的看法。

3. 先驱者

先驱者是处在一场运动最前沿的人。他们毫不掩饰地走在最前沿,挑战传统的权

---

① Wright S, Neimand A, Steinman M. Finding the right messenger for your message[J]. Stanford Social Innovation Review,2021.

力系统,推动变革向前发展。比如,黑人女权主义者组织黑人人权运动并走在前沿。

4. 潮流引领者

有些人很早就采纳并展示与他们价值观和生活方式相一致的新想法,比如社交媒体网红分享新潮做法,有助于在目标社区内将新潮想法纳入主流文化。

5. 朋友

朋友是一个熟悉受众群体的人,也是受众群体愿意交往的人。朋友与受众群体往往一起活动。

三、信使的可靠性

社会营销人员希望目标受众会相信信使是具有可靠性的。美国营销学者鲁比娜·奥哈尼安(Roobina Ohanian)在整理先前学者研究的基础上归纳出信息来源可靠性(Source Credibility)的三个构面:专业性(Expertise)、可信性(Trustworthiness)和吸引力(Attractiveness)[①]。

1. 专业性

专业性是指目标受众感知到的信使具备相应专业知识的程度。受众对于信息源专业性的感知正向影响着受众的态度。得到目标受众认可的专家通常具有更强的说服效果。美国儿科学会宣称人乳头状瘤病毒(HPV)疫苗是预防 HPV 感染的安全有效的方法,并推荐 9~12 岁儿童开始接种 HPV 疫苗。美国儿科学会不仅作为卫生服务提供者,还是重要的信使。

2. 可信性

可信性是指目标受众感知的信使和信息的真实性与客观性。信息源是否可信? 信息源表达了诚实的意见,还是受到了第三方的影响? 事实上,不论信息源是否具有专业性,可信性高的沟通者往往具有较好的说服效果。比如,人们更相信朋友而不是陌生人,人们认为不求回报地为某个产品背书的个人或机构,比拿了报酬的个人或机构更加可信。目标受众会本能地对商业组织的动机表示怀疑(如一家制药公司鼓励儿童接种疫苗),因此逐利的机构常常需要与公共机构或非营利组织合作,或至少得到他们的认可。

3. 吸引力

吸引力是信使不可或缺的要件,比如坦诚、幽默和自然的品质会使信息源更易被接受。吸引力还包括具有公认的优点与美德,比如智慧、能力、人格特质、生活方式特质、才艺方面的优异表现、运动上的杰出成就等。有吸引力的信使容易使受众对其所推荐的产品和行为产生正面的印象。

---

① Ohanian R. Construction and Validation of a Scale to Measure Celebrity Endorsers' Perceived Expertise, Trustworthiness, and Attractiveness[J]. Journal of Advertising, 1990, 19(3): 39-52.

四、信使的影响方式

根据社会影响模型(Social Influence Model),不同的信使对受众影响也不同,通常分为顺从、认同和内化三类影响方式[①]:

1. 顺从(compliance)

受众为了顺应大众和社会潮流,或者想要获得外部奖励或避免惩罚,而不得不改变态度。受众并没有从内心接受信息,只有在受众认为自己的行为会被知道的情况下,顺从才会发生。

2. 认同(Identification)

认同是受众为了维持自我概念而接受信息的过程,受众期望与参照事物或团体建立联系,或者与消极的参照事物分离。认同过程通常来自受众对于信使的敬佩或喜好,并且希望自己在某些地方与信使相似而进一步模仿信使。通常引起认同的来源因素是吸引力和喜欢程度,所以专业性高和吸引力大的信使容易使受众产生认同。

3. 内化(Internalization)

内化过程的发生是因为受众对信使所传递的态度和看法持肯定态度,认为信使提出的观念和自己的价值观是互相吻合的,因而接受某种态度或行为。内化不依赖社会和情境背景,内化是长期承诺的最强预测因素。通常来说,内化是由于信息本身的说服力,或是信使的专业性和可信度,因此很多专家型信使对受众的影响属于内化作用。

第五节　创意策略

一、创意的含义

也许有人认为创意(Creativity)是某种艺术形式的测量,但是创意远不止于此。创意不仅仅关于设计有趣的或新颖的广告或印刷材料,创意也涉及社会营销干预措施设计与实施的每一个环节。创意常常被描述为发现新关系的能力,从新的视角看待问题的能力,在一个或多个概念之间形成新的组合的能力。创意利用知识、想象、直觉、逻辑、偶然事件和建设性评价来发现想法和对象之间的新联系。

来看一个创意的例子。在美国,非裔美国妇女一直不愿意使用传统的健康服务来咨询戒烟或癌症筛查等健康生活方式问题。项目团队需要思考传统分销渠道之外的途径。解决方案是对美容美发工作人员开展培训,利用美容美发工作人员来传递信息,让非裔美国妇女在放松、舒适的状态下获得相关信息。

再看一个创意的例子,英国心脏基金会的"皮肤之下"(Under the Skin)干预活动避

---

① Kelman H C. Processes of opinion change[J]. Public Opinion Quarterly,1961,25(1):57-78.

免采用令人厌恶的规范,通过说明烟草产生的生理损伤来增加吸烟者的戒烟决心。"皮肤之下"方案强化了英国心脏基金会作为吸烟者朋友的角色,帮助挽救了 5 000 多人,获得了 600 多倍的投资回报。在干预期间,超过 22.5 万吸烟者请求帮助戒烟。

另一个创意思维的例子是瑞典的一项干预措施。在斯德哥尔摩,奥登普兰地铁站鼓励人们使用楼梯而不是乘坐自动扶梯。一夜之间,楼梯被改造成了一个功能齐全的键盘。当人们在每一个台阶上行走时,会听到不同的音符。人们很快就开始尝试通过在台阶上行走来制作音乐,并尝试把制作的视频发布到 YouTube 上。最重要的是,使用楼梯的人数比安装"键盘"之前增加了 66%。

从这些例子可以看出,利用创意可以非常成功地改变行为。在洞察目标受众及其态度的基础上,应用想象力设计干预措施有助于改变行为。大多数社会营销项目会外包创意工作或创意评估工作。社会营销人员需要学习创意知识以便向创意人员介绍相关信息,评估创意策略与干预目标是否一致。社会营销人员还需要采用现实的和负担得起的方式来评估干预方法和创意材料是否适合目标受众。

创意始于干预策略设计。确定范围有助于从顾客角度理解问题和问题的解决方案。在这个阶段需要确定目标行为如何适应个体和群体的生活、行为改变的障碍和促进因素以及竞争的影响。在这个阶段应该应用适当的行为理论进行分析。例如,确定行为主要是由规范还是由自我效能驱动,这有助于选择有效的创意方法。

这些决定行为意向的心理学变量的相对重要性取决于所考虑的行为和人群。一种行为可能主要受态度因素决定,另一种行为可能主要受自我效能影响。类似地,在一种群体或文化中由态度驱动的行为,在另一种群体或文化中可能是由规范驱动的。

来看看以下例子。不同群体的防晒行为是不同的。例如,绝大多数青少年和年轻人受社会规范激励而进行防晒。户外工作者认为他们的工作妨碍他们采取有效的预防措施。年幼孩子的母亲注意保护他们的孩子免受阳光照射,但自己并不总是防晒,因为他们的朋友喜欢晒黑。

在激励人们参加体育锻炼和身体活动方面,年龄差异起到了一个重要的作用。年轻人锻炼的动力主要来自健康以外的信息,比如减重和增加吸引力,但是老年人锻炼身体的动力更多来自眼前的健康利益以及保持年轻和活力。

分析竞争对手使用的创意方法也是一个有用的起点。美国的真相禁烟倡议在最初设计干预措施阶段分析了烟草行业赢得年轻人的创意策略。

创意和效果之间的联系并不明确。大量的营销传播作品只重视创意而忽视市场业绩。事实上,创意本身不是目的,除了原创性、创新性和其他因素可能有助于吸引注意力,干预措施必须与目标相关,而且必须具有说服力。

二、创意检查清单

有一些公认的优良实践以及有用的检查清单有助于评估创意材料。美国营销学者哈罗德·伯克曼(Harold Berkman)和美国创意顾问克里斯托弗·吉尔森(Christopher Gilson)提供了一份有用的创意检查清单,可用于评估创意。几十年来,商业营销一直使用类似的创意检查表。在所有的传播中,诉求类型是重要的,不论是用理性还是感性,积极还是消极的语言来表达。

表 11.2 九点创意框架

1	我们到底在推销什么?这似乎很简单,但值得认真考虑。例如,在我们与地区卫生机构的合作中,一位资深工作人员在讨论与癌症筛查有关的问题时感叹道:"我们一直在谈论癌症,我们应该传递希望!"
2	我们的目标受众是谁,他们与其他人有什么不同?我们是否真正了解他们当前行为的驱动因素以及持续行为改变的促进因素和抑制因素?
3	我们的目标问题是什么——他们是否认识到自己的行为有问题?如果他们没有认识到自己的问题,对我们的干预措施来说意味着什么?我们打算如何帮助他们解决这个问题?他们能接受这个解决方案吗?
4	我们是否面临着竞争压力?竞争可能是商业营销人员的活动,也可能是我们目标群体的态度和信念。如果他们不接受我们所说的,甚至对我们有敌意,突破他们的障碍会是一个艰难的挑战。
5	我们最重要的利益是什么?从目标受众的角度来看待这个问题,而不是从设计或者实施干预措施的人的角度来看待这个问题。这二者之间可能并不相同,目标受众的观点才是真正重要的。
6	我们的干预措施的哪些部分或特点提供了最有可能受到目标受众重视的利益?在传播中应该强调这些部分或特点。
7	我们的个性是什么?目标受众看待我们的方式符合我们的预期吗?回顾一下英国心脏基金会"皮肤之下"干预措施,以前的干预项目往往采用权威的唠叨和说教,这个方案把英国心脏基金会定位于非评判性的朋友。
8	还有什么能够有助于鼓励持续的行为改变?表述尽量简短,如果有许多次要的观点,我们很可能会让人们感到困惑。应该有一个简单而有说服力的主要利益,并有一些支持性的特色。
9	我们希望目标受众做什么,我们是否让他们很容易做到这一点?

资料来源:Eagle L, Dahl S, Hill S, et al. Social marketing[M]. Pearson Education, 2013.

三、创意策略

社会营销人员需要运用适当的创意策略将信息内容落实到具体的传播方案上。创意策略包括印刷媒体上的标识、字体、标语、标题、文案和颜色,也包括广播媒体的脚本、演员、场景和声音。社会营销人员还要在信息型诉求和情感型诉求之间做出选择,决定阐述行为及其利益还是唤起恐惧、罪恶、羞耻、爱或惊喜等情感共鸣。为了吸引目标受众的注意并说服受众实施期望行为,美国营销学者南希·李、菲利普·科特勒和朱莉·科尔霍尔提出 12 条创意策略[①]。

1. 确保简单与清晰

社会营销聚焦行为,社会营销指示应当简单并且清晰。目标受众也许感兴趣甚至渴望实施推荐行为,社会营销项目应当给出明确的指示。比如,"每天吃五种或更多的

---

① 南希·R.李,菲利普·科特勒.社会营销:如何改变目标人群的行为[M].5 版.俞利军,译.上海:格致出版社,2018.

水果和蔬菜""洗手的时间长度足够唱两遍生日歌""在春秋季重置时钟的时候,检查烟雾报警器的电池"。这些信息简单明了,对照执行也很容易。

2. 强调受众的利益

人们购买的不是产品,而是预期的利益。创意策略应该突出目标受众实施推荐行为最想获得的利益。当受众感知到利益超过成本时将特别有效,只要提醒目标受众,目标受众就会实施推荐行为。

3. 使用恐惧诉求时,提供解决方案和可靠的信息源

社会营销人员经常争论是否应该使用恐惧诉求。其实,恐惧诉求和威胁诉求是不同的。威胁只是说明了某些行为的不良后果,引发的情绪可能不是恐惧,而是让受众担忧且不知所措。澳大利亚科廷大学行为研究教授罗伯·多诺万(Rob Donovan)指出,问题不在于恐惧、厌恶等是否有效,而在于他们在什么条件下是合适的,对于哪些人是合适的,在什么情况下会产生相反的效果。应用基于恐惧的信息应当考虑以下几个因素[①]:

① 如果提供有效、简单易行的解决方案,那么强烈的恐惧诉求的效果最好。否则,适度的恐惧诉求可能会更好。

② 对于未曾关注某个问题的受众,强烈的恐惧诉求可能最具说服力。那些已经关注某个问题的受众也许觉得恐惧信息太夸张了,恐惧信息会阻碍他们改变态度或行为。

③ 当恐惧诉求指向目标受众身边的人而不是目标受众时,效果会更好。例如,当恐惧诉求针对目标受众的家人传播时,恐惧诉求的效果更好。

④ 信息源越可靠,恐惧信息越具有说服力。可靠的信息源大大降低目标受众轻视或低估恐惧诉求的可能性。

4. 使用生动、具体和个性化的信息

麦肯齐-莫尔和史密斯认为提供生动、具体和个性化的信息是确保受众注意到信息并记住信息的最有效方法之一。生动的信息能够在众多的信息中脱颖而出,吸引受众的注意,受众更容易记住生动的信息。来看一个生动的比喻,如果你把房门周围的所有缝隙加起来,相当于墙上有一个足球大小的洞,想一想这么大的洞会流失多少暖气。

麦肯齐-莫尔与史密斯还举例说明什么是具体的信息。加州理工大学心理学教授肖恩·伯恩(Shawn Burn)在描述加州人每年产生的垃圾时,没有说每人每年产生1 300磅垃圾,而是将加州人每年产生的垃圾量描述为足够填满一条从俄勒冈州到墨西哥边境的十英尺深的两车道高速公路。

个性化的信息是根据目标受众的偏好、欲望和需要设计的,充分考虑到实施期望行为的感知障碍和利益。比如,麦肯齐-莫尔和史密斯建议通过显示壁炉、热水器、家电、灯具等电器的能源消耗量以及相应的家庭能源消耗占比来促进节能。

---

① Sternthal B, Craig C S. Fear Appeals: Revisited and Revised[J]. Journal of Consumer Research, 1974, 1 (3): 22-34.

5. 信息要容易记住

有说服力的信息在于让信息在目标受众的脑海里栩栩如生。有很多社会营销信息让人记忆深刻,比如,"过马路要一看二慢三通过","在 50 岁生日做胃肠镜检查"。

斯坦福大学商学院组织行为学教授奇普·希思(Chip Heath)和杜克大学社会企业发展中心高级研究员丹·希思(Dan Heath)撰写了《让创意更有黏性》(*Made to Stick*: *Why Some Ideas Survive and Others Die*)一书,两位作者提出了黏性创意的六个基本特点。黏性用来解释创意或概念为什么难以忘记以及为什么有趣。黏性创意每个基本特点的英文首字母连起来大致组成了 SUCCES:

(1) 简单(Simplicity):如何才能找到思想的核心? 一名成功的辩护律师指出:如果从 10 个点去辩护,即使每一点都有理有据,当陪审团进了休息室,就一条都记不住了。要剥去外壳直至核心,要坚持不懈地做出选择,要创造出既简单又深刻的思想。

(2) 意外(Unexpectedness):如何吸引人们的注意力? 如何让人们保持兴趣? 这需要出乎意料,需要违反直觉。例如,一袋爆米花和一整天的高脂肪食物一样不健康! 这个事实让人们感到惊讶,可以吸引人们的注意力。但惊讶不会持久,为了让创意持续吸引人,还要让人们产生兴趣和好奇心。

(3) 具体(Concreteness):谚语通常用具体的语言来表达抽象的真理。比如,"一鸟在手胜过二鸟在林"。具体的表达是确保目标受众准确理解信息的唯一方法。

(4) 可信(Credibility):德国思爱普公司声称"财富世界 500 强企业中 90% 以上的企业都是思爱普的用户,福布斯全球上市公司 2000 强中 90% 以上的企业使用思爱普的服务"。

(5) 情感(Emotions):例如,向青少年灌输吸烟的严重后果,很难让他们戒烟,但是宣传烟草公司的欺诈行为激发他们的愤恨,就比较容易让他们戒烟。

(6) 故事(Stories):消防队员会在每场火灾后交换彼此的故事,以此积累救灾经验。长此以往,他们便在脑中建立了更丰富、更完整的危机应急百科,以便根据不同情境找到恰当的应对措施。

6. 增加点乐趣

在社会营销促销中增加点乐趣常常受到争议。问题的关键在于弄清楚什么情况下开玩笑是合适的,而且可能是有效的。促销能否成功受到很多因素的影响,这里要考虑目标受众与社会问题是否适合开玩笑,还要考虑幽默的方式与过去的解决问题方法是否产生冲突。

例如,康奈尔大学饮食行为学教授布莱恩·万辛克(Brian Wansink)领导一项研究,探讨给学校餐厅的蔬菜起一个吸引人的名字是否会增加学生对蔬菜的选择,结果表明给蔬菜起一个有吸引力的名字显著增加了蔬菜购买量。

当用于处理某些社会问题时,幽默信息是一种有效的方法。在纽约地铁站里有一个标识,上面写着:"站内禁止跑步,尽管我们赞赏你的无限活力和生活热情。"想想看,在纽约地铁站里看到这样的标识,你一定会感到惊讶,也许还会感到高兴。

7. 尝试大创意

一个大创意可以让信息独特又难忘。在广告行业,大创意就是创造性的解决方案,用寥寥数语或者一张图片就能概括吸引顾客购买的理由。大创意简单直接地概括利益与定位并转化为令人信服的概念。大创意的灵感来自对自己的提问:如果关于产品只能说一点,你将说什么? 你将如何展示这一点? 获得大创意不是一个线性过程,有可能是在淋浴或做梦时头脑里闪现的一个概念。

8. 善用提问而不是唠叨

今天你会喝 8 杯水吗? 明天你会去健身吗? 这些提问可以成为推动积极变化的重要力量,这种效应就是自我预言效应。华盛顿州立大学营销学教授艾瑞克·斯潘根贝格(Eric Spangenberg)和营销学助理教授戴夫·斯普洛特(Dave Sprott)研究证实,让人们预测他们是否会实施某个社会规范性的行为会增加他们实施该行为的概率。

当人们预测自己将会做某事时,他们更有可能去做这件事。在要求人们预测之后,立即实施行为的比率提高了 20%,有时这种行为改变会在人们预测自己行为之后持续6 个月。研究表明自我预言效应增加了选民的投票率,提高了健身房的出勤率,提高了回收铝罐的承诺,还增加一家人共进晚餐的机会。认知失调理论可以用来解释这种现象,当人们说要做某事然后却不做就会产生不舒服的感觉,这种不舒服感觉会驱使人们按照预测行事。

斯潘根贝格强调,要成功地运用这种方法,前提是要让目标受众将某个行为视作社会规范,并且有意向实施该行为,或者至少没有实施竞争行为的强烈承诺。

9. 让社会规范更加明显

社会规范营销建立在社会规范理论的基础之上,人们的行为受到心目中的一般或典型行为的影响。当一种行为还未成为社会规范的时候,一种策略就是让目标受众认识到其他人正在实施这个行为。例如,"清理宠物粪便"这个标语,不仅能提醒清理垃圾的清洁工,还可以向宠物主人传播这个观念。

10. 讲述真人真事

讲述真人真事是一个伟大的创意策略。真人真事包含很多信息和信使的最佳实践。由于信使讲述的是亲身经历的事件,受众觉得可靠并且容易接受。真实的故事可能包含一些具体细节,容易引起情感的共鸣。在疫情传播期间,利用医生、护士、社区成员等人讲述接种疫苗后的真实反应将有助于增加民众接种疫苗的意愿。

11. 尝试众包

众包通常利用在线社区开展形成性调研、预测调研和评估性调研。众包还可以用来产生创意元素。例如,2002 年强生公司发起了护理工作的未来运动(Campaign for Nursing's Future),致力于提升护理职业的形象,招募新护士和新护理教师并留住护士。该运动的一个部分是"护理的艺术:肖像镶嵌画致谢"项目,该项目感谢护士们的辛勤工作和奉献精神,并纪念该运动 10 周年。该项目号召世界各地的护士上传照片和简要信息至项目网站。上传的照片可以是工作时,或者参加社交活动时,甚至是外出旅游时拍摄的。项目组用收集到的照片组成一张（镶嵌画）图像,镶嵌画由近 1 万张护士和护理学生上传的照片组成。项目组承诺每上传一张照片将捐出 1 美元用以资助护理奖学金。

12. 迎合目标受众的心理特征

在开发创意策略方面,心理特征往往比人口统计学特征更有用。从目标受众的个性、生活方式、价值观、兴趣和态度等方面着手,可以深入探究有说服力的创意元素。如果有人向你询问你最好的朋友的特点,一般来说,你不会描述人口统计学特征,而会谈谈他的心理特征。比如,他积极上进,他喜欢在读书俱乐部里谈一些有趣的东西,他乐于帮助朋友和家人,甚至还会谈论他在社交媒体上分享的有趣的活动或事情。

四、印刷品创意

在所有的印刷品创意活动中,需要遵循一些基本的设计原则。这些原则建立在对印刷材料的不同部分功能理解的基础之上。一般来说,概念布局是设计创意材料的人制作的草图,勾勒印刷材料的呈现方式以及各种元素的位置。

1. 设计原则

标题应说明利益,并吸引人们阅读更多内容,以解决一个问题或获得知识。

然后使用小标题将材料分成几个部分,每个部分都提供关于一个主题领域的具体信息。小标题本身应该吸引人的注意并表明在哪里可以获取相关信息。

照片、图画或图表等图形可以吸引注意力,阐明特定的观点。图表在增强材料的表现力和价值方面起着重要的作用。

在设计布局时,需要回答以下问题:

① 它是否吸引人,能否吸引潜在的读者继续阅读以了解更多细节?
② 它是否使用目标群体能够理解的语言来表达?
③ 它是否尽可能简洁地传达关键信息?
④ 插图与文字材料是相互配合还是相互冲突?
⑤ 它是否提供目标群体感兴趣的内容,而不是专家认为他们应该知道的内容?

2. 文案

一般来说,人们从材料的左上角开始,浏览标题,然后往往沿着对角线方向向下阅读材料的其余部分。大量研究表明除非有强烈的个人动机,否则很少有人阅读所有材料。

保持文本简洁,考虑到那些识字困难的人的信息需求和信息处理能力,避免文字环绕插图、表格或图表。采用以下的做法,文字更容易阅读:

① 避免长句,读者一次只处理少量信息,把长句拆分成短句。
② 避免在插图上印刷文字,如果图画与文字颜色对比不鲜明的话。
③ 避免背景图案,如果背景图案使得字体难以阅读的话。
④ 避免光面纸,光面纸容易反光,很难阅读。
⑤ 避免黄色墨水,黄色很可能会对视觉造成一定的损伤,给视障人士带来障碍。

⑥ 使用标题,它们使人们容易找到关键信息。如果信息是有顺序的,或者是按照具体步骤的,就给标题编号。

⑦ 留下空白,不要把所有的东西都填满,以至于材料看起来很拥挤。

⑧ 使用插图,将这些插图放在段落的末尾,而不是中间。它们必须是相关的,说明重要的观点或为不善于阅读的人提供视觉指导。

3. 字体

考虑到你的目标受众和他们阅读材料的环境,确保选择的字体足够大以方便阅读。一般来说,不要在传单上使用小于 12 号的字体,要为老年人使用更大的字体。快速浏览一下商场或火车站的海报,你就知道大部分材料都很难阅读,除非你非常靠近它。

① 避免浅色文字在深色或彩色背景上,虽然看起来很有创意,但不如深色字体在浅色背景上容易阅读。

② 避免全部使用大写字母或花哨的字体。

③ 谨慎使用不同颜色,不要同时使用红色与绿色,患有色盲的人难以阅读。蓝黄色盲虽很少见,但是尽量不要给读者造成任何障碍。

4. 文案测试

所有材料都应该用目标群体的样本进行预测试,以确保目标群体接收到所要传递的信息。这将包括可读性和易于理解性测量指标。确认目标受众使用哪些媒介渠道以及目标受众希望如何通过这些渠道传播信息都是很有价值的。

5. 户外活动创意

户外信息是很难传达的,因为经常有很多杂乱的东西在争夺驾驶员和其他道路使用者的注意力,例如海报和路边广告牌。然而,道路安全活动的挑战之一是将信息带到行为发生的地方。

加拿大本拿比骑警在布伦特伍德公园小学门口的马路上绘制了一幅"路面帕蒂"(Pavement Patty)3D 图案,看起来是一个小女孩正在马路上追气球。附近路标上写着:"你可能没想到孩子们会跑到马路上。"这项干预措施旨在让司机更清楚地意识到道路上可能有儿童,并鼓励司机减速和提高警惕性,从而减少儿童行人受伤。对此,人们的反应褒贬不一,干预项目网站上的一些帖子认为,这种措施的效果只会是短期的,它还可能会分散司机的注意力而导致事故。

五、广播、电视和电影广告创意

1. 脚本和故事板

根据粗略的经验,一个 30 秒的广告应该包含大约 75 个字。在时间和字数允许的情况下,提炼关键信息是一门相当高的艺术。

脚本可垂直分为两部分,左半部分给出文字和声音效果,右半部分描述将展示的相应视觉效果。

在评估初始脚本时,你应该考虑的问题与印刷品广告的问题类似。

① 它是否吸引人,是否吸引潜在的受众关注信息以了解更多细节?

② 它是否用受众能够理解、与受众密切相关的语言与受众交谈?

③ 它是否尽可能简单地传达了关键信息?

④ 它的视觉效果与文字材料是匹配还是相互冲突?

⑤ 它是否提供目标群体感兴趣的内容,而不是专家认为目标受众应该知道的内容?

2. 预测试

一旦脚本完成,就应该进行预测试。电子媒体还有一个复杂问题,如果只使用脚本,人们是否能够准确地想象出所要表达的内容。如果制作一个粗略版的广告,那么制作过程将涉及额外的费用。因此,预测需要决定在什么时候进行测试,还要决定是测试概念、粗略版的广告还是最终版的广告。

六、社交媒体创意

社交媒体提供了协同应用多种媒体来传播信息的渠道。例如,在巴巴多斯"岛屿女王"(Island Queen)系列节目中利用电视节目来提高对人们对艾滋病病毒和艾滋病的认识,还通过使用一个传统的网站、脸书群组(Facebook Group)、推特(Twitter)和一个专门的油管(YouTube)频道来加强宣传。

在其他网络媒体的支持下,YouTube 成为总部设在洛杉矶的"此时此刻"(In the Moment)运动的主要宣传媒介。该运动由洛杉矶同性恋中心开发,重点关注性行为决策的关键点,包括安全性行为的障碍。在 YouTube 上发布短剧,以虚构的人物和实际的社区成员为主角,从而打破了虚构肥皂剧和现实生活之间的障碍。此项目还开展线下活动,例如张贴海报并举办活动来宣传运动。

目前许多社会营销活动注重在社会媒体网站上进行宣传,传统的网站,特别是增加了互动功能的网站,仍然可以在社会营销活动中发挥重要作用。例如,英国心脏基金会使用了一个互动网络游戏作为减少儿童肥胖运动的主要工具,在游戏中儿童可以进行营养选择。

这种干预措施的使用对象往往是那些已经有了动机的人,因此他们刻意去上网玩游戏。对于没有动机的受众来说,在线工具不太可能成功。这些受众可能根本不会去访问网站,上传或分享评论。他们可能会忽略网站上传播的信息,无论这些信息多么有创意。

在线社会营销活动可能对那些有动机,但没有机会和能力改变行为的人有用。在线营销活动可以在人们做出积极选择时提供指导和支持或者充当榜样。

第六节　传播渠道策略

随着社交媒体迅速发展,营销人员不仅要应用报纸、杂志、广播、电视、户外媒介和印刷品等传播渠道,还要应用网站、论坛、百科、微博、微信、视频和直播等传播渠道。与传统媒体相比,社交媒体传播效果易于衡量,对于目标受众是否注意到信息并做出反应,可以通过收集实时数据进行监测。

一、传播渠道的类型

传播渠道,也称为媒介渠道,可以分为三类:大众传播媒介、选择性传播媒介和个人传播媒介。每种方法适合不同的传播目标。许多社会营销活动和项目综合应用了这三种传播媒介。

1. 大众传播媒介

当需要迅速地告知大规模人群某件事或者说服他们实施某种期望行为时,就需要应用大众媒介渠道。比如,需要受众知道、相信或做一些事情。社会营销人员常用的大众传播媒介包括广告、报道、娱乐媒体及政府标识。

2. 选择性传播媒介

如果采用某些媒介渠道可以更高效地触达目标受众或者目标受众需要知道更多的信息,就需要应用选择性传播媒介。典型的选择性传播媒介包括邮寄广告、传单、手册、海报、特殊活动、电话营销和网络沟通。

3. 个人传播媒介

个人传播渠道对实现行为改变目标非常重要。个人传播媒介包括社交网站,比如博客、微博、微信、QQ、短视频平台,还包括研讨会、工作坊和培训会。当需要进行个人干预和人际互动以便提供详细信息、解决障碍和担忧、建立信任和争取承诺时,应用个人传播媒介就十分必要。这也是建立社会规范、宣传社会规范的高效快捷的途径。

二、传统的传播渠道

传统传播媒介通常包括印刷媒介和电子媒介。印刷媒介包括报纸、杂志、宣传单页、说明书等。电子媒介包括广播、电视、广告牌、广告屏等。

1. 广播

广播是通过无线电波或导线传送声音的传播媒介。广播是重要的广告传播渠道。广播具有以下特点:首先,传播速度快,传播面广,能接触广泛的受众。其次,感染力强。广播依靠声音传播内容,听众听其声能如临其境、如见其人,能唤起听众的视觉形象,有很强的吸引力。再次,广播具有多功能性,可以用来传播信息、普及知识、开展教育、提供娱乐服务,能满足不同阶层、不同年龄、不同文化程度、不同职业的听众的多方面需要。最后,广播节目制作流程较为简单,成本较低。广播的缺点是只有声音没有文字和图像,容易造成听众注意力分散,听众只能按节目时间顺序收听,选择性差。

2. 电视

电视是用电子技术传送活动图像和声音信息的传播方式。在我国电视是覆盖范围最广、覆盖率最高的媒介类型之一。电视具有以下特点:首先,电视结合图像和声音,信息呈现方式直观、生动。其次,纪实性强,有现场感。电视能让观众直接看到事物的情境,能使观众生产亲临其境的现场感和参与感,以及时间上的同时性、空间上的同位性。

再次,电视传播迅速,覆盖面大,在城镇和农村地区都有很高的覆盖率。最后,电视对受众的文化程度要求较低。例如,《养生堂》《健康之路》等电视节目在一些农村地区也有较高的收视率。相比其他大众媒体,电视广告的制作成本较高,播出上受时间顺序的限制。

3. 报纸

受众可以选择性阅读报纸内容,不受时间和空间限制,还可以反复阅读和传阅,有利于加深记忆和扩大受众群体。同时,报纸承载的信息量较大,信息比较完整和全面。报纸版面主要由文字构成,文字表现多种多样,可大可小,可多可少,图文并茂,还可套色,引人注目。但是,大部分报纸颜色单调,插图和摄影不如杂志精美。阅读报纸受到读者文化水平的限制,更无法对文盲产生传播效果。

4. 杂志

与报纸类似,杂志承载的信息量大,可重复阅读和传阅,受众对于内容、阅读时间、阅读地点都有较大的自主选择权,受众的注意力比较集中。杂志传播的针对性强。每种杂志都有自己特定的读者群,传播者可以面对明确的目标受众制定传播策略。像报纸一样,杂志不如广播电视那么形象、生动、直观和口语化,特别是在文化水平低的读者群中,传播的效果受到制约。

5. 书面材料

书面材料是社会营销活动广泛应用的传播渠道。手册、简报、小册子、宣传单页、日历、保险杠贴纸、门钩和目录都可以用来传播详细的信息。书面材料还包括印有抬头的信纸、信封和商务名片。有时目标受众会留下这些材料,甚至去和其他人分享,但是这种情况很少见。有些情况下,还要制作一些专门的材料提供给关键的内外部群体。

6. 特殊促销品

应用一些特殊的促销品可以强化或维持信息。常见的特殊促销品有服装(如T恤衫、棒球帽、背心等)、功能性产品(如钥匙链、水杯、垃圾袋、钢笔和铅笔、笔记本、书签、冰箱贴等)和更多的临时性产品(如杯垫、标签贴、临时纹身贴纸、咖啡杯套等)。

7. 标识牌和电子显示屏

很多社会营销活动应用标识牌和电子显示屏来发布和维护活动信息。例如,在交通管理中,广泛应用交通标志和交通标线。进入森林的时候,有标志甚至语音提示登山者不要携带火种上山。在机场,有标牌提醒旅客在托运行李前把电脑从包中取出。标识牌和电子显示屏还可以应用于零售行业,比如节能灯泡、节水马桶、天然杀虫剂。

8. 产品植入广告

产品植入广告(Product Integration)是商业营销的一大特色,企业总会想方设法在电视节目或者电影中宣传自己的产品。当演员手中端着一杯咖啡,你也许会一眼看出杯子上熟悉的产品标志,或者注意到一位巨星棒球帽上的商标符号。在詹姆斯·邦德的《择日而亡》(*Die Another Day*)中，七喜、阿斯顿马丁、芬兰伏特加、维萨卡、欧米茄等品牌一共支付制片方约 1 亿美元的广告植入费，一些评论家于是戏称这部电影为《择日购买》(Buy Another Day)。

对社会营销而言，更重要的做法是把期望行为集成到商品、商品包装或者商品的使用过程中。例如，2006 年秋天，美泰玩具推出了芭比娃娃的新宠物狗坦纳。坦纳配有棕色的塑料"小饼干"，只要抬一下坦纳的尾巴，坦纳就会吃掉这些"小饼干"。当"小饼干"被排泄后，芭比娃娃就可以用磁铁铲把"便便"铲起来，放到小垃圾桶里。这个玩具让孩子们在玩耍的过程中学习给宠物喂食和清理宠物粪便，从小养成爱护小动物和保护环境的习惯。

三、网络传播渠道

Web 1.0 是个人电脑时代的互联网，用户利用 Web 浏览器通过门户网站，单向获取内容，主要进行浏览、搜索等操作。社会媒体以 Web 2.0 技术为基础，普通用户是媒体内容的主要生产者和发布者。社交媒体按照某种方式将用户联系起来，为用户提供信息交互的平台。

社交媒体的种类繁多，有论坛（百度贴吧、天涯论坛等）、社交型问答网站（知乎、百度知道等）、协作式知识生产系统（维基百科、百度百科、互动百科等）、综合类社交媒体（博客、微博、QQ 空间等）、即时通信工具（微信、QQ 等）。应用社交媒体可以促进社会问题的解决：增加沟通的及时性、利用目标受众的网络、扩大传播范围、制定个性化信息、开展互动、促进行为改变。

1. 网站

网站可以分为门户网站和垂直网站。门户网站是指提供某类综合性互联网信息资源并提供有关信息服务的应用系统。垂直门户专注于某一领域，如健康、娱乐或体育等。门户网站中的健康频道以及专门传播健康保健类信息的垂直门户网站，分别体现了健康传播的大众化和分众化两大发展趋势。建立一个简单的网站比较容易，维持一个网站的定期更新、长期运行，保证内容的丰富性需要技术和业务的支持。网站的经营者对于在网站上传播的内容的控制权是很大的。受众可以浏览网页，但不能直接对网页进行修改。浏览网站的用户不确定性很大。网站通过留言板、电子邮件等途径获得受众反馈。

增加网站可视性是网站运营维护的重要任务之一。在商业上常用付费来获得较好的排名，非营利部门也可以采用这个方法。此外，还有很多非付费的方式可以让网站出现在搜索结果的第一页，比如改变网站结构、内容以及提交关键词。

对于顾客来说，网站是一个重要的接触点，不仅影响顾客对于组织的认知、态度，还能在激励、支持目标受众实施期望行为方面发挥重要作用。有些人甚至把网站视为家庭和工作场所之外的第三空间。

2. 网络论坛

网络论坛通常是指以各种话题讨论为主的电子公告栏系统（Bulletin Board

System,BBS)。从组织方式上看,网络论坛包括专题式论坛、综合式论坛、专业式论坛。网民使用网络论坛的动机包括自我表现与表达、获得社会归属感、获得环境认知、获得社会认同。大多数网络论坛依附于门户网站。社会营销人员可以通过论坛与目标受众进行互动或向受众提供服务,还可以通过论坛信息调研网民兴趣和态度。论坛是以内容为中心,当社会营销方案需要超越个人关系网络而围绕内容进行交流时,论坛仍然有优势。

3. 博客

博客(Weblog 或 Blog)是一种网络内容发布形式,用户可在专属网络空间分享多样化内容。用户在一个专属于自己的网络空间发布文章或图片等,这些内容都按照年份和日期倒序排列。在博客平台上普通网民只需要几个步骤的简单操作就可以发布信息。博主发布信息,阅读者浏览信息,观众有时会发表评论和留言。博文长度不受限制,博主有充分深入地探讨问题的空间,博客更适合传播专业知识。

美国国家药物滥用研究所(National Institute of Drug Abuse)认为社交媒体使用了青少年容易接受的方式,而不是由上而下地灌输信息。2009 年 6 月,美国国家药物滥用研究所发起了"塞拉·贝勒姆博客"(Sara Bellum Blog),博客采用一名年龄较大的少年,种族背景不明,带着一丝神秘感,有时通过小型望远镜看过来,有时则戴着墨镜,向一群青少年讲述毒瘾是一种脑部疾病。

4. 微博

微博是微型博客的简称,微博是一种通过关注机制分享简短实时信息的广播式社交网络平台。用户通过关注获取信息,通过发表微博博文创造信息,通过转发分享信息,通过评论讨论信息。关注对象的范围及质量影响着用户获得信息的质量。比较著名的微博有新浪微博和推特(Twitter)。

2017 年 5 月,朱塞佩·法托里(Giuseppe Fattori)在社会营销业务通讯中分享了一篇关于医生使用 Twitter 的文章,介绍了医生使用 Twitter 的原因。应用 Twitter 可以获取新闻、医学期刊等方面的最新信息,可以与同行建立联系并开展讨论,可以接触不同视角,因而有助于打破医患之间的知识壁垒,共同创造协作模式,最终促进行为改变。

5. 协作式知识生产系统

维基(Wiki)是一种超文本系统,这种超文本系统支持多人协作式写作。在维基页面上每个人都可浏览、创建、更改文本。维基百科(Wikipedia)是一个基于维基技术的多语言的网络百科全书的全球协作计划。近年来,百度百科、互动百科等平台发展迅速、应用广泛,在公共信息传播方面潜力很大。维基传播是以内容为中心的多对多协同,维基是一种去中心化的平等对话。目前维基最大的应用领域仍然是知识分享。维基百科也可以将正在发生的社会事件当作词条。某些百度百科、互动百科的词条也具有非常明显的新闻色彩。

6. 微信

微信将人际传播、群体传播、大众传播这三个层级的传播聚合在一起,实现无缝连接,全面贯通。社交是微信的核心功能。微信具有点对点的交流功能,还能通过朋友圈等方式实现更广泛、更密切的接触。公众号是微信中最具有媒体属性的应用。公众号与朋友圈、微信群是相互连通的,朋友圈与微信群对公众号有助推作用。利用微信可以开展产品销售、用户数据挖掘、用户管理、个性化服务等。微信群是微信中小规模的多对多互动平台。多数微信群是现实关系的一种平移,另有少数微信群是基于弱关系形成的,但在互动中会慢慢转化为强关系圈子。微信群利用文字、语音、视频、图片、表情符号进行传播。

7. 短视频与直播

短视频内容制作流程简单,技术设备要求也不高。短视频短小便捷,可以随时随地浏览。短视频将文字、图像、音乐各类元素融合起来,直观形象地呈现信息内容,传播速度快,影响范围较大,社交属性强,便于信息交互,易于用户分享。

来看一个例子,约翰·霍普金斯传播项目中心采用讲故事视频来改善世界各地年轻人的生殖健康。该项目指导年轻人制作短视频,用短视频分享计划生育和性健康的个人经历和故事。视频向年轻人提供高质量的计划生育信息,有效地解决年轻人在计划生育方面所面临的个人知识不足,信息满天飞、真假难辨,还很难接触到专业人士等问题。

在视觉上,电影电视传达了一定的现场感。随着技术不断成熟,电影电视包括电视直播传达的现场与真正的在场愈加分离。大多数网红或草根直播以社交互动为目的。社交性直播可以看作一种表演,营造临场感与陪伴感。为了进入他人的视野,主播适度开放个人的私人空间,观众感觉进入了主播的生活空间,还感受到他人的陪伴。

许多医生进入直播平台,将专业知识通过生动的演绎、通俗的讲解、有趣的画面等形式展现出来,真正让用户听得懂、记得住、关键时刻用得上。在直播过程中,观众还可以通过弹幕甚至连线与主播开展互动。

8. 大众娱乐媒介

采用娱乐的形式来传播行为改变信息被称为大众娱乐媒介(Popular Entertainment Media)或教育性娱乐(Edutainment)。大众娱乐媒介包括电影、电视连续剧、广播节目、漫画书、连环漫画、歌曲、戏剧、电子游戏以及一些流动演艺人员。很多社会营销信息都可以融入节目、剧本和表演中,比如酒后不开车、使用避孕套、健康饮食、资源回收利用、青少年自杀、器官捐献、艾滋病病毒检测、防范电信网络诈骗和婴儿猝死综合征等主题。

当目标受众对于某个问题漠不关心时,大众娱乐媒介是一种有效的方法。这种寓教于乐的方式有助于克服选择性接触和选择性注意的问题。20世纪60年代秘鲁肥皂剧《单纯的玛丽亚》(*Simplemente Maria*)讨论了计划生育等问题。

电子游戏也是一种重要的寓教于乐的媒介,自2005年以来,纽约每年都会举办"游戏改变行为大会"(Games for Change),鼓励组织利用电子游戏推动社会变革。在游戏改变行为团队的网站上(www.gamesforchange.org)列出并描述了150多款游戏,这些游戏支持社会变革,包括提高识字水平和减少欺凌等。

四、选择传播渠道的影响因素

在选择传播渠道时,一般根据社会营销方案的目的和知识目标、信念目标以及行为目标来选择。社会营销方案最合适的传播渠道是针对特定受众的,反映受众偏好的传播渠道。选择社会营销传播渠道需要考虑以下九个重要因素:

1. 信息内容和复杂性

不同类型的信息适合不同的传播渠道。首先确定信息是正式信息还是非正式信息,是文字信息还是声像信息,然后选择合适的传播渠道。对于复杂的信息不能仅仅使用大众传媒,还要利用人际传播和新媒体以及其他面向社区的媒体。对于复杂或详细的信息,书面渠道可能更有效,接收人可以自主查看信息。

2. 受众的特征和偏好

在选择传播渠道时,目标受众的人口统计学因素、心理学特征、地理学特征、行为学特征以及目标受众的渠道偏好和习惯都是最重要的因素。不论是社交媒体平台还是报纸杂志、广播电视,都拥有相应特征的受众群体。选择传播渠道时,要考虑目标受众是喜欢电子邮件、电话、社交媒体还是面对面交流,还要考虑社会营销方案与媒体的兼容性。

3. 传播渠道的特点

报纸杂志、广播电视曾经是传播信息的主要渠道。社交媒体成为信息化时代传播信息的主要渠道。书面材料、特殊促销品、标识牌和电子显示屏在传播信息和提示行为改变方面仍有重要用途。每种媒介都有一定的优点和缺点,每种媒介适合传播的信息类型不一样,每种媒介对于目标受众的要求也不一样。社会营销传播方案选择媒介时应考虑每种媒介类型的优点和缺点以及信息的性质和形式。例如,"如何预防性传播感染"的信息适合使用电子文本,书面材料也是一个可用的选择,"救生衣守护生命"的信息更适合使用广告牌、电子显示屏和语音提示器。

4. 利用目标受众选择行为的时机

对于很多社会营销项目,传播信息的最好时机就是目标受众即将在推荐行为和竞争行为之间做出选择的时候。目标受众处于选择的岔路口,这是社会营销人员影响目标受众的最后机会。很多社会营销方案都在运用这个策略,比如,在菜单上标注菜品的卡路里,在登山入口处设置防火语音提示器。

5. 利用不良事件发生的时间点

社会营销人员要准备好利用不良事件来促进目标受众改变知识、信念和行为。例如,某明星被诊断出艾滋病,某中学生自杀,某处发生火灾或干旱,发布濒临灭绝物种清单等。这些不良事件通常会影响目标受众对于行为改变的利益与成本的认识和信念。预防艾滋病是有成本的,但是感染艾滋病病毒的后果将是极其严重的。这些事件往往是悲剧性的,仅有的一线希望在于促进未考虑的受众开始考虑,已经考虑的受众转向行动。社会营销人员应当抓住不良事件发生的时间点来开展宣传。就像公共关系专业人员准备应对传播危机一样,社会营销人要为这些传播机会做好准备。

6. 触达率和频率

触达率(Reach)是指在一段时间内接触广告的目标受众的百分比。频率(Frequency)是一段时间内目标受众接触广告的平均次数。在选择传播渠道时,常用的标准是一个渠道能触达的人数。就印刷和广播渠道而言,触达受众的人数用发行量来表示。对于网站和线上渠道,触达受众的人数以访问数量来表示。在其他情况下,触达受众的人数可能是参加研讨会或社区会议的关键群体人数。触达受众人数是设计具有成本效益的干预措施时需要考虑的重要因素之一。

7. 可及性

有些传播渠道需要专门的设备和培训,要考虑目标受众是否具有接收信息的工具和技术,还要考虑老年人的听力、视力退化的问题和残疾人的听力和视力障碍等问题。对于识字水平低的受众,提供图片或视频可以增加理解。在嘈杂的环境中,采用文字或视频材料传播效果更好。

8. 整合营销传播

社会营销项目应该组织协调应用各种传播渠道以传递关于组织及产品的清晰的、一致的和令人信服的信息。整合营销传播要求社会营销方案的口号、图像、颜色、字体以及赞助商信息都要保持一致性,在所有媒介工具和消费者接触点中向目标受众传递一个声音。这意味着新闻稿中的数据和事实与印刷材料中的内容是一致的,印刷广告和社交媒体中的广告有相同的外观,给人相似的感觉。整合营销传播强调开发和传播方案材料的人员之间开展协调与合作,定期审核所有受众接触的信息。整合营销传播有助于提高材料制作的效率和传播的效果。

9. 预算

资源与资金可能会是选择传播渠道的最终决定因素。在理想情况下,媒体策略与相关预算是根据期望的和商定的方案目标制定的。在现实情况下,传播计划往往受到预算和可用资金的影响。在传播计划超出预算的情况下,资金应当优先分配给效率最高和效果最好的媒介工具。在有些情况下,可能需要降低方案目标或者采用分阶段实施方案的方法。

第十二章 社会营销评估

评估是社会营销方案的一个重要组成部分,在社会营销计划和实施阶段就要开展评估工作。评估有助于改进社会营销方案并确保社会营销的效率和效果。评估不是一次性活动,它贯穿社会营销的全过程。社会营销评估包括评估目的、评估类型、评估步骤、评估成本、评估内容和评估方法等内容。

第一节 评估概述

评估是应用社会研究的方法对社会营销项目进行测量和评价。在计划阶段,评估有助于确定社会营销目标和受众群体;在执行过程中,评估能够对社会营销活动进行监控;项目完成之后,评估有助于总结经验教训,提高后续项目的服务和管理水平。评估涉及的重要问题包括:活动是否实现了改变知识、态度和行为的目标? 活动是否依据计划进度和预算执行? 哪些方案要素很好地支持了方案的实施? 如果有下一次,怎样才能做得更好?

一、评估目的

评估无处不在。在网上购物或预订服务时,看一看评级或评论已经成为用户的一种习惯。评估是绩效管理的一部分,从幼儿园、学校到医院和养老院,评估构成了运营管理不可或缺的组成部分。不论是公共领域还是私人领域,都广泛应用评估。评估也是社会营销和行为改变项目的一个重要组成部分。评估不是社会营销结束后的一次性活动,它贯穿于社会营销活动的整个过程。评估目的往往决定着评估内容、评估方法和评估时机。社会营销评估通常有以下五个目的:

1. 满足资助者的要求

社会营销项目的资金来源或是政府资助或是社会捐助,资助者对于资金用途和项目成果都是有要求的,越来越多的资助者要求在项目中加入评估内容。即使没有外部机构要求开展评估,评估也是一种良好的社会营销常规做法。

2. 监控项目发展

为了保证社会营销项目的健康发展和成功实施,从项目一开始就要评估以确定项目的发展方向。在项目启动之后要监测项目工作进展,必要时及时调整项目策略和方向,确保项目按照预定的目标发展。通过评估确定哪些是有效的,哪些是无效的,社会营销人员才能够把资源集中在计划中最有效的部分,并取消或减少其他部分投入资源。在项目结束时,通过总结性评估测量项目结果,能够为以后的社会营销项目积累经验教训。

3. 争取持续的资金支持

公共资源或公益资源总是有限的,需求总是大于供给。为了竞争有限的资源,需要以优质的项目取胜,需要展示项目的竞争力。说服资助者对项目继续投资的关键是确定资助者判断项目成功的测量指标,然后根据这些指标信息制定评估计划。从实用的角度来说,如果评估表明项目是成功的,就证明持续资助干预项目是合理的。例如,政府机构可能会提供资助资金,但要求提供干预措施在具体行为改变方面产生影响的证据,比如实施戒烟干预措施后成功戒烟的人数。政府的资助越来越多地取决于过去干预措施的影响。

4. 改进未来的项目

如果为了改善以后类似项目的结果,那么评估需要重点关注哪些项目要素的效果好,应当重复使用,哪些项目要素有待改进,哪些项目要素需要放弃。评估有助于提高社会营销人员的专业知识和能力,促进社会营销人员更好地服务目标受众。对于社会营销人员个人的评估也能够为进一步培训和能力发展提供依据,从而促进服务能力的提升。

5. 公共关系或政治考量

如果项目引起质疑,需要进行危机公关,这种情况下评估是为了平息公众质疑。有的评估只是为了给早已确定的某项决策提供依据,比如终止项目、解雇某人、宣传某人、拖延策略等。

二、评估类型

在项目生命周期中,涉及多种类型评估。学者们提出了对应不同评估类型的三个简单的问题[①]:

① 我们应该做什么?

② 我们做得怎么样?

③ 我们做到了吗?

第一个问题"我们应该做什么?"通过形成性评估来回答。形成性评估研究社会营销方案的策略。形成性评估决定提供给目标受众的信息、媒体和营销组合策略,然后通过预测缩小选择范围。

---

① Balch G I, Sutton S M. "Keep me posted: a plea for practical evaluation"[C]//Goldberg M E, Fishbein M, Middlestadt S E. Social Marketing: Theoretical and Practical Perspectives. Lawrence Erlbaum Associates, NJ, 1997: 61-74.

第二个问题"我们做得怎么样?"涉及过程评估,评估社会营销方案是否按计划执行。过程评估决定向谁提供哪些信息和服务。了解在实施过程中实际发生的事情有助于确定方案的某些成分是否有效。过程评估对于确定中途如何调整方案或改进下一次的实施特别有用。

第三个问题"我们做到了吗?"涉及总结性评估,评估社会营销方案解决社会问题的效果。总结性评估可以进一步分为结果评价和影响评价两个不同的组成部分。

1. 形成性评估

形成性评估(Formative Evaluation)是在项目实施之前或者实施期间进行的任何评估,目的是改善方案设计和实施。形成性评估包括:

① 了解目标群体的需求。

② 在实施之前测试干预措施的要素。

③ 帮助确立项目的目的和目标。

④ 确定可能影响干预措施的障碍因素和促进因素。

⑤ 确定在影响评估中可以衡量项目成功的指标。

形成性评估可能还包括对不同目标群体干预措施的评估进行再评估。形成性评估用于确定什么才能有效地激励目标受众,并确保干预措施的可及性、可理解性和可持续性。形成性评估也是确定干预措施的手段,包括营销组合,干预组合应当来自需求评估。形成性评估包括测试那些可能对社会营销交换产生影响的因素。形成性评估对于理解一个社会营销方案为什么影响受众和如何影响受众以及在方案实施过程中哪些其他背景因素可能影响项目的成功都是至关重要的。

形成性评估应该被视为一项有价值的投资,形成性评估可以通过设计更好的方案来提高项目取得成功结果的可能性。如果没有形成性评估,所开展的社会营销项目可能无法满足真正的需求,或者社会营销项目可能受到无法控制的外部因素的制约。

形成性评估在社区参与和行为改变项目中特别重要,因为这种干预措施往往很复杂,需要仔细监测过程,以便应对相互冲突的优先事项和任何意想不到的结果。忽视形成性评估可能意味着无法观察和捕捉到可能改善项目实施的反馈,从而无法获得成功实现预期结果的机会。

干预措施一旦设计出来,或者作为设计过程的一部分,就应该对干预措施进行预测。形成性评估包括开展预测。预测相当于对一辆新车进行路测,预测涉及同样的思维过程。例如,评估人员应该提出一些基本问题:目标受众将如何发现该产品,通过哪些渠道?目标受众会对产品有什么想法和感受?干预措施能满足目标受众的需求吗?干预措施有什么好的或坏的地方?干预措施对某些受众的效果是好是坏?如何改进干预措施呢?干预措施与竞争对手的相比如何,差距在哪里?

2. 过程评估

过程评估(Process Evaluation)又称为监测评估(Monitoring Evaluation)或实施评估(Implementation Evaluation)。过程评估发生在社会营销活动启动之后,关注干预措施如何实施。过程评估是社会营销项目的一个重要组成部分,如果没有过程评估,社会营销人员可以测量结果却不知道如何以及为什么取得结果。根据过程评估的结果可以判断中途是否需要采取纠正措施,是否需要调整社会营销方案的要素,是否需要增加资源以实现社会营销方案目标。过程评估的关键成分是背景、触达和实施。

一项干预措施会受到所处的更广泛的社会、文化、政治和经济环境的积极或消极影响。2022 年 1 月 4 日,北京市卫生健康委员会发布北京市第四次成人烟草调查情况,数据显示北京市 15 岁及以上成人吸烟率为 19.9%,因此北京的社会风气是不吸烟。但是中国某些地区的吸烟率要高得多,在这些地区的社会风气是吸烟。在这样的地方,吸烟干预的效果显然会受到社会环境的影响,在规划干预措施和解释评估结果时应考虑到这一点。

虽然知晓不应该是衡量项目效果的主要标准,但测量知晓是很重要的。如果目标受众不知道这个项目,那么其他任何改变的希望都不大。例如,如果作为项目的一部分,开展社会化媒体传播,应该清楚地知道希望目标受众在特定时间内看到或听到社会营销方案的次数。目标受众声称他们看到的广告活动的次数,也就是受众接收到的信息量应该与投放的信息量大致吻合。如果两者相差甚远,则表明方案实施存在问题,可能是营销传播渠道选择不当造成的。例如,在适合使用音频视频广告的情况下使用文字广告,或者虽然使用音频视频但将广告放在错误的节目中,导致目标受众的收视率很低。从营销传播渠道的错误中学习,有助于改进下一个社会营销项目。另一个受众接收信息量低的原因可能是信息结构糟糕,受众对这个信息没有反应,或者这个信息没有引起受众的共鸣,很容易被受众遗忘。

社会营销干预建立在广泛的利益相关者的工作之上:研究人员、项目经理、广告专家、媒体记者、公共关系专家、外展工作人员以及与项目目标有关的其他专业人员。这些人按照他们自己的专业标准工作,这意味着强有力的项目管理对于保持最初的目标和减少项目偏离是必不可少的。在涉及许多参与者的复杂干预中,项目在某种程度上会偏离既定的目标。评估项目实施过程中是否坚持最初的目标是很重要的。当评估活动确定社会项目已经偏离原来美好的创意,那么许多美好的创意就可能被认为是无效的,甚至被放弃。

例如,一项干预措施向青少年提供关于性健康或毒品等问题的咨询服务。该服务应该在适当的时间开放,并提供一个安全、愉快的空间,让青少年觉得他们可以在需要时回到咨询点。在这个典型的例子中,许多机构都参与进来,对最初的想法进行修修补补,直到项目偏离正轨。由此产生的服务将与最初的设想不一样,而且不出所料,评估结果也会很差。如果过程评估能够区分计划中的干预措施和实际的干预措施,将确保初始设想的目标不会被抛弃,也不会被认为是失败的。

即使项目仍在进行中,仍然需要开展评估以便确定哪些项目要素效果良好并解释那些要素效果。过程评估需要调查诸多方面,有些很容易被忽略,这些方面包括:

① 没有考虑到干预措施实施的背景。

② 无法达成实施目标,没有实施正确的干预组合。

③ 管理和领导问题。

④ 无法获得足够利益相关者的支持。

⑤ 支撑干预措施的理论没有很好地转化为实践。

⑥ 没有很好地利用范围研究,导致项目设计欠佳和目标群体的优先级别划分不当。

⑦ 干预措施产生了意料之外的积极结果或消极后果。

有许多调研方法可以用于过程评估和对所发生的事情进行详细的描述,常用的评估方法包括问卷调查、媒体分析、关键影响者分析。

过程评估需要评估者区分实施失败和理论失败。实施失败是由于活动没有按计划实施造成没有取得预期结果。理论失败是按照社会营销计划实施活动,没有发现预期结果,联系活动和预期结果的理论不正确或者出现了未考虑到的因素,比如调节变量。过程评估收集的数据可以用于结果评估,还可以供未来社会营销人员学习借鉴。

3. 总结性评估

总结性评估(Summative Evaluation)着眼于干预措施对目标群体和其他非目标群体的影响。这种类型的评估是项目工作人员和资助机构最常提及的评估,即确定项目取得了什么成就。

总结性评估通常与更客观的、定量的数据收集方法相关。总结性评估与问责制有关。建议平衡地使用定量和定性方法,以便更好地了解项目取得了什么成就,如何取得以及为什么取得这样的成就。使用定性方法收集数据也可以很好地洞察意外的结果和改进教训。

区分产出和结果是重要的。总结性评估不涉及一项干预措施所触及的人数或者为宣传某个特定问题而举办的活动数量,这些会被归类为产出或过程测量。相反,总结性评估关注干预措施所带来的变化,如知识的增加或对某项服务的接受程度的提高,这些是结果。

进行总结性评估的主要原因包括以下几点:① 总结性评估是为了分析项目是否实现了预期的目标和结果。② 利用总结性评估能够量化资源使用的变化,并跟踪资源使用变化造成的影响。③ 利用总结性评估可以比较不同项目的影响,在未来可以根据这些结果进行资源分配,当然还要考虑到超出意外的结果。④ 利用总结性评估可以更好地理解变革的过程,找出哪些是有效的,哪些是无效的,以及为什么,这有助于积累知识并改进未来的项目设计和项目实施。

总结性评估还可以划分为:

① 结果评估(Outcome Evaluation):调查社会营销项目是否产生了预期的结果。总结性评估广泛应用测量结果。测量社会方案实施前后目标受众的知识、态度和行为变化是最常见的结果评估方法。

② 影响评估(Impact Evaluation):广泛应用于评估社会营销项目产生的影响,包括预期的影响或非预期的影响。实际上,很难准确评估许多社会营销方案的影响,因为许多社会营销问题(如心脏病、癌症)要等到方案实施结束后很多年才会产生影响,还有可能无法确定某个社会营销方案对整体趋势的影响。在社会营销中很少开展正式的影响评估调研。

③ 成本效果分析(Cost Effectiveness Analysis)：一种评价各种健康干预项目效果与成本的方法，通常以成本效果比率(Cost Effectiveness Ratio)来表示。

④ 成本效益分析(Cost Benefit Analysis)：通过比较项目的成本和效益来评估项目效率，效益是用货币衡量的效果。

⑤ 二次分析：重新审查现有数据，以解决新问题或使用以前未使用过的方法分析现有数据。

⑥ 荟萃分析(Meta Analysis)：综合多项研究结果得出对某一个问题的总体判断。

三、评估步骤

不同类型的评估服务于不同的目的。从一开始，评估就应该是社会营销方案的一个组成部分。社会营销人员应该把评估设计融入社会营销方案规划过程的每个步骤。要确保从干预措施的规划阶段就考虑评估，而不是在项目进行中或项目接近结束才考虑评估。

1. 让利益相关者参与进来

利益相关者是与某个社会营销方案及其评估有利益关系的人。利益相关者可能包括参与者、实施者以及合作伙伴和影响者。参与者是社会营销方案的目标群体或受益者。实施者是参与实施社会营销方案的人。合作伙伴和影响者是那些积极支持社会营销方案或对评估结果有利益关系的人。

2. 描述或计划方案

这个步骤涉及审视目标受众、干预的背景和预期的结果。在这个步骤，应该开发一个理论或逻辑模型，来描述干预措施如何产生预期的结果。逻辑模型是一种解释变化如何发生的理论，还有很多社会和心理理论可以解释行为是如何发生的以及怎样改变人们的行为。一些比较知名的理论包括健康信念模型、社会学习理论、创新扩散理论、计划行为理论以及行为改变轮理论。

3. 关注评估的范围

这一步要思考为什么要进行评估。通常，利益相关者对评估有一系列相互冲突的要求。例如，一些利益相关者可能希望知道干预措施有什么影响，以便获得更多的资金。另一些利益相关者可能希望知道用户是如何接受干预的。虽然这两组问题都是合理的，但评估资源可能无法解决所有的问题，可能需要对评估需求进行优先级排序。如果要最大程度地实现评估的价值，就必须关注最重要的、最现实的目标。

4. 制定适当的研究设计

一旦评估的目标达成一致，调查研究团队下一步必须制定一个研究设计。如果重点是评估结果，比如某种干预措施是否导致目标群体的某种行为增加或减少，最好的方法是采用实验设计，因为实验设计可以提供证据，证明在干预过程中发生的任何观察到的变化可以归因于干预措施，而不是其他因素。在这种情况下，定量设计也是合适的，因为评估问题意味着一个数字结果。

如果评估的目的是理解目标群体如何接受干预措施,那么可能不需要实验设计,采用前后对比研究或许更有用,还可以结合定性研究方法来进行探索性调研。

在制定适当的研究设计时,要考虑采用不同的方法。三角测量法是综合多个来源的数据以回答一个问题的过程。使用不同数据来源交叉验证研究结果,可以更加客观地测量绩效,使研究结论更可靠。评估研究不应只关注对预期受益者的影响,还要考虑干预措施对项目实施的人员、社会和自然环境产生的影响,并检查是否产生任何意外的结果。在这种情况下要采用多种方法来捕捉发生变化的证据。在实践调查中报告的知识、态度、信念变化可以与求助电话数量的增加和媒体报道的变化进行比较,每一个独立的测量项都可以证实或证伪另一个测量项。

同样地,报告的行为也可以与销售数据进行对比。例如,将报告的安全套使用趋势与安全套销售的行业数据进行比较,看看报告的使用高峰是否与销售高峰一致。类似地,性健康诊所的就诊量和检验数据的趋势可以与行为数据趋势进行比较。报告中试图戒烟人数的增加可以与参加戒烟服务、拨打求助热线、使用在线服务的数据、戒烟产品,甚至香烟的销售数据进行比较。

然而,在解释这类数据时,需要谨慎行事。例如,据估计,走私和假冒烟草数量占英国烟草销售总量的 10% 左右,并不包括在零售审计数据内。同样,现在人们广泛应用电子烟等颠覆性技术作为减少伤害和戒烟的手段,电子烟对其他戒烟辅助工具的销售数据也有影响。

5. 确定指标

作为评估设计阶段的一部分,研究团队必须确定结果的指标。指标是一些简单的因子,用来表明是否实现结果。在这里要检查理论或逻辑模型,弄清楚计划的干预措施如何以及为什么能够在目标人群中产生预期的结果。

在控烟方案中,吸烟者具体的行为变化指标可能包括:吸烟造成伤害的知识、对个人是否容易受到伤害的感知、戒烟的意图、拨打戒烟热线、使用戒烟支持服务、购买或使用辅助戒烟的产品。就政策制定者而言,行为改变的指标也可能是认知的(对某一问题的知识和理解的改变)和心理的(对该主题的态度的改变),以及更多的是行为的。例如,政策制定者对某个主题的口头和书面声明可以作为改变政策意图的指标。

作为开发指标的一部分,评估人员应该尝试收集潜在的常规数据,这些数据有可能是干预措施影响的证据或者目标群体需要的证据。常规数据很多,也经常变化。有些数据需要评估人员向熟悉相关主题的利益相关者咨询才能获取。一般来说,评估人员可以从以下 8 个方面来收集常规数据:

① 关于干预措施的数据。例如,治疗某种疾病患者的病案和评估。

② 对顾客、病人、服务用户进行常规问卷调查。

③ 投诉和其他顾客反馈。

④ 销售数据。

⑤ 媒体分析:传播范围以及传播效果是积极的还是消极的。

⑥ 文件分析：对印刷材料、政策文件记录以及其他类似的材料的审阅。

⑦ 案例研究。

⑧ 观察。

6. 收集与分析数据

在确定了适当的研究设计后，下一步是收集相关数据来衡量指标和结果的变化。数据收集方法的选择将不可避免地从研究设计中演变出来。例如，一项促使吸毒人员使用清洁针头和注射器的方案，为了最大限度地减少血源性感染的风险，项目可能需要收集以下数据：

① 调查注射吸毒人员使用清洁针头和注射器的问题。

② 通过针头交换地点和药店分发新的针头和注射器的数量。

③ 卫生保健部门对注射吸毒人员的血源性感染的报告。

此外，评估者在搜集到原始资料后还需对其进行整理分析。根据规范的格式和内容要求撰写评估报告。为了确保评估报告的质量，有时还需要外聘专家对撰写好的报告进行评审。评估的最终目标是要运用评估结果，根据评估结果所提供的信息来进一步改进决策，提高服务质量，改善服务运行，提升服务人员专业能力。

四、评估成本

评估活动不同，评估的成本也不同。最低成本的评估活动包括检查记录和数据库或收集轶事评论，中等成本的评估活动涉及问卷调查、观察调研，最高成本的评估活动是随机对照实验、科学调查或技术调查。通常，根据评估活动对项目的价值来选择评估活动。如果评估活动能为项目争取到支持和资金，则认为评估是一项明智的投资。如果评估有助于控制和改进项目，那么评估将会提高社会营销方案的投资回报率。如果根据评估目的选择评估方法，就可以估算潜在的成本和潜在的收益。

在开展社会营销评估时有四个因素可能会导致评估预算增加或减少[①]，在制定评估预算时，社会营销人员应当考虑这四个因素：

（1）需要什么层次归因？哪个层次的证据可以证明活动是成功的，这种活动成功可以归因于具体的干预措施吗？在某些情况下对项目影响进行严谨的研究才能用于判断未来重大投资的合理性。在其他情况下，复杂的评估设计并不值得。

（2）是否有现成的证据？有些类似的项目经过严格的评估并证明是成功的，能否使用这些类型项目的结果？如果最近已经评估了项目，并且项目仍然按计划进行，那么也许只要对少数额外的结果指标进行测量就能让组织和资助者感到满意。

（3）能否在活动中产生评估数据？这可能涉及使用合适的数据收集方法来收集干预措施实施过程的记录和数据。如果没有合适的数据收集方法可用，就要探索新的数据收集方法，将新的数据收集方法嵌入干预过程，从而"自动地"收集结果数据。

（4）需要多高的精确度？调研方法和调研结果的精确度要求显著地影响调研成

① Lagarde F, Kassirer J, Lotenberg L. Budgeting for Evaluation：Beyond the 10% Rule of Thumb[J]. Social Marketing Quarterly，2012，18(3)：247-251.

本。如果需要比较不同的受众群体,那么每个细分市场都需要足够的样本量,还需要确定相应的成本和收益。

第二节　评估内容与评估方法

一、逻辑模型

逻辑模型是用文字、图表来描述方案是如何运行的。逻辑模型常常用于描述方案、倡议和干预措施的活动的逻辑顺序以及如何实现期望的结果。一般来说,逻辑模型包括投入(Inputs)、活动(Activities)、产出(Outputs)、结果(Outcomes)和影响(Impacts)等成分(见图 12.1)。

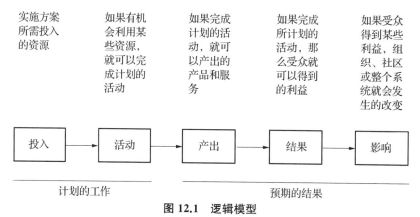

图 12.1　逻辑模型

资料来源:Evaluation Guide Developing and Using a Logic Model[EB/OL].2024 - 11 - 11. https://www.cdc.gov/dhdsp/index.htm.

1. 投入

投入是实施方案的资源,资源对于开展活动来说至关重要。通常,投入包括方案获得的人力资源、财务资源、技术、办公室和设施、设备、材料、分销渠道与合作伙伴等资源。例如,遏制艾滋病传播方案的投入包括各种来源的资金、合作伙伴、员工的工作时间和技术援助等。

2. 活动

活动是方案利用资源所做的具体操作,活动反映了方案的过程、事件、技术、工具和其他设备。通常,活动包括开发产品、提供服务、参与政策宣传或建设基础设施。例如,培训合作伙伴和医疗人员,开展社区宣传,建立合作伙伴关系。开展活动是为了实现方案的期望结果。

3. 产出

产出是实施活动后得到的可衡量的、有形的和直接的产品或结果。通常,产出用方案交付的或生产的产品和服务的范围或规模来表示。方案的产出可以是讲授的课程或召开的会议、开发的或分发的材料的数量、提供各项服务的小时数、项目参与率。在公共卫生项目中,常见的产出有建立合作伙伴关系、对医务人员培训临床指南、在社区开展健康宣传的数量和质量。

4. 结果

结果是方案实施前后受众的具体变化,通常包括知识、技能、态度、动机、行为和状况的具体变化。结果还包括购买相关的产品和服务、参与方案特别活动和营销传播。结果取决于先前的投入、活动和产出。结果通常表现在个人层次上。

结果可以按时间跨度分为短期结果、中期结果和长期结果。通常,根据社会方案的目标、期望以及持续时间的长短来确定是短期结果、中期结果还是长期结果。短期结果通常关注目标受众知识和态度的变化。中期结果是行为、规范和政策的变化。长期结果是可能需要经过数年才能实现的预期成果。

5. 影 响

影响是方案实现的组织、社区或其他系统层次的最终变化。有的影响发生在方案结束时,但更常见的是,影响发生在方案结束之后,甚至多年以后。例如,降低了心脏病死亡率,消除了普通人群和目标人群在中风治疗方面的差异。

逻辑模型可以分为计划的工作(Planned Work)和预期的结果(Intended Results)两部分。计划的工作包括实施方案所需要的资源与计划开展的活动,预期的结果包括方案的产出、结果和影响。

二、评估内容

在社会营销评估中,评估的内容包括投入、活动、产出、结果、影响、投资回报率。在实际工作中,可根据评估目的选择其中一项或多项评估内容。沿着项目逻辑模型从计划的工作到预期的结果,评估内容始于投入、活动和产出,再到结果和影响,终于投资回报率,评估的难度逐步增加[1][2](见表 12.1)。

表 12.1　社会营销评估逻辑模型

投入	资源是否符合方案需要?	• 财务资源 • 人力资源 • 技术 • 办公室与设施 • 设备 • 现有的材料 • 可用的分销渠道 • 现有的合作伙伴的投入

---

① W. K. Kellogg Foundation. W. K. Kellogg Foundation Logic Model Development Guide: Using Logic Models to Bring Together Planning, Evaluation, and Action[M/OL]. W. K. Kellogg Foundation, 2004.

② Logic model workbook[EB/OL]. 2025 - 02 - 10. https://www.innonet.org/news-insights/resources/logic-model-workbook/

活动	是否按计划实施方案？	• 召开会议、举办研讨会、开展特别活动 • 设计制作宣传材料和教育课程 • 教育和培训、咨询或健康检查 • 开发产品 • 提供服务 • 参与政策宣传 • 建设基础设施（如强化治理和管理结构、关系和能力）
产出	产出什么？产出多少？	• 实施项目要素的数量 • 产品的数量 • 服务的数量 • 发放材料的数量、打电话的数量、举办活动的次数 • 社交媒体宣传的数量 • 免费媒体宣传的数量
结果	受众发生哪些变化？	• 行为的改变 • 售出相关产品和服务的数量 • 行为意向的改变 • 知识的改变 • 信念或态度的改变 • 对方案要素的投入，比如分享视频、分享网上帖子、微博粉丝、参加特别活动的人数 • 方案知晓度 • 顾客满意的程度 • 伙伴关系及其贡献 • 政策的改变
影响	多大程度上解决社会问题？	• 改善了健康 • 预防了疾病 • 节约了水资源 • 改善了空气质量 • 减少了塑料垃圾 • 减少了贫困 • 减少了财产损失
投资回报率	行为改变的价值、成本和投资回报率有多大？	• 改变行为的价值 • 改变行为的成本 • 投资回报率

资料来源：南希·R.李，菲利普·科特勒.社会营销：如何改变目标人群的行为[M].5 版.俞利军，译.上海：格致出版社，2018.

Lee N R，Kotler P，Colehour J. Social Marketing：Behavior Change for Social Goo[M]. 7th ed. London：Sage，2023.

W. K. Kellogg Foundation. W. K. Kellogg Foundation Logic Model Development Guide：Using Logic Models to Bring Together Planning，Evaluation，and Action[M/OL]. W. K. Kellogg Foundation，2004.

1. 投入评估

投入评估是最简单、最直接的评估，即逐项统计用于开发、实施和评估工作的资源。最常见的投入是花费的资金和员工投入的时间。在许多项目中，还涉及投入项目的志愿者的工作时间、现有的材料、分销渠道以及合作伙伴的贡献。量化投入项目的资源是计算投资回报率的第一步。

2. 活动评估

活动评估是研究活动内容、活动主体和活动工具,并与方案的计划进行比较。活动评估要回答以下三个问题:做了哪些活动? 谁做的? 如何做的? 一般来说,需要对开发产品、交付服务、举办研讨会、召开会议、提供咨询和健康检查等活动内容进行评估。此外,还需要评估活动主体、活动工具以及活动进度、活动经费情况。

3. 产出评估

产出评估是对营销方案的产出进行定量研究。评估产出和评估结果不同,评估结果聚焦于目标受众对于活动产出的反应。产出评估通常涉及社会营销方案提供的产品和服务以及营销传播的数量,包括:

(1) 实施项目要素的数量:根据项目计划评估项目实施的主要活动有助于弄清楚项目结果。计划的每件事都实施了吗? 社会营销方案不同,产出不同,产出评估的项目要素也不同。比如,在控烟方案中,戒烟心理咨询门诊接诊、心理咨询热线提供咨询服务和戒烟宣传活动的数量。

(2) 分发宣传材料的数量:包括邮件、宣传册、宣传单页、钥匙扣、小册子、海报和优惠券等材料的数量。通常还包括电话外呼、举办活动等外展活动的类型和数量。

(3) 社交媒体宣传的数量:利用微博、微信、短视频和直播等方式开展宣传推广的数量。

(4) 免费媒体宣传的数量:免费的媒体宣传有新闻报道和公共关系工作,比如报纸和杂志报道的数量、广播电视新闻的分钟数。社会营销方案还可以采用付费方式发布广告。

常用于衡量营销传播的指标有范围和频率、总印象成本和每次印象成本。范围是在一定时间内接触到某个图片或信息的个人或家庭数量。频率是在一定时间范围内,目标受众接触传播信息的平均次数。通过结合范围和频率、媒体传播和材料分发信息估算出目标受众中接触到项目要素的总人数,再计算出项目用于媒体传播的成本,最后就可以计算出每次印象成本。这些指标可以用来比较不同传播策略的成本效率。

4. 结果评估

结果评估比较严格,往往需要开展一手调查。结果评估需要评估受众对于产出的反应、项目形成的合作伙伴关系、项目努力实现的政策改变。结果评估可能需要测量受众对项目要素的反应,受众对方案知识、态度和行为的改变,顾客满意度,伙伴关系与外部贡献以及政策的改变。

(1) 行为的改变:行为的改变可以用百分比或数量的变化来描述。比如,后座乘客系安全带的比例增加了20%,骑电动自行车佩戴安全头盔的比例增加了30%。

(2) 行为意图的改变:如果受众接触项目时间比较短或者项目持续时间短,测量行动意向是比较合适的。当营销活动目标是让目标受众从考虑前阶段进入考虑阶段,最终进入行动阶段,评估行动意向也是最合适的评估方式。

(3) 知识的改变:包括对一些重要事实、信息或者建议的认识。例如,饮用一杯啤酒就有可能被检测为酒驾。又如,全国每年约有 100 万器官衰竭患者,其中 30 万人急需器官移植,但能获得移植机会的仅约 2 万人,存在较大缺口。再如,每天吃 5 种不同颜色的果蔬有利于身体健康。

（4）信念或态度的改变:信念是人们认为的真实的内容,不论是否被证实,比如,"儿童接种疫苗会导致自闭症"。态度是个人对于某个问题的观点或评价,比如,"我不愿意冒险,所以我会避免接种疫苗。"

（5）对项目要素的反应:包括网站的访问量,点赞、转发和评论的次数,拨打咨询电话的次数,参加活动的人数,优惠券使用次数,使用咨询服务的人数,购买推广的产品或服务的数量。比如,使用优惠券购买节水马桶的数量,在商场接受测量血压服务的次数。

（6）方案意识:方案意识虽不是方案影响或成功的指标,但是可以测量受众注意或者回忆出项目要素的程度。方案知晓程度可以分为未提示知晓、提示知晓和被证实知晓。

（7）顾客满意程度:包括对实施推荐行为获得相应利益的满意程度和对方案提供的有形产品和无形服务的满意程度。满意度测量为分析方案结果和规划未来的社会营销方案提供重要信息。

（8）伙伴关系与外部贡献:外部资源的参与程度和贡献大小至关重要,能够反映外部对方案的积极响应。这些外部资源包括志愿者、合作伙伴以及联盟成员参与方案的时间,以及从基金会、媒体和企业得到的现金和实物数量。

（9）政策的改变:有的社会营销方案可能注重改变某些政策或基础设施,从而鼓励或支持行为改变。例如,为了孩子的牙齿健康,说服杂货店把糖果从结账通道移走的行动,已经在一些社区中产生了良好的效果。

5. 影响评估

在所有测量中,影响评估是一类最严格、最昂贵,也是最有争议的评估。影响评估试图测量行为改变对社会问题的影响。除了产出和结果之外,如果还能成功地开展影响评估,那自然是再好不过了。下面是一些常见的影响评估:

由于骑行佩戴安全头盔,减少了受伤;

由于增加体育锻炼,预防了疾病;

由于使用安全套,减少了性传播感染;

由于回收过期药品,改善了水质;

由于使用节能产品,节约了水资源;

由于提高工作场所安全性,避免了受伤;

由于减少建筑工地尘土飞扬,改善了空气质量;

由于带上布袋子去菜场买菜,减少了塑料污染;

由于提供创业支持,提高了农民收入;

由于宣传防范电信网络诈骗,减少了财产损失。

实际上影响评估不仅要求严格、成本高,而且将社会营销活动与影响联系起来有可能是不合适、不准确的。但是,设计社会营销方案时还是要考虑影响评估。有三种方法可以减轻这种担心。首先,需要相信或假设方案推广的行为会对这个社会问题产生影响。例如,叶酸可以帮助预防一些出生缺陷。根据社会问题或推荐行为,从中国疾病预防控制中心、生态环境部、交通运输部、国家卫生健康委员会、教育部等相关部门及其下属机构获取相关统计数据和信息。其次,在实施方案之后等待更长的时间再进行测量。因为在采取行为和看到影响之间可能存在时间滞后。例如,每周至少进行 150~300 分钟的中等强度有氧运动,或 75 分钟的高强度有氧运动,可以帮助降低血压。最后,测量方法可能要求非常严格,还要控制可能影响社会问题的变量。例如,增加身体锻炼以降低血压水平不可能立竿见影,还会受到饮食习惯和心理压力等因素的影响。

6. 投资回报率评估

确定并报告投资回报率有三点好处:首先,投资回报率利用货币单位将影响具体化。如果社会项目的投资回报率较高,那么争取后续投资就有了坚实的理由。如果社会项目的投资回报率较低,那么后续投资也许会遭到削减。因此,投资回报率有助于解决棘手的预算问题。其次,投资回报率结果可以帮助管理者分配资源,对投资回报率高的项目提供更多的资金。最后,如果越来越多的项目都计算出投资回报率,那么就可以建设一个共享的数据库,有助于评估项目以及复制成本效益最高的项目。

大部分投资回报率可以由以下五个简单的步骤确定:

(1)计算花费的资金。确定项目的总成本,包括员工时间的价值,以及与方案调查、开发、实施、评估过程有关的直接费用,也就是计算总的投入。

(2)估算影响的行为。估计有多少人受到社会营销方案的影响而实施了推荐行为。在进行结果调查的时候要确定改变行为的数量。

(3)计算每个受影响行为的成本。这是一个比较简单的步骤,用花费的金钱数量除以新行为的数量就可以得到。

(4)确定每个行为的利益。这一步需要确定,这种改变行为的经济价值是多少,这是一项最具挑战性的任务。行为改变的利益常常被描述为实施推荐行为所避免的成本,比如医疗成本、交通事故救治成本。在某些情况下,改变行为的利益可能是实施推荐行为产生的收入,比如,节约水电带来的收入。通常很难获得推荐行为的经济利益的可靠数据,许多人也不愿意使用合理估计的数据。

(5)计算投资收益率。需要分三步得到计算结果:首先,受到影响的行为的数量乘以每种行为的经济收益等于总的经济收益。其次,总经济收益减去支出金额等于净收益。最后,净收益除以投资成本乘以 100% 等于投资回报率。

三、评估方法

社会营销评估的重点是目标受众知识、信念和行为的改变,因此受众调查是测量结果的主要方法。社会营销实施过程的原始记录可用于确定投入。产出评估将会利用记录、报告以及轶事评论等信息。结果测量通常需要进行定量调查,影响测量可能要开展更多的科学技术调查。

1. 记录和数据库

记录和数据库对于有些指标来说非常有用,尤其是那些测量对项目要素和项目材料传播反应的指标。常见的记录和数据库有:项目网站的访问次数和访问时长、微信公众号文章阅读量、视频观看量、就诊人数、咨询热线拨打次数、项目材料领取人数等。社会营销活动可能涉及与供应商或合作伙伴合作,供应商或合作伙伴的记录和数据中也有类似的信息,比如购买产品时使用优惠券的数量、销售有形产品的数量等。

2. 定量调查

定量调查是评估社会营销项目的主要方法。如果评估需要可靠的数据就要开展定量调查,比如体育锻炼增加的百分比。常用的调查方法有网络调查、电话调查、面对面调查等。这些调查可以由某个组织单独开展,如果调查对象类似,也可以几个组织联合起来开展调查,甚至还可以利用已有的调查数据。某些受众参与某些调查的比例较低,因此调查结果可能无法代表所有的目标受众群体。比如,有些老年人和残疾人参与在线问卷调查的可能性比较低。

3. 定性调查

当评估要求不那么严格,或者在本质上更加主观时应该考虑定性调查。常用的定性调查方法包括焦点小组、非正式访谈、配对访谈等方法。焦点小组访谈很适合探讨社会营销方案中哪些成分最有用、哪些成分最没用以及为什么。非正式访谈可以用来了解为什么潜在消费者在阅读了产品资料并听过详细介绍之后还是不愿意购买推荐的产品。配对访谈是调查人员访谈两个人,收集两个人对于同一个事件或现象的观点。朋友结对是吸引年轻人的一种有效方法。配对访谈适用于讨论那些在群体中讨论可能会令人感到不舒服的话题。

4. 观察调研

观察研究通常比自我报告数据更可靠。对于那些高度可见的行为,观察法是最合适的研究方法。观察法可以用来评估穿救生衣、骑电动车佩戴安全头盔、在超市看营养标签等行为。观察法在评估技能水平或障碍方面可以提供更好的洞察。比如,观察人们如何进行垃圾分类并把垃圾放入对应的垃圾箱。

5. 随机对照试验

随机对照试验(Randomized Controlled Trial)通过比较实施干预措施的实验组和没有实施干预措施的对照组来确定一种或者多种干预措施的有效性。有时将一种新的干预(比如向农村妇女提供微创业辅导)和没有干预的现状进行比较(不提供这种微创业辅导);有时将不同干预量进行比较,如一些孕妇每日收到一次鼓励健康行为短信和另一些每周收到一次鼓励健康行为短信。随机对照试验常用于检验一种或多种治疗方法,比如一种新药,两种不同形式的癌症手术,或者调整生活方式对于降低血压的影响。随机对照试验还用于比较不同扶贫措施的成本效益。虽然这种方法在测试和评估社会营销干预方面并不常用,却是一个值得考虑的研究方法。

非随机对照组与定量调查和科学调查、技术调查相结合,将进一步确保调查结果与社会营销项目工作密切相关。例如,在一所高中开展预防吸烟和饮酒项目,在另一所类似的高中不开展预防吸烟和饮酒项目。在选择控制组之前还可以开展调查,考虑两所高中之间的任何重要差异,确保对照组与实验组的相似性。然后将对照组的吸烟饮酒结果与其他类似高中进行对比。

6. 科学或技术研究

科学或技术研究可能是评估项目影响的唯一可靠的方法。如果需要报告社会营销方案在减少疾病、拯救生命、提高水质等方面的影响,就要设计并进行可靠的科学或技术研究,采用科学或技术研究来衡量某些指标的变化以及社会营销方案的影响。

疗效比较研究是一种相对较新的方法,主要用于提供各种治疗方案的疗效和利弊的证据来为医疗决策提供信息。一方面,研究人员可以从现有的研究中查找不同方案对不同人群的利弊的证据;另一方面,研究人员也可以开展研究,收集治疗方案或医疗服务的疗效的新证据。社会营销人员可以在比较疗效的基础上评估一项或多项干预措施。

第十三章　持续、扩散与规模化

为了持久地解决社会问题,实现社会变革,需要维持目标行为,实现社会营销项目持续发展。为了让目标行为形成社会规范,需要将目标行为从少数人扩散到许多人。社会营销项目还需要从个人和系统层面上解决社会问题,在数量和质量上增加社会变革的幅度,通过多种路径实现社会影响规模化发展。

第一节　持续与扩散

学术界已经认识到从社会营销规划阶段就应该考虑项目的可持续性。在项目获得资助实现预期影响之后,如何持续提供服务和发展项目,学者们提出了一些策略和方法。可持续性(Sustainability)是指在初始受资助阶段之后,继续使用项目成分和继续开展项目活动,有时还能继续实现预期的结果[①]。

一、可持续性的经验研究

在过去一百多年里,对于社会变革的研究相对简单,主要是描述性的。对于社会变革的可持续性研究没有得到足够的重视,在研究过程中很少应用社区行动、社会政策和政策分析等方面的理论。然而,有些社会项目确实可为其他社会项目的可持续性营销提供启示。

2002年,在美国全国性的经济衰退中,为期九年的马萨诸塞州的社区戒烟治疗方案突然失去资助。美国公共卫生学者南希·拉佩尔(Nancy LaPelle)、简·扎普卡(Jane Zapka)、朱迪斯·奥克内(Judith Ockene)在三个月后和九个月后对86个项目中的77个项目进行的定性分析发现,这些机构实施了五项可持续发展策略中的一项或多项策略[②]:① 使服务与组织目标保持一致;② 选择可接受和负担得起的服务;③ 找到资金;④ 调整人员配置模式;⑤ 分配资源以创造服务需求。尽管这项研究以数月而非数年来衡量可持续性,但其中两项可持续性策略与营销决策相关:重新设计服务和创造服务

① Scheirer M A, Deering J W. An agenda for research on the sustainability of public health programs[J]. American Journal of Public Health, 2011, 101: 2059-2067.

② LaPelle N R, Zapka J, Ockene J K. Sustainability of public health programs: The example of tobacco treatment services in Massachusetts[J]. American Journal of Public Health, 2006, 96: 1363-1369.

需求。

美国公共卫生学者尼尔·布拉克特(Neil Bracht)等对于明尼苏达州心脏病项目的研究则表明,在联邦政府停止资助并将项目责任转移给基于社区的团体和组织以后,项目无法创造顾客需求,组织觉得项目进入衰退期,加上没有找到替代资金,是该项目中断的最主要因素[1]。这三个因素中至少有两个与消费者需求和产品营销问题直接相关,还有一些人认为筹款也是一个营销挑战。

加拿大公共卫生学者珍妮弗·奥洛克林(Jennifer O'Loughlin)等在一项对加拿大189个社区心脏病预防项目的可持续性研究中发现,大约43%的项目在没有联邦或省政府进一步资助的情况下实现了高水平的可持续性[2]。研究人员确定了与可持续性独立相关的四个变量:① 不使用支付薪酬的工作人员,而依靠志愿者或融入现有环境的干预措施,其可持续性几乎是使用领薪工作人员的干预措施的 4 倍;② 在实施过程中修改过的干预措施的可持续性几乎是保持原来形式的干预措施的可持续性的 3 倍;③ 与组织使命、目标和惯例相匹配的干预措施比需要组织进行调整的干预措施更可行;④ 一位强烈倡导继续实施干预措施的项目负责人能够提高可持续性。

二、奥沙利文的可持续性策略

美国社会营销咨询顾问盖尔·奥沙利文(Gael O'Sullivan)等对参与社会营销项目实施和评估的关键人员进行访谈[3]。这些访谈的重点是,以产品销售为主要工作内容,社会营销项目在发展中国家是如何解决可持续性问题的。研究人员构建了可持续性连续统一体,其中包括用于指导方案、财务、制度和市场可持续性决策的描述词和指标。其中主要的指标有:① 项目能否实现捐赠商品来源多样化;② 项目能否收回所提供产品和服务的成本并产生收入;③ 项目推广和传播的重点是否已经从创造需求转向维持高使用率。奥沙利文等还强调财务分析、机构分析和市场分析的必要性。财务分析检查总销售收入和总运营成本。机构分析侧重于治理、管理、成本核算和内部控制系统的分析。市场分析涉及产品数量和增长、新产品导入、总市场规模以及每个产品类别中竞争对手的市场份额。

这些研究人员确定了一些支持社会营销项目可持续性的策略:

① 发展国际招标和独立采购产品的能力。

② 与商业合作伙伴采用过渡策略,最初通过捐赠获得产品,然后以市场价格采购产品。

③ 评估将补贴用于最贫困和最弱势的受众群体的策略。

④ 引入高价品牌用来补贴低价或免费产品。

---

① Bracht N, Finnegan J R, Rissel C, et al. Community ownership and program continuation following a health demonstration project[J]. Health Education Research, 1994, 9: 243-255.

② O'Loughlin J, Renaud L, Richard L, et al. Correlates of the sustainability of community-based heart health promotion interventions[J]. Preventive Medicine, 1998, 27: 702-712.

③ O'Sullivan G C, Cisek C, Barnes J, et al. Moving towards sustainability: Transition strategies for social marketing programs[R]. Bethesda, MD: Private Sector Partnerships-One Project, Abt Associates Inc, 2007.

⑤ 逐步提高零售价格,并评估对销售量的影响。

⑥ 发展伙伴关系并利用当地机构来维持传播工作。

⑦ 对比分析特定产品或品牌的传播成本,以及行为改变的宣传成本。

⑧ 考虑提高分销系统成本效益的方法。

⑨ 转向商业分销模式。

⑩ 分析成本以减少和消除项目中效率低下的环节。

⑪ 通过产品线多样化来增加项目收入并将运营成本分摊到更广泛的产品上。

在总结可持续性的条件时,奥沙利文等得出结论,可持续性始终需要创新以适应市场需要并对消费者做出及时反应。此外,社会营销机构需要制定可持续性计划,可持续性计划涵盖目标、现状评估,以及在多个项目指标、成本和财务可持续性等方面有待改进的领域。

在发展中国家,社会营销项目需要募集捐款来弥补产品成本以及补贴储存、分销、传播活动,社会营销项目可持续性是一个亟待解决的迫切问题。然而,在发达国家,社会营销项目也许没有募集捐款来减轻产品成本的压力,但是在拨款或合同终止时,仍然需要履行许多其他财务和项目义务。

三、列斐伏尔的制度化策略

1990 年,美国社会营销学者克雷格·列斐伏尔(Craig Lefebvre)提出采用制度化(Institutionalization)来实现社会营销的可持续性,制度化包括三个目标[1]。第一个目标是一个机构或组织整体上的可持续性。在项目资助停止的情况下,管理层和员工要开发其他收入来源以维持项目的核心功能和服务。支持一个组织、分支机构或办公室的可持续性的策略包括:

① 通过申请延续现有经费来增加收入来源,将活动或项目纳入较大组织的预算,或者提高所提供产品、服务的价格。

② 通过从其他来源寻求资金,实现收入来源多样化以维持项目和运营,或者通过建立联合经营或合作伙伴关系来分担成本并且创造新的提供物来增加收入。

③ 决定继续提供哪些提供物,为了降低成本,只提供核心产品服务。

第二个目标是通过将项目要素纳入其他社区结构(例如现有政府和社区机构或非政府组织)来实现项目要素的可持续性。例如,波塔基特心脏健康项目(Pawtucket Heart Health Program)将心脏健康课程纳入公立学校课程,将锻炼、减重和控烟团体方案纳入城市的公园与休闲管理局,在当地商会中设立工作场所健康促进委员会来监督工作场所的健康促进活动,并由当地教会开展基于社区的心血管风险筛查项目。

第三个目标是将实践、关系和价值观根植于个人、团体、组织和整个社区来解决社会营销项目的可持续性难题。这个目标已经超越机构运作和项目的可持续性,重点不是继续提供有形的产品或服务,而是发展社会规范和市场需求来维持期望行为和社会

① Lefebvre R C. Strategies to maintain and institutionalize successful programs: a marketing framework [C]//Bracht N. Health promotion at the community level. Newbury Park, CA: SAGE, 1990: 209-228.

变革。

这种方法也承认个人层面制度化的重要作用。它承认项目倡导者或拥护者在项目的可持续性方面的重要作用。例如,波塔基特心脏健康项目设定了一个目标,即联系政治领袖、商业领袖以及非正式的意见领袖作为项目志愿者。该项目通过让这些领袖接触心脏健康项目,使他们认可社区心脏病预防的价值观和目标之后,进而促使他们努力指导项目的可持续发展工作。这种个人层面的努力结合应用社会网络策略可以有效地促进个人和组织对项目目标的投入。在各部门建立这些网络是人们参与项目并支持共同努力的更有效的方式,通过与有着共同利益的小团体合作,志愿者投入更大的努力。

波塔基特心脏健康项目确定了实现制度化目标的五个目标群体:

① 位于社区内的非营利性和营利性组织的资源管理人员,他们负责决定如何、何时以及在何处分配人员和财务资源。目标是向他们争取一部分资源分配给心脏健康项目。

② 某些群体和组织的使命与优先事项与心脏健康项目的可持续性发展相契合,这些群体或组织可以采纳心脏健康项目成分,或者为心脏健康项目提供志愿者或者其他资源。

③ 认可心脏健康项目的关键知名人物,他们能够增加项目可持续发展的合宜性,他们是该项目的倡导者和中间人,承担该项目与其他群体和组织之间的协调工作。

④ 与项目建立关系的、社区以外的组织公众或相关利益群体,例如,各种卫生志愿组织的州分支机构、州卫生局、私人组织、教育机构和联邦机构。

⑤ 社区居民,他们是议程设定策略的重点对象。该策略旨在让他们了解制度化议程,从而理解采取行动的必要性,支持相关活动甚至直接参与这个过程。

四、麦肯齐-莫尔的维持目标行为方法

在制定支持行为改变策略之后,还要考虑应用何种策略保持项目的可视性并让行为改变信息引人注目,以便在广告停播、新闻报道消失之后,项目还能持续发展。在制定社会营销干预组合策略时,可以确定可持续性的要素。在《培养可持续的行为》(*Fostering Sustainable Behavior*)一书中,麦肯齐-莫尔提出了提示(Prompt)、承诺(Commitment)、社会规范(Social Norm)和社会扩散(Social Diffusion)等维持社会行为的方式[①]。

1. 提示

遗忘是一种正常的生理现象。但是,提示可以非常有效地提醒人们实施某些活动。例如,在车内张贴提示,提醒开门前观察后方来车;在供电公司每月账单中附上一条信息,告诉顾客上个月与邻居相比能源消耗的情况;每年两次在居民小区张贴公告,提醒居民检查煤气泄漏情况。

提示是一种在视觉或者听觉上提醒受众实施活动的方法。提示的目的不是改变态度或者增加激励,仅仅是为了提醒人们去做本应该做的事。麦肯齐-莫尔强调使用提示

---

① McKenzie-Mohr D. Fostering Sustainable Behavior: An Introduction to Community-Based Social Marketing[M]. 3rd ed. Gabriola Island, BC: New Society Publisher, 2011.

时,要遵循以下准则:

① 让提示引人注目。为了让提示有效,首先必须吸引人注意。要确保提示是鲜明的和吸引眼球的,比如采用明亮的颜色。

② 确保提示一目了然。在提示中应该传达采取适当行动所需的全部信息。

③ 将提示尽可能设置在最接近行为的时间和地点。例如,如果想鼓励人们在离开房间时关灯,可以在电灯开关面板旁边贴上提示。

④ 使用提示鼓励人们做出积极的行为。如果可能,尽量鼓励积极的行为。为了让人们购买环境友好型产品,应该在商店放置提示,提醒人们注意环境友好型产品,而不是提醒人们注意应当避免购买另外一些产品。鼓励积极行为不仅可以得到零售店的支持,而且积极行为也会让人们对自己的行为感到满意,从而增加了人们在未来实施这些行为的可能性。实际上,很少有人会张贴负面提示。

2. 承诺

在许多情况下,人们同意佩戴一个标志来表明支持含有可回收成分的产品,就更有可能去购买这些产品。为什么一个小小的承诺有助于产生实际行为呢?首先,当人们愿意做出承诺,往往会改变他们对自己的看法。也就是说,他们开始认为自己是那种重视含有可回收成分的产品的一类人。其次,人们强烈希望被视为遵守承诺的人。我们的社会重视信守承诺,认为违背承诺是负面的。因此,如果我们愿意佩戴一个标志来表明支持含有可回收成分的产品,那么在购物时不购买这些产品,将是违背承诺。承诺已经被用作一种行为改变的工具,经常能够取得引人注目的效果。

事实证明,从目标受众那里获得承诺是非常有效的。例如,在妇女、婴儿和儿童营养补充计划(The Women, Infants, and Children Program)诊所里,签收农贸市场优惠券的顾客表示他们有兴趣在未来三个月内使用这些优惠券。为了维持体育活动计划的承诺,社交媒体是一个很好的工具,比如健身数据同步网站(www.fitnesssyncer.com),参与者可以在这里发布他们锻炼身体的数据,还可以查看他们的朋友做什么运动。麦肯齐-莫尔强调使用承诺时,要遵循以下准则:

① 尽可能采用公开承诺。比如,草坪上的标识或者请愿书上的签名。公开承诺在带来长期行为改变方面更有效。

② 寻求某个群体做出承诺。如果有可能,争取获得具有高度凝聚力的群体的承诺,比如,在教堂集会时,要求信徒们做出节能的承诺。这些群体内部人际关系密切,加上遵守承诺的重要性,这些人信守承诺的可能性更大。

③ 让公众参与活动实施中,以便增加他们对承诺的认知。比如,让业主检查他们热水器上的恒温器可能就会使他们做出另一个承诺:将恒温器温度设为 50 度左右。

④ 使用现有的接触点来获得承诺。无论在哪里发生自然接触,都要寻找机会来争取承诺。例如,当人们购买油漆,请他们签署一份承诺书,承诺将妥善处理剩余的油漆,或者把剩余油漆送到专门的回收点。

⑤ 不要使用胁迫手段。为了有效地改变行为,承诺必须是自由自愿的,也就是说,只有当人们对某项活动感兴趣时,才能请求人们做出承诺。

3. 社会规范

社会规范可以支持人们从事某种行为。规范指导人们如何做事，如果人们观察到其他人节约用水，人们也可能采纳类似的行为。麦肯齐-莫尔强调使用规范时，要遵循以下准则：

① 让规范可见。为了让规范影响他人的行为，必须让人们意识到规范。例如，将可回收物品带到路边的行为传达了一种重视回收的社会规范。大多数社会营销推广的活动不像回收资源那样具有可视性，因此，需要更加积极地推广支持社会营销活动的规范。

② 利用个人接触来强化规范。利用个人接触更有可能实现规范的内化。因此，应该充分利用个人接触来强化规范，促进推荐行为持续发展。

4. 社会扩散

新的行为经常被朋友、同事和家庭成员采纳，这个过程被称为社会扩散。社会扩散与行为的可持续性有关。社会营销人员需要花时间来制定社会扩散计划。在社会扩散方面，麦肯齐-莫尔也提供了一些指导：

① 让人们看见期望行为得到的支持。比如，在回收容器上贴上贴纸，表明"我们要堆肥"。

② 使用持久性或短暂性的指示。比如，在社区设立标志，鼓励人们清理宠物粪便。

③ 邀请受人尊重的知名人士公开支持目标行为。受人尊重的名人对于人们采纳新行为有着出乎预料的影响。只需要询问一些目标受众，就可以找出知名的并受人尊重的人。比如，一个市长乘坐公共交通上下班并经常谈论公共交通的好处。

④ 让人们看到养成的社会风气。如果目标受众看到我们大多数人都在实施期望行为，就更有可能采纳期望行为。比如，超市入口处设置标识，告诉人们60％购物者自带购物袋来超市购物。

五、迪林的十项扩散原则

创新扩散是指一个新的想法通过某些渠道在社会成员之间传播。创新扩散注重激活人际网络，比如利用变革推动者与潜在的采纳者互动，促进创新拥护者特别是意见领袖与那些寻求帮助的人开展合作，从而创造采纳比率的乘数效应。社会营销强调交易，希望与目标受众达成一项交易，社会营销人员向目标受众提供产品、服务或者利益，目标受众付出时间、金钱和努力。美国传播学者詹姆斯·迪林（James Dearing）等倡导将创新扩散的注重关系和社会营销的强调交易相结合，以实现项目的有效传播[①]。创新扩散学者试图描述和解释社会变革，社会营销学者努力阐明如何改变行为。创新扩散研究强调技术推动，社会营销强调技术拉动，二者相辅相成。迪林等提出结合应用创新扩散理论和社会营销原理来提高体育活动推广方案的扩散效率的10项原则：

---

① Dearing J W, Maibach E W, Buller D B. A convergent diffusion and social marketing approach for disseminating proven approaches to physical activity promotion[J]. American Journal of Preventive Medicine, 2006 Oct，31(4 Suppl)：S11-23.

1. 将社会部门作为变革中心进行概念化和操作化

社会部门由核心组织与外围组织构成。当项目信息提供给有影响力的组织成员时,能获得意见领袖的积极响应,进而实现知识转化。新实践和项目的传播可分为强制性、模仿性和规范性三种过程。强制性过程也叫政策扩散,是通过法规、政策等强制手段推动传播。模仿性过程是个体受社会网络影响,自愿做出采纳决策,或通过观察他人的类似行为进行模仿。规范性过程是新实践和项目在信息认知相近且互信的个体和组织间进行扩散。领先用户通常为提升组织效率,会采纳模仿性和规范性决策。

2. 在选定的社会部门内识别并干预意见领袖组织

领先用户组织包括创新型组织和意见领袖组织。创新型组织具有冒险性,会更早地采纳更多的创新。意见领袖组织具有较高的知名度,是受到其他组织敬佩的组织,是社会部门内其他组织的榜样。意见领袖组织能够决定社会部门内大多数组织对创新的反应。追随者组织也会采纳创新,但很少出于效率的考虑,更多出于不被抛弃的考虑。晚期采纳者掌握的信息较少,面临较高的不确定性,往往因为意见领袖组织采纳创新而选择跟进。识别意见领袖组织后,可通过为其提供专业资源、组织交流活动等方式,引导其更好地发挥示范作用,促进创新在社会部门内的传播。

3. 使用现有结构化关系作为项目的分销渠道

在体育行业存在着项目分销系统,这种分销渠道由现有的买卖关系、工作流动和专业关系构成。行业协会、专业协会以及其他相互联系可以成为体育活动项目的分销合作伙伴。体育活动研究人员和推广机构需要在战略上识别能够产生最佳回报的分销合作伙伴,然后招募意见领袖型核心组织,以实现足够数量的采纳决策,促使细分市场乃至更大的社会部门达到引爆点。

一旦确定了体育活动社会部门中最具战略意义的细分市场,招募了意见领袖组织,就必须关注潜在分销合作伙伴及其客户的需要。只有系统地了解目标分销合作伙伴及其客户所感知的需要和障碍,体育活动研究人员和推广机构才能相应地调整其合作工作。

4. 在复杂组织中识别权威人物、意见领袖和倡导者

社会部门由组织构成,组织内部关系复杂。组织不仅要遵守社会部门的规范、期望、标准或政策,还要遵循组织内部的政策与程序。

当创新引发对个人或组织后果的高度感知风险或不确定性时,潜在采纳者通常会寻求意见领袖来解决认知失调问题。在复杂的组织中,多个不同的职能角色对于促进采纳过程很重要。对于绝大多数采纳决策,为了使员工对创新的关注合法化,外部变革推动者或创新倡导者通常会寻求组织正式领导的批准。然后,外部变革推动者会设法识别复杂组织中的非正式意见领袖,并与他们互动以便后者形成积极的态度,并为组织中的其他人树立积极的榜样。意见领袖通常不会公开倡导创新,倡导者往往会公开倡导创新,倡导者在激发热情和解决实施中的问题方面发挥重要作用。倡导者将推动变革作为自身的组织角色和职责,会在促进采纳创新方面产生重要影响。此外,权威人

物、意见领袖和项目倡导者在促进创新采纳过程中相互协作，权威人物的支持为创新提供合法性基础，意见领袖通过自身示范引导他人，倡导者则积极推动创新在组织内的落地，他们共同构成了创新扩散的重要力量。

5. 计划并提供持续的实施支持

为了提高方案的可持续性和制度化，在整个实施过程中都需要向复杂组织提供支持。斯蒂文·凯尔德（Steven Kelder）及其同事致力于推广儿童健康协调方案（Coordinated Approach to Child Health）。儿童健康协调方案教育并支持儿童选择健康的生活方式，比如识别和选择健康的食物，增加中等到剧烈强度的体育活动，预防晒伤和预防电子烟等。尽管资金有限，凯尔德及其同事成功地在1 500多所学校实施了该方案，约占得克萨斯州所有小学的30%。项目实施成功的转折点是要求有兴趣的校长选派一名体育教师、一名食品服务管理人员和一名任课教师组团参加培训。该项目持续实施的比例相当高，一旦实施该项目，很少有学校中断实施。人员培训、项目倡导者以及充足的行政支持和资源，对于学校持续参与项目是至关重要的。

6. 预测从业人员的活动

在健康促进方案的实施过程中，采纳者在很大程度上扮演着创造者、发明者和变革者的角色。他们非常积极地参与测试、操作、调整，通过调整语言和行动准确地解决当地问题，这个过程正是马斯洛所提及的次级创造，本质上是整合和拓展他人的想法。

传统的扩散观点认为，潜在的采纳者积极倾听、阅读和观察他人对创新的反应，并与他人讨论这些创新。在这个过程中，大部分采纳者会参考所处网络或系统中的社会规范来思考和行动。在罗杰斯的分类中，创新者非常积极地扫描信息环境，从不同的来源寻求新的想法。创新者的行为很少受到其他人的影响，不过在整个采纳者群体中，创新者只占一小部分。绝大多数的其他人往往会根据团队中同伴对于创新的态度而做出反应。

在复杂组织内部工作时，采纳者自主尝试和修改新方案的能力会受到诸多限制。一个新项目的合适性、可行性和有效性很少由个人决定。一旦组织实施某个方案，后续其他人将决定是否使用相应的产品。在这个过程中，人们不仅会对新方案造成变化、不确定性和误解，同时也会对这些情况做出反应。人们通过社会关系参与新的方案。因此，预测从业人员在复杂组织环境中的活动，对于准确把握健康促进方案的实施进程和效果具有重要意义，有助于提前规划应对措施，保障项目的顺利推进。

7. 设计并描述方案以吸引有效的调整

首先，在方案实施过程中，采纳者改变创新是重要的，也是常见的，往往能够产生重要结果。在面向复杂组织推广方案时，采纳者在实施过程中开展创新尤其重要。其次，只有允许采纳者改变项目以适应他们自身的需要，才能增加项目的可持续性。毕竟，如果采纳者对方案没有认同感，就很难持续实施方案。最后，从业者存在诸多动机或时间压力，需要对方案进行调整、部分采纳或整合其他创新元素，以满足自身需要和实际情况。所以，更明智的做法是预见并鼓励这种富有成效的再创造。

8. 阐明方案的变革理论以提高实施项目核心部分的有效性

要实现项目与工作环境的完美契合,需同时改变项目本身和工作环境。项目和环境之间的相互调适意味着很多行动不是由决策者主导,而是由最终用户和重要的中介机构来落实。所以,从业者更应该关注项目实施的过程,而非仅仅关注项目的最佳实践范例。人们对于新项目的理解有助于推动工作场所变革和项目优化调整,这种调整通过个性化和认同过程,强化项目对于用户的意义。

调整是为了增加实施项目的效果。在调整之前应当理解项目为什么有效。理想情况下,潜在的采纳者应该能够:① 认识到项目哪些方面以及如何适应当前的组织结构和流程;② 确定如何实施项目核心成分;③ 改变项目外围成分以实现项目的预期效果;④ 判断如何改变组织能力和环境条件以实现项目的预期效果。

项目开发人员应当根据潜在采纳者的需要、期望及其对项目原型的反应调整项目推广工作。同时,项目开发人员应该明确解释实现预期效果的各种替代方法,向实践人员提供灵活选择的空间,帮助潜在采纳者识别项目的核心组成部分和外围组成部分,指导从业者根据具体情况调整干预措施。

9. 利用市场调查来提高采纳和实施项目的可能性

社会营销决策建立在仔细倾听采纳者需要的基础之上。社会营销人员根据目标受众的愿望、信念和态度开展促销工作。社会营销调研的潜在作用远不止倾听采纳者的需要,还体现在多个关键方面。对需要、机会和竞争的环境扫描是制定有效营销计划的关键因素。扩散策略可以在实施之前进行测试。从业者收集目标受众对于关键创新属性(即复杂性、相对优势、兼容性、可试验性、可观察性)的感知的实时信息用于改进促销策略,可以用于提高个性化、认同度和积极采纳的可能性。坚持关注目标受众、用户和分销合作伙伴的营销体验,有助于在推广工作中树立全面质量改进的理念。

10. 聚集不同的项目以增加选择范围并提升对项目的客观性感知

聚集多个实现相同或相似目的的项目,提高采纳者和实施者选出与工作环境最契合的创新项目的可能性。即使选择范围并不大,仍给予采纳者自主决定权,让他们深度参与其中。

为了更好地展示这些聚集的项目,可以用网站来呈现,每个项目主页上显示一组链接。每个项目都采用一致的格式、相互对应的内容、推荐信和视频示例来描述。网站的文字、图片和视频应当展示项目的核心成分和外围成分,演示如何在不同的场所开展项目,或者如何在资源有限的情况下调整项目。通过这种全面展示,让采纳者和实施者能更客观地了解项目,从而提升对项目的客观性感知。网站还要设立用户投稿的审核员,由项目研究人员或专家控制发表稿件的质量。

将不同的方案聚集在一起对外部变革机构很有吸引力。变革机构通常有多种干预措施的目录,每一种干预措施通常都解决同一个问题。将不同的方案组成一个备选方案集群并不会使变革机构处于"挑选赢家"的位置,也没有倡导某个项目牺牲其他项目的风险。

第二节　规模化

长期以来,社会企业规模化是社会企业投资者、社会企业孵化器、政府部门等利益相关方围绕社会企业开展各项活动的核心,也是评判社会企业成效的关键指标。社会企业以解决社会问题、改善社会福利等社会公益目标为根本使命,运用商业手段开展经营活动,进而实现可持续发展。规模化社会影响也是评判社会营销项目成效的核心指标。

一、规模化的含义

新西兰奥克兰理工大学会计学副教授赛勒斯·伊斯兰姆(Syrus Islam)通过文献综述提出了规模化社会影响的综合性定义:规模化社会影响是一个持续的过程,通过一条或多条规模化路径,从个人、系统层面上解决紧迫的社会问题,在数量和质量上增加社会变革的幅度。规模化社会影响涉及五个关键主题:积极的变化、数量和质量维度、社会影响的程度、解决社会问题的层次以及过程视角①。

1. 通过解决紧迫的社会问题来实现社会的积极变化

在社会中创造积极的变化是社会企业存在的根本原因。紧迫的社会问题是社会中持续存在的、未解决或解决不力的问题,如无家可归、饥饿、失业、药物滥用、碳排放等问题。

2. 注重数量和质量的积极变化

社会影响包括数量和质量两个层面。社会影响的数量维度与在数量上的积极变化有关。社会影响的质量维度与在质量上的积极改变有关。规模化社会影响应当同时重视数量和质量层面。

3. 增加积极变化的程度

这里的规模化与商业和管理文献中的规模化类似,规模化是指增加某事的幅度。积极变化的幅度可能会迅速增加,也可能会适度增加或缓慢增加。

4. 在个人、系统层面解决社会问题

优先解决个人层面问题还是系统层面问题,目前还没有共识。由于缺乏足够的资源和专业知识等原因,并不是每个社会问题都能在个人和系统层面得到适当的解决。当情境因素允许时,规模化社会影响应强调在个人和系统层面解决社会问题。

5. 由一个或多个扩展路径促进规模化

大多数学者认为规模化社会影响是一个持续的过程,而不是一次性的事件。这种过程观点强调了规模化社会影响不断发展的性质。规模化社会影响的过程由一条或多

---

① Islam S M. Towards an integrative definition of scaling social impact in social enterprises[J]. Journal of Business Venturing Insights,2020,13:e00164.

条规模化路径推动。其中一些规模化路径包括开发创新的产品服务、扩大地理覆盖范围、建立从业者网络、提供行业培训和咨询支持以及开展宣传工作。

二、社会影响规模化矩阵

意大利天主教圣心大学商业战略副教授贾科莫·恰姆博蒂(Giacomo Ciambotti)等通过非洲社会企业案例研究,阐明了差异化混合组织(Differentiated Hybrid Organizations, DHOs)的社会影响规模化策略[①]。可从两个维度分析差异化混合组织规模化社会影响:第一,以同一受益群体为目标(社会影响渗透)或开发新的受益群体(社会影响扩散)。第二,通过向现有受益者提供额外的产品和服务来增加社会利益(社会影响组合),或创造全新的社会利益活动(社会影响多样化)。差异化社会企业可以通过管理目标受益人和向受益人提供的社会利益来扩大社会影响。结合这两个方向有四条主要路径。

社会影响利益

	现有的	新的
现有的 目标受益人	社会影响渗透	社会影响组合
新的	社会影响扩散	社会影响多样化

图 13.1 社会影响规模化矩阵

资料来源:Ciambotti G, et al. Unpacking social impact scaling strategies:challenges and responses in African social enterprises as differentiated hybrid organizations〔J〕. International Journal of Entrepreneurial Behavior & Research, 2023, 29(11):25-57.

1. 社会影响渗透

社会影响渗透是通过向越来越多的现有受益人提供当前的社会利益来增加社会影响。如果原来的社会需求没有得到充分满足,就可以实施这个策略。例如,1991 年肯尼亚农民合作社梅鲁本草(Meru Herbs)启动恩古鲁加基尔韦水项目(Nguuru Gakirwe Water Project),把参加茶叶和草药生产的农民人数从 33 人增加到 250 人以上。

2. 社会影响扩散

社会影响扩散是将原有的社会利益(产品和服务)向新的受益对象传播。如果发现具有相同社会需求的其他类型的受益人,就可以实施这个战略。例如,2015 年农民合

---

① Ciambotti G,et al. Unpacking social impact scaling strategies:challenges and responses in African social enterprises as differentiated hybrid organizations[J]. International Journal of Entrepreneurial Behavior & Research,2023,29(11):25-57.

作社梅鲁本草(Meru Herbs)将服务扩展到整个梅鲁社区,不仅向最初的受益人提供服务,还向具有同样需要的其他受益人提供服务。

3. 社会影响组合

社会影响组合即不仅向现有的受益对象提供解决其基本需求的原来利益,还提供额外的利益。当差异化混合组织发现其受益人的新社会需求时,提供满足新需求的产品和服务,通常新的需求与最初的需求(工作场所或市场)有关。例如,乌干达咖啡农业企业与农场联盟努咖啡(Nucafe)开始为农民提供其他培训,如家庭农场的宣传方案或接班计划。

4. 社会影响多样化

社会影响多样化是指向新的受益对象提供新的服务,为不同的受益对象创造不同类型的社会影响利益。2014 年,乌干达咖啡农业企业与农场联盟努咖啡(Nucafe)还通过一项创新举措,即在坎帕拉建立一个名为库拉德(Curad)的农业企业孵化器,开始向新的受益者提供新的服务。

差异化混合组织可以实施四种主要途径来规模化社会影响:为同一受益对象提供现有的社会利益(渗透)或新的利益(组合),开发新的受益对象,提供现有利益(扩散)或新的利益(多样化)。

三、SCALARS 模型

杜克大学社会创业和市场营销兼职教授保罗·布卢姆(Paul Bloom)和杜克大学战略助理教授亚伦·查特吉(Aaron Chatterji)确定了规模化社会影响的七个潜在驱动因素,还确定了调节驱动因素的情境变量,提出了 SCALARS 模型[①]。这些驱动因素是人员配置(Staffing)、沟通(Communicating)、联盟建设(Alliance-building)、游说(Lobbying)、产生收入(Earnings-generation)、复制能力(Replicating)和激发市场力量(Stimulating market forces)。情境因素包括劳动力需求(Labor Needs)、公众支持(Public Support)、潜在盟友(Potential Allies)、支持性公共政策(Supportive Public Policy)、启动资金(Start-Up Capital)、受益人分布(Dispersion of Beneficiaries)和经济激励措施的可用性(Availability of Economic Incentives)。

1. 人员配置

人员配置是指组织能够获得所需的员工,不论是受薪员工还是志愿者,都具备岗位所需的技能。人员配置对规模化的推动程度取决于组织的劳动需求情况。当劳动力需求较高时,例如,当组织为贫困患者提供咨询或健康服务时,人员配置成为规模化的关键因素。然而,当劳动力需求不高,或者组织不以提供服务为主,或者组织的服务可以由机器或低技能工人提供,那么人员配置对规模化的影响就比较小。

2. 沟通

沟通是指组织能够说服关键利益相关者,促使他们相信变革战略值得采纳、支持的

---

① Bloom P N, Chatterji A K. Scaling social entrepreneurial impact[J]. California Management Review, 2009, 51: 114-133.

有效性。良好的组织沟通可以成功地说服潜在的受益者利用组织的服务或者改变自己的行为,说服志愿者和员工为组织工作,说服消费者购买组织服务,说服捐赠者、资助者向组织提供资金,在公众中形成对组织项目的良好态度。

提高沟通效率的关键是调查研究。即使是小规模的调查、焦点小组和观察性研究也有助于选择更有效的信息、媒体和发言人。

当公众普遍支持战略变革时,沟通成为不太重要的驱动因素。比如,在烟草控制、乳腺癌预防这些公众普遍支持的领域,沟通就不那么重要了。

3. 联盟建设

联盟建设是指组织建立伙伴关系、联盟、合资企业和其他联系以实现期望的社会变革。成功的社会企业家是动员联盟中团体和个人为一项事业共同努力的大师。成功的社会企业家以合作、开源的方式运作,试图让每个人都为规模化做出贡献。一些联盟的成立主要是出于财务原因,比如企业和社会组织之间形成了公益营销计划,在消费者每次购买产品或服务时企业都会为公益事业提供资金。其他联盟的成立是为了获得更多的影响或促进项目复制。

来看看添柏岚(Timberland)公司与城市年(City Year)非营利组织之间的联盟关系。自1988年添柏岚成为城市年的创始赞助商以来,添柏岚与城市年之间形成一种相互依存的战略联盟。每年城市年选派17—24岁年轻人到城市社区全职服务一年,服务领域涉及公共教育、领导力和公民参与等方面。作为主要投资者和战略合作伙伴,添柏岚帮助城市年为年轻人提供改变世界的技能和机会。城市年向添柏岚提供服务机会和培训,为添柏岚建设服务文化做出重大贡献。

4. 游说

游说是指组织倡导政府采取支持性行动。游说能力强意味着组织能够成功地获得法院、行政机构、立法者和政府领导人的帮助。

政府的行动往往会对规模化社会影响产生重要作用。战略管理研究强调了企业的非市场战略,或企业与政府、压力集团和其他重要利益相关者互动的方式。成功地实施非市场战略的公司可以通过预先阻止监管、提高竞争对手的成本或产生积极的公众舆论来塑造有利于他们的制度环境,这样公司可以更快地规模化。

5. 产生收益

产生收益是指收入超过支出的能力。收益来自赚取收入的努力(例如,在网站上出售广告空间)、捐赠、赠款、赞助、会员费、投资或其他来源,收益主要通过人员配置、沟通、联盟建设、游说、复制和激发市场力量来规模化社会影响。

6. 复制能力

复制能力是指组织复制其发起的项目和倡议的能力。为了实现成功复制,必须高度重视核心组织或特许经营组织与其复制组织(如附属机构、分会、特许加盟商)之间的关系建设和沟通。善于复制的社会企业能够为更多人提供高质量的服务和项目,从而更快地规模化。这样的组织将拥有系统、程序、培训、特许经营协议、品牌和沟通网络,促使其更有效地规模化。例如,由莫莉·巴克(Molly Barker)于 1996 年创立了全国性组织"奔跑的女孩"(Girls on the Run)。该组织开展了一个针对 8—12 岁女孩的自尊心增强计划,如今,它每年为超过 40 000 名女孩提供服务,还开发了一个有效的特许经营包,为新地区的理事会提供服务。

7. 激发市场力量

激发市场力量是指组织能够有效地创造激励机制,鼓励人们或机构在追求私人利益的同时也为公共利益服务。激发市场力量强则意味着组织在为产品和服务(如小额贷款、廉价的保健治疗方案、廉价的农业设备)创造市场方面是成功的。刺激市场力量可以创造重大的社会变革。乔丹·卡萨洛(Jordan Kassalow)和他的"视界之春"(Vision Spring)组织创造了便携业务(Business in a Bag),培养了数千名创业者,为发展中国家的人们提供视力检查和低价的配镜服务。

四、向外、向上与向下规模化

加拿大维多利亚大学地理学助理教授米歇尔-李·摩尔(Michele-Lee Moore)、加拿大滑铁卢社会创新与韧性研究所研究员达西·里德尔(Darcy Riddell)和加拿大非营利部门组织发展顾问达娜·沃奇萨诺(Dana Vocisano)把规模化社会创新过程分为三种类型:向外规模化(Scaling Out)、向上规模化(Scaling Up)和向下规模化(Scaling Deep)[1]。

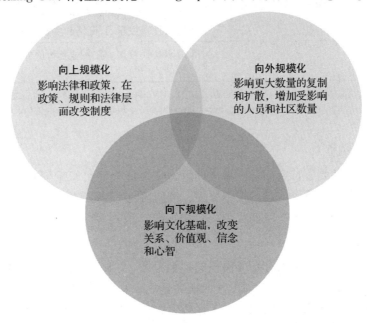

图 13.2　向外规模化、向上规模化和向下规模化

资料来源:Moore M L, Riddell D, Vocisano D. Scaling Out, Scaling Up, Scaling Deep: Strategies of Non-Profits in Advancing Systemic Social Innovation[J]. Journal of Corporate Citizenship, 2015, 58: 67 – 84.

---

① Moore M L, Riddell D, Vocisano D. Scaling Out, Scaling Up, Scaling Deep: Strategies of Non-Profits in Advancing Systemic Social Innovation[J]. Journal of Corporate Citizenship, 2015, 58: 67 – 84.

向外规模化是在不同的社区复制成功的社会创新,将同样的成果传递给更多的人。但是,复制可能无法解决问题的根源。

对于许多倡议来说,改变制度和法律才能产生更大的影响,向上规模化聚焦政策层面,具有最大的影响,能够改变游戏规则。

向下规模化基于这样的观念:只有改变人们的心智、价值观和文化实践,以及关系质量,才能实现持久的改变。

表 13.1　规模化类型及其主要策略

规模化类型	描述及其认识基础	主要策略
向外规模化	**影响更多的人**。许多好的想法或倡议从未传播或达到广泛的影响。	**刻意复制**。在保护创新的保真性和完整性的同时,在地域上复制项目或向更多人传播方案。 **传播原则**。扩散原则,但通过共同创造知识、利用社会媒体和学习平台来适应新的环境,是一种开放式规模化。
向上规模化	**影响法律和政策**。社会问题的根源超越了特定的地方,创新的方法必须被写入法律、政策和制度。	**改变政策与法律**。倡导、合作开发并宣传新政策。
向下规模化	**影响文化根源**。文化在转变问题范围中发挥着强大的作用,变革必须深深扎根于人、关系、社区和文化之中。	传播宏大的文化理念,重塑故事以改变信仰和规范。 通过学习社区、分布式学习平台和参与式方法,密集地分享知识和新实践 **投资变革性学习**、网络和实践社区。
交叉策略		寻求替代资源,建立网络和伙伴关系,扩大问题框架。

资料来源:Moore,Michele-Lee,Darcy Riddell,and Dana Vocisano. Scaling Out,Scaling Up,Scaling Deep:Strategies of Non-Profits in Advancing Systemic Social Innovation[J]. Journal of Corporate Citizenship,2015,58,67 - 84.

1. 扩大问题框架

社会组织往往始于特定问题。扩大问题定义可能会使组织重新确定组织目标,从专注于特定问题转向解决问题的根本原因。例如,膳食交换(Meal Exchange)从一个提供应急救援食品的慈善组织发展成为一个食品安全、食品系统组织。

2. 刻意复制

刻意复制的重点是扩大方案或倡议的地域范围,增加受社会创新影响的人数。包括以集中的方式、特许经营或者利用其他社会企业来实现增长,或者通过联盟、分支或认证系统来培育志同道合的组织。为了保持方案的完整性和准确性,需要确定在复制过程中哪些方面是不可协商的,哪些方面是可以改变的,进而确保实现影响的可持续性。

3. 传播原则

传播创新的核心原则和方法,是让当地社区根据当地情况进行调整。同时,组织必须提炼出创新的精髓,磨炼出传播创新的能力。组织不仅要明确阐述指导项目行动的原则,而且要确保最大程度地坚持这些原则。

4. 改变政策或法律

将社会问题带入政策领域,进行公共政策讨论,专注于创建新的政策或监管框架。加拿大非营利组织"计划终身倡导网络"(Planned Lifetime Advocacy Network)率先推出了世界上第一个注册残疾人储蓄计划(Registered Disability Savings Plan),并获得了加拿大政府的支持,从 2008 年底开始实施这个计划。

5. 创新文化理念

规范和价值观是创新规模化的工具。一种常用策略是刻意重新构建关于某个社会问题的主导叙事。通过改变叙事,参与者描述了他们如何成功地改变关于这个问题的文化规范和信仰。创造新的故事并放大故事,成为产生文化思想的重要工具,甚至影响更广泛的文化。

6. 投资变革性学习

投资学习过程,在一系列部门和组织中建立共同的心智模式,以确保倡议的影响深入合作伙伴的既定惯例、实践和信念中。有一系列方法用来支持规模化的学习过程,包括:导师制、刻意转移实践、捕捉和分享组织或社区文化,以及共享反思和评估实践。

起初,组织往往开展向外规模化,从向外规模化转移到向上规模化,或者向外规模化转移到向下规模化时,可能会发生大规模的系统变革。因此,结合应用向外规模化、向上规模化和向下规模化最有可能实现更大的系统变革。

五、T 型规模化

美国丹佛大学营销助理教授吉娅·纳尔蒂尼(Gia Nardini)等提出 T 型规模化(T-shaped Scaling),把社区非营利组织规模划分为深度规模化(Scaling Deep)和广度规模化(Scaling Wide)①。深度规模化是将解决方案根植于社区,广度规模化将解决方案转移到新的社区。

1. 深度规模化

深度规模化是一种以社区为基础的方法,旨在了解社区所面临的挑战,并设计创新的地方解决方案,从根本上解决这些挑战。社区非营利组织营销实践通过帮助社区建立伙伴关系、调动公众意愿并根据地方特征制定策略,自下而上地改变了社区。深度规模化社会影响的营销实践包括:

(1) 发现、识别并与利益相关者建立联系

深度规模化的利益相关者包括社区利益相关者、外部利益相关者,以及被称为"楔子"的个人或组织(即那些能在非营利组织与营利组织之间起到联络作用的个人或组织)。社区利益相关者包括居民、社区组织成员、当地政府员工、邻里企业员工以及他们所代表的群体和组织。社区利益相关者对社区的需求、资源和运作有着内部人的看法。

---

① Nardini G, Bublitz M G, Butler C, et al. Scaling Social Impact: Marketing to Grow Nonprofit Solutions [J]. Journal of Public Policy & Marketing, 2022, 41(3): 254-276.

与这些当地的利益相关者接触有助于承认并利用他们的能力。让社区利益相关者参与项目有助于建立信任与合作关系。

外部利益相关者(商业协会、政府部门、教育合作伙伴、基金会或私人资助者)构成非营利组织运营的生态系统。在制定目标和运营计划时,了解外部利益相关者将提供的资源和施加的限制是一个非常重要的因素。

那些与非营利组织成功有利害关系并对变革过程至关重要的人,都应该尽早参与非营利组织在社区内的工作。非营利组织需要利用一些受人尊重并有权力的重要人物或组织作为社区联络人。这些联络人有助于非营利组织进入社区,促进非营利组织与社区建立关系。

(2) 通过积极倾听推动社区深度参与

积极倾听是主动感知、解释、评估和回应语言和非语言信息的认知过程。积极倾听可以增加信任、加深关系。积极倾听是确保社区成员被理解和被尊重的重要步骤,是开发社区支持的解决方案的关键步骤。在启动项目之前,非营利组织花时间与合作伙伴建立信任和融洽关系,找到共同的语言和愿景是很重要的。积极倾听还会影响参与者(包括非营利组织)如何反应和最终设计解决方案。开放沟通渠道可以创造透明度,有助于非营利组织和社区利益相关者发展共同的愿景、价值观、目标和明确的期望,这对设计一个可以深度规模化的解决方案至关重要。

(3) 发展共同空间和共同认识

在社区中占据一席之地的非营利组织表现出成为社区不可分割的一部分的意愿。深入融入社区是成功的关键因素之一。非营利组织必须扎根社区,组织活动,激活关系并成为社区结构的组成部分。在共同空间内形成共同认识,将社区对非营利组织的看法从局外人转变为局内人,加强社区与非营利组织之间的关系,从而减少感知障碍。

(4) 设计共同创造的计划和解决方案

规模化战略的成功取决于当地社区参与制定和实施解决方案。沟通和合作增强非营利组织与利益相关者共同创造解决方案的能力。首先要建立信任和关系,然后一起工作来解决问题,让客户参与整个过程。对于非营利组织而言,开展共同创造的创新需要选择那些有直接应对挑战经验的主要利益相关者进行合作。通过共同创造,非营利组织、社区和外部利益相关者都成了项目开发、实施、改进和管理的合作伙伴。在整个共同创造的过程中,每个利益相关者都应该对新的想法和观点持开放态度,这有助于创造性地重新想象可能的解决方案。所有的合作者在决策中都有发言权,社区成员能够感受到所有权并发挥主观能动性。

(5) 交付成功的迭代

在社区中建立牢固的关系是一个动态的过程,需要非营利组织反复接触,始终如一地提供有利的结果,从而为成功的长期关系建立必要的信任。一个组织的成功取决于有效建立信任的能力。随着时间的推移,这一系列的关系经历为非营利组织提供了一个机会,不仅可以表明其动机和意图,还可以展示其对社区的长期承诺。每个连续的迭代都应该采用一个包容性流程,注重理解并解决社区所面临的挑战。

（6）加深关系并成为互补服务的接入点

通过关系投资、有效沟通和培养类似的关注点，组织可以提高与利益相关者的关系质量。除了建立社区关系，非营利组织还可以与其他社区相关机构和服务提供商建立关系。通过成为值得信赖的社区合作伙伴，嵌入的非营利组织本身成为促进社区组织与其他互补服务提供商之间对话的联络组织。

2. 广度规模化

深度规模化的解决方案通常有一个共同的主体内容，面临类似挑战的社区可以通过定制、重新组合和调整来改变和扩展主体内容。社区非营利组织通过深度规模化所获得的知识可以通过广度规模化加以调整和转移。广度规模化是指非营利组织通过调整和转移洞察、方法和实践，将深度规模化努力联系起来，以产生更大的集体社会影响。非营利组织的广度规模化营销实践包括：

（1）构建关系网络

当一个社区非营利组织与其他组织建设关系网络，或者加入关系网络，以应对类似或者互补的一系列挑战或机遇时，就开始了广度规模化。非营利组织通过建立关系可以增强自身能力。非营利组织把建立关系网络作为汇集资源、发展联盟和增加影响的战略工具。例如，饥饿问题特别工作组（Hunger Task Force）成立了威斯康星州饥饿救济联合会（Hunger Relief Federation of Wisconsin），这是威斯康星州饥饿救助组织的全州联盟，共同分享解决饥饿问题的想法、资源和数据。

社区非营利组织常常通过建立网络来分享与其使命相关的学习和实践。对于这些社区非营利组织来说，在地理上分散往往减少竞争压力，但是相互分享自己的失败和成功可以加强学习。非营利组织将分享视为宝贵的投资，通过共同的事业建立友谊，通过并肩前行来激发热情，减少潜在的倦怠感。在关系网络中分享经验可以增加团队韧性。

（2）打造合作结构

虽然关系网络可能从非正式的方式开始，但发展旨在协调和促进共享的结构化网络对扩大规模至关重要。网络理论强调规范和社会结构是行为的主要决定因素。因此，建立一个结构化网络来扩大社区和合作伙伴的个人努力是至关重要的。此外，成功的知识网络需要协作和积极的管理。将网络正规化以协调和促进系统性共享，可增强成员对群体中其他人的责任感，并加速结构化网络的知识共享。

在打造关系网络时需要确定召集人或领导者，才能发挥关系网络的作用。学校早餐领导研究所（The School Breakfast Leadership Institute）是"不让孩子挨饿"（No Kid Hungry）组织发起的一项倡议，为领导者实施正规化结构提供了一个范例。这项倡议将社区反饥饿组织聚集在一起，分享实施学校早餐计划的研究成果、筹资机会和最佳实践。"不让孩子挨饿"组织担任"召集人"的角色，将社区非营利组织聚集在一起。如果没有时间、资源和员工致力于发展和培养关系网络，关系网络可能难以存在和发展。

（3）编写、组装和分享营销工具包

关系网络可以共享营销工具包，网络成员应用营销工具包管理非营利组织、推广项目和提供服务。专注于特定事业的网络经常共享营销资源,比如项目文档、宣传材料、直邮广告、电子邮件模板、营销样本等。此外,他们还会共享如何使用社交媒体和讲故事的策略和想法。共享这些营销资源需要数字空间,还需要对虚拟共享网络进行组织和维护。例如,当饥饿问题特别工作组召开饥饿救济联合会会议时,成员们会带来各种材料进行分享:营销材料、设计文件、直邮广告和募捐信,还有策略、营养摄入调查以及方案影响的测量工具,然后将材料储存在资源库,并对每个人开放。在正式的联盟或关系网络中共享营销工具包可以增加整个系统获得营销知识的机会,提高整个关系网络的效率。

(4)协同工作以提高能力

关系网络合作伙伴综合应用共享的知识和自身独特的知识技能,可以取得超越他们独自工作所能取得的结果。非营利组织通过参与关系网络,增强了自身解决关键问题的能力。特别是对于新的或小型的非营利组织来说,找到合适的人才组合是一个挑战。当信任、沟通和协调促进组织间知识共享,从战略上填补单个组织的技能缺口时,知识网络就能取得成功。在饥饿救济联合会内部,各成员组织相互合作,不仅分享想法,而且更有效地利用资源。通过利用网络资源,非营利组织不仅在社区,而且在更大的区域事业空间内提高了影响。

(5)扩大集体的社会影响

除了扩大社区非营利组织的成果外,关系网络还积累了自身的力量、影响和知名度。当想法和倡议在网络中联系在一起,就有了更大的力量。当局部行动相互联系起来就可以成为一个强大的系统,在更大范围或更全面的层面上产生影响。

营销结果越来越多地由企业网络之间的竞争决定,而不是由单个企业之间的竞争决定。将同行视为合作者而非竞争对手,既改变了网络的心智模式,又增强了获取资源、扩大资源的能力。作为集体的成员,社区非营利组织不再是一个争夺关注和资金的单独组织,而是一个网络的一部分,拥有吸引更多资源和产生更广泛社会影响的能动性和力量。

根据 T 型规模化框架,非营利组织通过深入社区,识别、联系和利用当地资源来解决社区内的问题,从而实现社会影响,然后在社区之间转移学习以实现社会影响最大化。非营利组织可以通过形成关系网络来规模化,通过在网络中分享深度规模化而获得的洞察来实现广度规模化。

六、社会影响规模化策略矩阵

埃及开罗德国大学战略管理副教授拉格达·埃尔·埃布拉什(Raghda El Ebrashi)和奥地利耶拿弗里德里希·席勒大学卢布娜·埃尔-巴塔维(Lubna El-Batawy)提出了社会企业规模化策略矩阵[①](见图 13.3)。他们根据干预的性质和社会影响的驱动因素把社会企业规模化策略分为 8 种。干预的性质分为短期的临时干预和经常性的反复干

---

① El Ebrashi R, El-Batawy L. Dependence and Resourcefulness: A Typology of Social Impact Scaling Strategies[J]. Journal of Social Entrepreneurship, 2021,15(2),336-376.

预。社会影响驱动因素有扩大范围、整体影响、赋权和系统变革。扩大范围是指在数量上惠及更多的受益人。整体影响旨在增加向受益人提供服务的范围,比如提供多样化服务或将不同的方案结合起来。赋权的目标是增强受益人信心,赋予他们控制自己生活的权利。系统变革旨在对现有机构进行彻底的变革。

干预性质		扩大范围	整体影响	赋权	系统变革
	反复干预	控制性增长	联合社会企业	价值链集成中介	社会许可社会特许
	临时干预	利益相关者能力建设	联合体	基准化合同	正式制度化
		扩大范围	整体影响	赋权	系统变革

社会影响驱动因素

图 13.3　社会影响规模化策略类型

资料来源:Raghda El Ebrashi & Lubna El-Batawy. Dependence and Resourcefulness:A Typology of Social Impact Scaling Strategies[J],Journal of Social Entrepreneurship,2021.

1. 控制性增长

社会企业通过开设自己的办公室和自有场所,管理自己的员工和业务,将业务扩展到不同的地方。

2. 利益相关者能力建设

社会企业通过一次性的培训或项目向其他机构传播项目知识。这些机构可以把所获得的知识应用在他们自己的社区或地点。社会企业没有开展进一步的监测或者其他活动。这些机构向社会企业支付费用或者由第三方投资者支付费用。

3. 联合社会企业

社会企业与其他社会组织通过签订协议来共享资源和能力并共同开展活动来发展和扩大规模,实现互利互惠。联合社会企业通常采用项目或方案的形式,两个或更多社会企业共同工作,并或多或少地分享资源。像商业合资企业一样,联合社会企业不是永久性的,通常在两个或者多个社会组织从协议中学到他们想要的东西后就会解散。社会企业都向联合社会企业投入财务资源。

4. 联合体

社会企业参与或领导一个由不同或类似背景的合作伙伴组成的团体。联合体的成员可能是个人,也可能是政府、公司、各类组织、其他社会企业或机构,这些成员拥有不同的资源和能力。联合体共同实施一个项目或活动,主要是为了让联合体成员相互学习,获取各自单独行动时难以获得的资源。联合体活动由第三方资助者提供资金。

5. 价值链集成与中介

社会企业通过将外部当地合作伙伴(如当地供应商、分销商或者当地劳动力)纳入社会企业的运营流程来削减成本或简化流程,从而实现增长。社会企业也可以成为私营企业价值链的一部分。收入由相应的业务活动所创造。

社会企业发现了供应和需求上的机会和差距,但凭借自身现有的资源无法满足这些需求。因此,社会企业与相关的供应商建立网络,为潜在的受益者提供优质的服务或产品。通常社会企业通过加价来产生收入。

6. 基准化合同

社会企业为其他机构制定服务标准并要求其他机构遵守这些标准。为了帮助机构达到服务标准,社会企业往往需要提供服务质量培训或者提供一年以上的系统开发指导。其他机构为基准化服务付费或者由第三方投资者为基准化服务付费。

7. 社会许可与社会特许

在社会许可模式下,社会企业许可另一方利用其结构化项目方案或系统的特权,通过手册、培训、实地学习等形式转移专业知识。许可方偶尔会对被许可方进行监督。但是,被许可方不使用许可方的品牌。被许可方向许可方支付许可费或者同许可方分享收入。

在社会特许模式下,社会企业授予另一方利用其结构化项目方案或系统的特权,通过手册、培训、实地学习等形式转移专业知识。许可方会对特许经营商进行密切监督。与社会许可不同,特许经营商可以使用特许方的品牌。特许经营商需要支付特许经营费或者同特许人分享收入。有时捐助者和政府等第三方提供部分初始费用。

8. 正式制度化

社会企业把整个模式、方案和专业知识移交给政府,将其发展模式在全国范围内进行整合或制度化。这个过程包括对目标政府机构员工进行培训,提供手册,提供实地学习机会,并与政府工作人员和行政部门携手合作,整合社会企业的新系统。政府通常为这种服务付费。

七、规模化社会影响生态系统

美国乔治城大学教授韩君(Jun Han)和索纳尔·沙阿(Sonal Shah)通过整合组织层次和系统层次的因素,提出了规模化社会影响的生态系统模型[①](见图 13.4)。该模型的关键因素包括融资、规模化过程、政府政策和制度基础设施。该模型还展示了关键因素之间的关系。在规模化过程中,组织通过使用技术和数据来实施不同的策略,以此规模化社会影响。制度基础设施和政府政策为规模化过程创造了一个制度环境。

1. 融资

融资是规模化影响最常见的驱动因素。融资包括获取一系列资源,从政府资助、慈善捐赠到经营性收入和影响投资。有研究表明,如果英国第三部门组织获得了政府合同及资金支持,对政府政策的影响就会更大。

2. 组织

组织是规模化社会影响的引擎。组织需要内部人员(团队成员、员工、志愿者等)来

① Han J, Shah S. The Ecosystem of Scaling Social Impact: A New Theoretical Framework and Two Case Studies[J]. Journal of Social Entrepreneurship, 2020,11(2): 215-239.

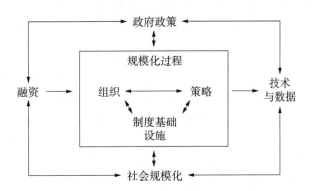

图 13.4　规模化社会影响的生态系统

资料来源：Han J, Shah S. The Ecosystem of Scaling Social Impact：A New Theoretical Framework and Two Cases Studies[J]. Journal of Social Entrepreneurship，2020,11(2)：215 - 239.

实现社会影响,也需要外部人员支持其规模化社会影响。组织中的人员需要有领导力和承诺来规模化影响,需要有设计和实施以人为本的解决方案的能力,也需要有动员让多方利益相关者参与的能力。

3. 技术和数据

在规模化影响的过程中,在组织增长之外,技术和数据也有着重要的作用。在规模化影响的过程中,从广播和电视到互联网和智能手机,信息和通信技术越来越受到广泛的关注。组织还必须学习如何收集和利用数据以制定有效的解决方案,并建立反馈回路以改善其解决方案和规模化策略。

一方面,信息通信技术通过准确快速地识别需求、调整产品和服务、创造机会、建立更公平的市场、推动针对环境和社会问题的行动并创造社会资本,从而增加深度规模化。另一方面,信息和通信技术通过获取新资源,创造协同效应与合作网络,提高组织效率,扩大组织知名度,并设计为受益人服务的新渠道,从而增加广度规模化[①]。

4. 策略

加拿大滑铁卢大学社会创新教授弗朗西斯·魏斯特里(Frances Westley)等提出了两种主要的规模化策略:向外规模化和向上规模化[②]。向外规模化是指一个组织试图影响更多的人,覆盖更大的地理区域,而向上规模化是指在广泛的制度范围内识别机会和障碍,目的是改变最初造成社会问题的制度。加拿大学者米歇尔-李·摩尔、达西·里德尔和达娜·沃奇萨诺在向外规模化和向上规模化的基础上增加深度规模化,深度规模化是指当人们的心智、价值观和文化实践以及他们所拥有的关系质量发生变化时所取得的变化。总之,向上规模化是指影响政策、法规和法律,向外规模化(广度规模化)是

①　Fisac-Garcia R, Acevedo-Ruiz M, Moreno-Romero A, Kreiner T. The Role of ICT in Scaling up the Impact of Social Enterprises[J]. Journal of Management for Global Sustainability，2013, 1(2)：83 - 105.

②　Westley F, Antadze N, Riddell D J, et al. Five Configurations for Scaling up Social Innovation[J]. The Journal of Applied Behavioral Science，2014，50(3)：234 - 260.

指影响更多的人和社区,深度规模化则是影响文化根基,例如价值观、信仰和心智。

5. 制度基础设施和政府政策

制度基础设施是指社会部门中那些在不扩大组织规模的情况下,能够增强组织影响的网络、协会或中介机构。制度基础设施类似于网络化的社会创业,通过合作者和伙伴的网络实现更大的影响。制度基础设施可以为一个部门建立标准和规范。例如,共益实验室是公益企业的一个制度基础结构,通过创建共益企业的认证标准,强化共益企业的集体身份。

政府政策创造一种环境,既可以促进也可以阻碍社会影响的规模化。现有研究已经承认政府支持对组织有效性的重要性,并强调组织需要获得政治支持来实现目标。

大多数研究将组织增长视为规模化结果的一部分。然而,探讨如何在组织增长之外规模化社会影响更加重要。规模化社会影响的生态模型结合了组织层面的因素,包括融资、组织和战略,以及制度基础设施和政府政策等系统层面的因素,还描述了这些因素之间的关系。超越组织增长的规模化社会影响取决于生态系统的存在和繁荣。

八、规模化社会影响综合模型

规模化社会影响战略通常被归纳为组织增长战略和生态系统增长战略。新西兰奥克兰理工大学会计学副教授赛勒斯·伊斯兰姆(Syrus Islam)识别了组织增长和生态系统增长两类战略下的主要活动[①]。组织增长战略是指通过扩大组织规模来大规模地直接解决某个社会问题。组织增长战略包括产品服务扩张和地理扩张两项主要活动。生态系统增长战略是指通过发展、维持支持性的社会企业生态系统,大规模地间接解决目标社会问题。生态系统增长战略包括宣传工作、联合工作、行业工作、培训和咨询工作、基础设施工作、合法性工作、研究和发表工作、融资工作等八项主要活动。

(一) 组织增长战略

1. 产品服务扩张

产品服务扩张是指扩大产品服务以满足目标受益者的不同需求。在这里,产品服务是指用来解决目标社会问题的产品、服务、活动、倡议和项目。产品服务扩张包括开发新产品新服务或改进现有的产品与服务。

社会企业通过开发与现有产品服务相关或不相关的新产品、新服务来满足社会需求以实现规模化社会影响的目标。例如,格莱珉银行(Grameen Bank)通过推出基本贷款、灵活贷款、储蓄账户、养老金计划和贷款保险等新的相关产品,扩大其小额信贷业务。

社会企业改进现有产品服务也能实现规模化社会影响。例如,汤格运输有限公司(Transport for Tongue Limited)是一家位于苏格兰乡村社区的、主要由退休人员组成的、提供运输服务的社会企业,经过几个月的运营,汤格运输有限公司开通了新的交通路线,并在一些现有的路线上延长服务时间,以便更好地服务于周末前往城市的社区成员。

[①] Islam S M. Social impact scaling strategies in social enterprises：A systematic review and research agenda [J]. Australian Journal of Management,2022,47(2)：298 - 321.

在大多数情况下,社会企业会根据受益人的现有需求来扩张产品服务,这样可以确保产品服务与受益人的需求高度契合。除了对现有的需求做出回应,社会企业有时也会开发新产品、新服务,逐步创造受益人对于新产品服务的需求。

社会企业可以依靠自身组织来扩展产品服务,以此实现规模化社会影响。社会企业与其他组织合作扩张产品服务也是一种流行的模式。选择性地让受益人参与产品服务开发过程有助于增进核心社会企业与受益人之间的信任,提高受益人对产品服务的接受度。开发与社会企业使命或背景不兼容的产品和服务可能会导致社会企业失败。如果新开发的产品服务不能比现有的产品服务更好地满足社会需要,可能无助于规模化社会影响。

2. 地理扩张

扩大地理覆盖范围可以惠及更多的受益人。与其他组织建立某种伙伴关系可以接触更广泛地理区域的受益人,这是一种流行的地理扩张方式。特许经营是一种常见的用于地理扩张的合作模式,基于伙伴关系的地理扩张还可以采取其他形式,如社会许可、联合社会企业、小微任务委托等,许多社会企业还通过开设分支机构将业务扩展到一个新的地理市场。

在将业务扩展到新的地理区域时,社会企业需要保持开放和警觉,以便完善其现有的、经过验证的商业模式,更好地反映新区域的重要特点。

与不合适的当地合作伙伴进行地理扩张实际上可能会增加(而不是减少)目标受益人的痛苦。未经深思熟虑的地理扩张可能会削弱社会企业为受益人服务的整体能力。建立在"数量"原则而非"关爱"原则上的地理扩张与建立社会企业的基本价值观相矛盾。

(二) 生态系统增长战略

1. 宣传工作

宣传工作的一种主要形式是通过与其他联盟、组织、个人合作,组织一场运动,以便影响公共政策制定者,促使其支持解决某个特定的社会问题。

宣传工作还可以侧重于影响其他组织采用某些产品服务或商业模式,以及提高公众对某个特定社会问题的认识,宣传解决某个社会问题的相关产品。

2. 联盟工作

联盟是一个由各类个人、组织构成的正式或非正式网络,旨在通过合作来解决复杂的社会问题。社会企业联盟有助于分享、交流解决各种社会问题的优良实践,有助于社会企业家验证商业模式,有助于增强社会企业家履行社会使命的信心和获得更多的合作机会。社会企业联盟是汇集各种社会企业的资源和专业知识的平台,可以更好地与资源充足的商业组织开展竞争。

3. 行业工作

一些社会企业通过建立一个新的行业来帮助解决某些社会问题。行业工作还包括开发新产品、服务、实践。例如,总部位于比利时的社会企业博风(BeauVent)在可再生能源行业的能源效率和能源节约方面试验和开发新技术和创新实践,然后公开与其他组织共享,主要是为了繁荣整个可再生能源行业,从而在更广泛的层面上解决能源匮乏问题。

4. 培训和咨询工作

许多社会企业通过向其他社会企业提供培训和咨询支持来扩大其社会影响,帮助其他社会企业有效地运营。例如,阿拉文(Aravind)眼科医院提供了一个培训和咨询项目,来自43个国家的数百名管理人员和医护人员前来学习阿拉文管理模式,通过对其他社会企业的培训和咨询工作,阿拉文眼科医院使全球范围内贫困人群的视力护理相关问题得到更好的解决。

5. 基础设施工作

一些社会企业通过开发单个社会企业和整个社会企业部门有效运作所需的新基础设施来规模化社会影响。例如,印度社会企业马赫蒂信息技术(Mahiti Infotech)开发并免费分发一系列软件,即非政府组织工具箱(NGO-In-a-Box)及其用户手册。另一些社会企业通过与负担不起现有基础设施的其他社会企业共享现有基础设施,帮助其他社会企业有效运作。例如,总部位于英国的社会企业奥辛顿托儿所(Ossington Nursery)允许其他社会企业免费租用其办公场所来举办研讨会和其他活动。

6. 合法性工作

一些社会企业帮助其他社会企业获得和保持生存和发展所需的合法性。例如,澳大利亚一家建筑业领先的社会企业通过协助几家年轻的社会企业衡量和评估自身的社会影响,帮助这些年轻的社会企业获得参与私人企业和公共组织合同投标所需的合法性。

7. 研究和发表工作

研究和发表工作在开发和传播有价值的知识方面发挥着至关重要的作用。许多社会企业通过开发和传播特定部门的知识来产生社会影响。社会企业通过对目标受益人的行为和需求进行研究,并以其他组织容易获得的方式发表此类研究成果,这有助于开发和实施创新产品服务。

8. 融资工作

一些社会企业直接或通过其他个人与组织组成的联盟向其他社会企业投资股权资本。另一些社会企业向其他社会企业提供捐赠或拨款。例如,斯堪的纳维亚社会企业阿尔法埃尔(AlphaEl)将其大部分利润捐赠给致力于解决各种社会问题的其他组织。还有一些社会企业对其他社会企业提供服务合同或分包合同,向供应商社会企业提供购买担保,并向客户社会企业提供免息和延长信贷期限的服务。

组织增长战略和生态系统增长战略是规模化社会影响的两大战略。组织增长战略仍然是社会企业直接大规模解决社会问题的流行战略。生态系统增长战略侧重于通过发展、维持一个支持性的社会企业生态系统来间接解决社会问题,从而实现规模化社会影响。生态系统增长战略包括八项主要活动,这些活动有时侧重于支持个别社会企业的发展,有时则侧重于促进整个社会企业部门的发展。所有这些活动可以更大范围地、更好地解决各种社会问题,这些社会问题仅靠组织增长战略是无法解决的。

参考文献

[1] Andreasen A R. Marketing Social Change: Changing Behavior to Promote Health, Social Development, and the Environment[M]. San Francisco: Jossey-Bass, 1995.

[2] Andreasen A R. Social Marketing in the 21st Century[M]. Thousand Oaks, CA: SAGE, 2006.

[3] Anker T B, Sparks L, Moutinho L, et al. Consumer dominant value creation: A theoretical response to the recent call for a consumer dominant logic for marketing[J]. European Journal of Marketing, 2015, 49(3/4): 532 – 560.

[4] Balch G I, Sutton S M. "Keep me posted: a plea for practical evaluation"[C]// Goldberg M E, Fishbein M, Middlestadt S E. Social Marketing: Theoretical and Practical Perspectives. Lawrence Erlbaum Associates, NJ, 1997: 61 – 74.

[5] Bendapudi N M, Berry L L, Frey K A, et al. Patients' perspectives on ideal physician behaviors[C]//Mayo Clinic Proceedings. Elsevier, 2006, 81(3): 338 – 344.

[6] Bloom P N, Chatterji A K. Scaling social entrepreneurial impact[J]. California Management Review, 2009, 51: 114 – 133.

[7] Bracht N, Finnegan J R, Rissel C, et al. Community ownership and program continuation following a health demonstration project[J]. Health Education Research, 1994, 9: 243 – 255.

[8] Chaloupka F J, Wechsler H. Price, tobacco control policies and smoking among young adults[J]. Journal of Health Economics, 1997, 16(3): 359 – 373.

[9] Chen P F. Social Marketing: Principles and Practices for Planned Social Change [J]. Media Asia, 1996, 23(2): 79 – 85.

[10] Cherrier H, Gurrieri L. Framing social marketing as a system of interaction: A neo-institutional approach to alcohol abstinence[J]. Journal of Marketing Management, 2014, 30(7 – 8): 607 – 633.

[11] Ciambotti G, et al. Unpacking social impact scaling strategies: challenges and responses in African social enterprises as differentiated hybrid organizations[J]. International Journal of Entrepreneurial Behavior & Research, 2023, 29(11): 25 – 57.

[12] Crompton J L. The Role of Pricing in the Delivery of Community Services[M]. Community Development Journal, 1981, 16(1): 44 - 54.

[13] Dahlgren G, Whitehead M. Policies and Strategies to Promote Social Equity in Health[M]. Stockholm, Sweden: Institute for Futures Studies, 1991.

[14] Dann S. Redefining social marketing with contemporary commercial marketing definitions[J]. Journal of Business Research, 2010, 63(2): 147 - 153.

[15] Davidson H. Even More Offensive Marketing[M]. London: Penguin, 1997.

[16] Dawnay E, Shah H. Behavioural Economics: Seven Principles for Policymakers [M]. London: The New Economics Foundation, 2005.

[17] Dearing J W, Maibach E W, Buller D B. A convergent diffusion and social marketing approach for disseminating proven approaches to physical activity promotion[J]. American Journal of Preventive Medicine, 2006 Oct, 31 (4 Suppl): S11 - 23.

[18] De Savigny D, Taghreed A (eds). Systems Thinking for Health Systems Strengthening[M]. Geneva, Switzerland: Alliance for Health Policy and Systems Research, WHO, 2009.

[19] Dolan P, Hallsworth M, Halpern D, Kind D, Vlaev I. Mindspace, Influencing Behaviour Through Public Policy, full report [R]. London: Institute for Government; Cabinet Office, 2010.

[20] Donovan R, Henley N. Principles and practice of social marketing: an international perspective[M]. Cambridge: Cambridge University Press, 2010.

[21] Drucker P. The Practice of Management [M]. New York: Harper & Row, 1954.

[22] Drummond G, Ashford R, Ensor J. Strategic Marketing: Planning and Control [M]. 3rd ed. Oxford: Butterworth-Heinemann, 2008.

[23] Eagle L, Dahl S, Hill S, et al. Social marketing[M]. Pearson Education, 2013.

[24] Earle S, Lloyd C E, Sidell M, Spurr S. Theory and research in promoting public health[M]. London: Sage, 2007.

[25] Ebrashi R E, El-Batawy L. Dependence and Resourcefulness: A Typology of Social Impact Scaling Strategies[J]. Journal of Social Entrepreneurship, 2021, 15(2),336 - 376.

[26] Evans M, Stoddart H, Condon L, et al. Parents' perspectives on the MMR immunisation: a focus group study[J]. British Journal of General Practice, 2001, 51(472): 904 - 910.

[27] Fisac-Garcia R, Acevedo-Ruiz M, Moreno-Romero A, Kreiner T. The Role of ICT in Scaling up the Impact of Social Enterprises[J]. Journal of Management for Global Sustainability, 2013, 1(2): 83 - 105.

[28] Fishbein M. Developing effective behavior change interventions: some lessons

learned from behavioral research[M]. NIDA Research Monograph, 1995,155: 246 – 61.

[29] Fox K F. Time as a Component of Price in Social Marketing[C]//Bagozzi R P, et al. Marketing in the '80s. Chicago: American Marketing Association, 1980: 464 – 467.

[30] French J, Apfe F. Social Marketing guide for public health Programme Managers and practitioners[R]. Technical Document. Stockholm: European Centre for Disease Control, 2014.

[31] French J, Blair-Stevens C. The Big Pocket Guide to Social Marketing[M]. 1st ed. London: Social Marketing National Centre, The National Consumer Council, 2005.

[32] French J, Gordon R. Strategic social marketing: For behaviour and social change[M]. 2nd ed. London: SAGE Publications, 2020.

[33] French J, Gordon R. Strategic Social Marketing: For Behaviour and Social Change[M]. 2th ed. London: SAGE Publications Ltd, 2019.

[34] French J, Russell-Bennett R, Mulcahy R. Travelling alone or travelling far? Meso-level value co-creation by social marketing and for-profit organisations [J]. Journal of Social Marketing, 2017,7(3): 280 – 296.

[35] French J. The Importance of Segmentation in Social Marketing Strategy. In: Dietrich T, Rundle-Thiele S, Kubacki K (eds) Segmentation in Social Marketing[M]. Singapore: Springer, 2017: 25 – 40.

[36] French J. Why nudging is not enough[J]. Journal of Social Marketing, 2011, 1 (2): 154 – 162.

[37] Friedman D. (2007, December 20). Digital brand DNA: Who controls your brand? Chief Marketer[EB/OL]. 2025 – 02 – 10. https: //www.chiefmarketer. com/digital-brand-dna-who-controls-your-brand

[38] Gatersleben B, Vlek C. Household consumption, quality of life, and environmental impacts: A psychological perspective and empirical study[M]// Noorman K J, Schoot Uiterkamp A J M, eds. Green Households? Domestic Consumers, Environment and Sustainability. London: Earthscan Publication Ltd, 1998: 141 – 183.

[39] Gemünden H G. Perceived risk and information search. A systematic meta-analysis of the empirical evidence[J]. International Journal of Research in Marketing, 1985, 2(2): 79 – 100.

[40] Gordon R, Dibb S, Magee C, et al. Empirically testing the concept of value-in-behavior and its relevance for social marketing [J]. Journal of Business Research, 2018, 82: 56 – 67.

[41] Grönroos C. Adopting a service logic for marketing[J]. Marketing Theory,

2006，6(3)：317-333.

［42］Han J，Shah S. The Ecosystem of Scaling Social Impact：A New Theoretical Framework and Two Case Studies［J］. Journal of Social Entrepreneurship，2020，11(2)：215-239.

［43］Hastings G，Domegan C. Social marketing：principles and practice for delivering global change［M］. 4th ed. New York，NY：Routledge，2023.

［44］Hastings G，Domegan C. Social marketing：Rebels with a cause［M］. 3rd ed. London：Routledge，2018.

［45］Holbrook M B. Consumption experience，customer value，and subjective personal introspection：An illustrative photographic essay［J］. Journal of Business Research，2006，59(6)：714-725.

［46］https：//www. unep. org/news-and-stories/story/10-ways-you-can-help-fight-climate-crisis

［47］Hui A，S chatzki T，Shove E. The Nexus of Practices：Connections，constellations，practitioners［M］. London：Routledge，2017.

［48］International Social Marketing Association-iSMA (isocialmarketing. org)［EB/OL］.［2025-02-08］. http：//www.isocialmarketing.org/

［49］Islam S M. Social impact scaling strategies in social enterprises：A systematic review and research agenda［J］. Australian Journal of Management，2022，47(2)：298-321.

［50］Islam S M. Towards an integrative definition of scaling social impact in social enterprises［J］. Journal of Business Venturing Insights，2020，13：e00164.

［51］Jeff French and Ross Gordon Strategic Social Marketing：For Behaviour and Social Change，2e SAGE Publications Ltd，2019.

［52］Kelman H C. Processes of opinion change［J］. Public Opinion Quarterly，1961，25(1)：57-78.

［53］Kennedy A M，Kemper J A，Parsons A G. Upstream social marketing strategy［J］. Journal of Social Marketing，2018，8(3)：258-279.

［54］Koller M，Floh A，Zauner A. Further insights into perceived value and consumer loyalty："Agreen" perspective［J］. Psychology & Marketing，2011，28(12)：1154-1176.

［55］Kotler P，Armstrong G M. Principles of Marketing［M］. 9th ed. Upper Saddle River，NJ：Prentice Hall，2001.

［56］Kotler P，Armstrong T. Principles of Marketing，17e Global Edition［M］. Harlow：Pearson Education Limited，2017.

［57］Kotler P，Keller K L. Marketing Management［M］. 12th ed. Upper Saddle River，NJ：Prentice Hall，2005.

［58］Kotler P，Levy S J. Broadening the concept of marketing［J］. Journal of

Marketing, 1969, 33(1): 10 - 15.

[59] Kotler P, Roberto E L. Social Marketing: Strategies for Changing Public Behavior[M]. New York: Free Press, 1989.

[60] Kotler P, Zaltman G. Social marketing: an approach to planned social change [J]. Journal of Marketing, 1971, 35(3): 3 - 12.

[61] Lagarde F. Insightful Social Marketing Leadership [J]. Social Marketing Quarterly, 2012, 18(1): 77 - 81.

[62] Lagarde F, Kassirer J, Lotenberg L. Budgeting for Evaluation: Beyond the 10% Rule of Thumb[J]. Social Marketing Quarterly, 2012, 18(3): 247 - 251.

[63] LaPelle N R, Zapka J, Ockene J K. Sustainability of public health programs: The example of tobacco treatment services in Massachusetts[J]. American Journal of Public Health, 2006, 96: 1363 - 1369.

[64] Lee N R, Kotler P, Colehour J. Social Marketing: Behavior Change for Social Good[M].7th ed. London: Sage, 2023.

[65] Lefebvre R C. Social marketing and social change: Strategies and tools for improving health, well-being, and the environment [M]. Hoboken: John Wiley & Sons, 2013.

[66] Lefebvre R C. Strategies to maintain and institutionalize successful programs: a marketing framework[C]//Bracht N. Health promotion at the community level. Newbury Park, CA: SAGE, 1990: 209 - 228.

[67] Lefebvre R C. Transformative social marketing: co-creating the social marketing discipline and brand[J]. Journal of Social Marketing, 2012, 2(2): 118 - 129.

[68] Leiserowitz A, Maibach E, Rosenthal S, et al. Global Warming's Six Americas, December 2022[R]. Yale University and George Mason University. New Haven, CT: Yale Program on Climate Change Communication, 2023.

[69] Logic model workbook[EB/OL]. 2025 - 02 - 10. https://www.innonet.org/news-insights/resources/logic-model-workbook/

[70] Maibach E, Roser-Renouf C, Leiserowitz A. Global warming's six Americas 2009: An audience segmentation analysis[R]. New Haven, CT: Yale Project on Climate Change, 2009. http://www.climatechangecommunication.org/all/climate-change-in-the-american-mind-global-warmings-six-americas/

[71] Maibach E W, Maxfield A, Ladin K, Slater M. Translating health psychology into effective health communication: the american healthstyles audience segmentation project[J]. Journal of Health Psychology, 1996, 1(3): 261 - 277.

[72] McKenzie-Mohr D. Fostering Sustainable Behavior: An Introduction to Community-Based Social Marketing[M]. 3rd ed. Gabriola Island, BC: New Society Publisher, 2011.

［73］Michie S, Johnston M, Francis J, Hardeman W, Eccles M. From theory to intervention: Mapping theoretically derived behavioural determinants to behaviour change techniques［J］. UK Applied Psychology: An International Review, 2008, 57(4): 660 - 680.

［74］Michie S, van Stralen M M, West R. The behaviour change wheel: a new method for characterising and designing behaviour change interventions［J］. Implement Sci, 2011, 6: 42.

［75］Moore M L, Riddell D, Vocisano D. Scaling Out, Scaling Up, Scaling Deep: Strategies of Non-Profits in Advancing Systemic Social Innovation［J］. Journal of Corporate Citizenship, 2015, 58: 67 - 84.

［76］Morgan R M, Hunt S D. The commitment-trust theory of relationship marketing［J］. Journal of Marketing, 1994, 58(3): 20 - 38.

［77］Nagle T T, Müller G. The strategy and tactics of pricing: A guide to growing more profitably［M］. London: Routledge, 2017.

［78］Nardini G, Bublitz M G, Butler C, et al. Scaling Social Impact: Marketing to Grow Nonprofit Solutions［J］. Journal of Public Policy & Marketing, 2022, 41 (3): 254 - 276.

［79］Noble G, Basil D. Competition and positioning in G. Hastings, K. Angus and C. Bryant (eds) The Sage Handbook of Social Marketing［M］. London: Sage, ch. 9, 2011.

［80］Ohanian R. Construction and Validation of a Scale to Measure Celebrity Endorsers' Perceived Expertise, Trustworthiness, and Attractiveness［J］. Journal of Advertising, 1990, 19(3): 39 - 52.

［81］O'Loughlin J, Renaud L, Richard L, et al. Correlates of the sustainability of community-based heart health promotion interventions［J］. Preventive Medicine, 1998, 27: 702 - 712.

［82］O'Sullivan G C, Cisek C, Barnes J, et al. Moving towards sustainability: Transition strategies for social marketing programs［R］. Bethesda, MD: Private Sector Partnerships-One Project, Abt Associates Inc, 2007.

［83］Parasuraman A, Berry L L, Zeithaml V A. Refinement and reassessment of the SERVQUAL scale［J］. Journal of Retailing, 1991, 67(4): 420 - 450.

［84］Parasuraman A, Zeithaml V, Berry L. SERVQUAL: A multiple-item scale for measuring consumer perceptions of service quality［J］. Journal of Retailing, 1988, 64: 12 - 40.

［85］Peattie S, Peattie K. Ready to fly solo? Reducing social marketing's dependence on commercial marketing theory［J］. Marketing theory, 2003, 3(3): 365 - 385.

［86］Porter M E. The Five Competitive Forces That Shape Strategy［J］. Harvard Business Review, 2008, 86(1): 78 - 93.

［87］Prahalad C K，Ramaswamy V. Co-creation experiences：The next practice in value creation［J］. Journal of Interactive Marketing，2004，18(3)：5 – 14.

［88］Reckwitz A. Toward a theory of social practices：A development in culturalist theorizing［J］. European Journal of Social Theory，2002，5(2)：43 – 263.

［89］Ries A，Trout J. Positioning：The Battle for Your Mind［M］. New York，NY：Warner Books，1982.

［90］Robert B，Woodruff. Customer value：The next source for competitive advantage［J］. Journal of the Academy of Marketing Science，1997，25(2)：139 – 153.

［91］Rogers E M. Diffusion of Innovations［M］. 5th ed. New York：Free Press，2003.

［92］Rothschild M L. Carrots，sticks，and promises：A conceptual framework for the management of public health and social issue behaviors［J］. Journal of Marketing，1999，63(4)：24 – 37.

［93］Russell-Bennett R，Hartel C，Russell K，et al. It's all about me！Emotional ambivalence Gen-Y blood-donors［C］//Proceedings from the AMA SERVSIG International Service Research Conference 2012. 2012：43 – 43.

［94］Russell-Bennett R，Wood M，Previte J. Fresh ideas：services thinking for social marketing［J］. Journal of Social Marketing，2013，3(3)：223 – 238.

［95］Saunders S G，Barrington D J，Sridharan S. Redefining social marketing：beyond behavioural change［J］. Journal of Social Marketing，2015，5(2)：160 – 168.

［96］Scheirer M A，Deering J W. An agenda for research on the sustainability of public health programs［J］. American Journal of Public Health，2011，101：2059 – 2067.

［97］Sheth J N，Uslay C. Implications of the revised definition of marketing：from exchange to value creation［J］. Journal of Public Policy & Marketing，2007，26(2)：302 – 307.

［98］Spotswood F，Chatterton T，Morey Y，et al. Practice-theoretical possibilities for social marketing：two fields learning from each other［J］. Journal of Social Marketing，2017，7(2)：156 – 171.

［99］Sterman J. Learning from evidence in a complex world［J］. American Journal of Public Health，2006，96(3)：505 – 514.

［100］Stern P. Toward a Coherent Theory of Environmentally Significant Behavior［J］. Journal of Social Issues，2000，56：407 – 424.

［101］Sternthal B，Craig C S. Fear Appeals：Revisited and Revised［J］. Journal of Consumer Research，1974，1(3)：22 – 34.

［102］Sull D，Sull C. With goals，FAST beats SMART［J］. MIT Sloan Management

Review，2018，59(4)：1－11.

[103] Szablewska N, Kubacki K. A human rights-based approach to the social good in social marketing[J]. Journal of Business Ethics, 2019, 155：871－888.

[104] Tapp A. Principles of Direct and Database Marketing[M]. 3rd ed. Harlow：Prentice Hall, 2005.

[105] Tones K, Tilford S. Health Promotion：Effectiveness, Efficiency and Equity[M]. 3rd ed. Cheltenham：Nelson Thornes, 2001.

[106] Westley F, Antadze N, Riddell D J, et al. Five Configurations for Scaling up Social Innovation[J]. The Journal of Applied Behavioral Science, 2014, 50(3)：234－260.

[107] W. K. Kellogg Foundation. W. K. Kellogg Foundation Logic Model Development Guide：Using Logic Models to Bring Together Planning, Evaluation, and Action[M/OL]. W. K. Kellogg Foundation, 2004.

[108] Wood M, Fowlie J. Community cohesion in the London borough of Barking and Dagenham[J]. Local Economy, 2010, 25(4)：293－304.

[109] Wright S, Neimand A, Steinman M. Finding the right messenger for your message[J]. Stanford Social Innovation Review, 2021.

[110] Zainuddin N, Russell-Bennett R, Previte J. The value of health and wellbeing：an empirical model of value creation in social marketing[J]. European Journal of Marketing, 2013, 47(9)：1504－1524.

[111] 林灯灿.服务质量管理[M].五南图书出版股份有限公司,2023.

[112] [美]马尔科姆·格拉德威尔.引爆点:如何制造流行[M].钱清,覃爱冬,译.北京:中信出版社,2009.

[113] [英]莱斯利·德·彻纳东尼.品牌制胜:从品牌展望到品牌评估[M].蔡晓煦,等译.北京:中信出版社,2002.

[114] [美]南希·R.李,菲利普·科特勒.社会营销:如何改变目标人群的行为[M].5版.俞利军,译.上海:格致出版社,2018.